ryan ellis

azurblaue momente

Das verlorene Wissen aus unserem Leben danach

Ursprung, Bestimmung und die Unsterblichkeit der Seele

the greatest gift is love

Möge dieses Buch
den Weg zu all den Menschen finden,
die Antworten darauf suchen,
woher sie kommen, wohin sie gehen
und wer sie in Wirklichkeit sind.

Durch dieses Wissen und
die Bereitschaft, es im Alltag anzuwenden,
kann sich einfach alles
in unserem Leben verändern.

ryan ellis

Inhalt

für emily

Du bist ins Unsichtbare entschwunden,
… aber im Blau des Himmels
hast du deine Spuren der Liebe hinterlassen,
durch die wir für immer
miteinander verbunden bleiben.

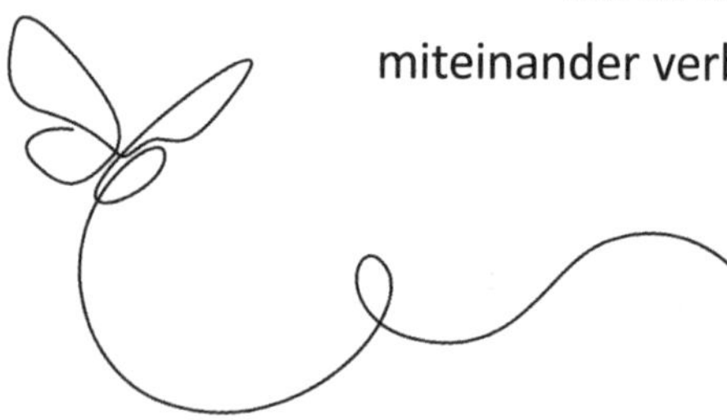

azurblaue tage

Côte d'Azur, Südfrankreich

Eine der glücklichsten und vielleicht sogar unbeschwertesten Zeiten meines jetzigen Lebens habe ich in Südfrankreich verbracht. Wesentlich beteiligt daran waren mit Sicherheit die mehr als 300 Sonnentage im Jahr. Das waren diese Tage, an denen sich das Azurblau des Meeres mit dem Azurblau des Himmels zu vereinen schien. Es war nicht mehr zu erkennen, wo dieses wunderschöne, strahlende Blau anfing und wo es endete. Es war einfach omnipräsent.

Die Erinnerungen an diese glücklichen Tage, inmitten leuchtend gelber Mimosen, umgeben von lila Lavendel, einem strahlend blauen Himmel und dem kristallklaren Wasser des azurblauen Meeres, haben sich tief in meine Seele eingeprägt. Ich hatte damals die Gelegenheit, täglich an diesem wundervollen Schauspiel der Natur teilhaben zu können. Eine tiefe Dankbarkeit erfüllte mich, und verschiedene Ereignisse haben mir meinen Zugang zu meiner Seele auf eine neue Art und Weise geöffnet. Seither nenne ich die positiven, lichterfüllten Augenblicke in meinem Leben *meine azurblauen Tage.* Die Tage, an denen mir durch die Vollkommenheit eines bestimmten Augenblicks bewusst wird, wie wunderschön das Leben auf diesem Planeten in Wirklichkeit sein kann. Es sind Momentaufnahmen des Glücks, die alle Sorgen und Ängste zur Seite schieben.

In diesen endlosen Sommertagen, die ich sorglos unter einem wolkenlosen, strahlenden Himmel entweder am Strand oder im Meer verbringen durfte, erlebte ich, wie unbeschwert und frei sich ein Mensch unter diesen azurblauen Bedingungen fühlen kann. Durch das Loslassen aller kreisenden Gedanken und belastenden Probleme konnte sich die Seele vollkommen auf das Schöne zwischen Himmel und Wasser konzentrieren. Inmitten dieser mich umgebenden magischen Energie fand ich die Ruhe, mich wieder mit dem Wesentlichen meines Daseins in Verbindung zu bringen und mir meiner Seelenaufgaben erneut bewusst zu werden.

Durch die Erkenntnis, dass jeder Glückszustand ein Privileg ist und ich mich um solche Augenblicke persönlich bemühen muss, habe ich aus dieser Zeit gelernt, in meinem Alltag achtsamer zu sein. Ich habe damit begonnen, alle azurblauen Momente meines Lebens gezielt in meiner Seele abzuspeichern, damit ich mich immer wieder an sie erinnern kann. Die bewusste Wahrnehmung azurblauer Tage ist seit dieser Zeit zu einem unverzichtbaren und wertvollen Bestandteil meines Daseins geworden. Ich bemühe mich immer wieder aufs Neue, für mich und andere in meinem Umfeld so viele azurblauen Momente wie nur möglich zu erschaffen, damit alle von der dadurch gewonnenen universellen Energie profitieren können.

In den azurblauen Augenblicken schwingt die Seele auf einer höheren Frequenz. Dadurch werden die erdgebundenen Probleme für eine gewisse Zeitspanne komplett ausgeblendet. Die Seele empfindet nur das Glücksgefühl einer alles umfassenden, bedingungslosen Zugehörigkeit und Liebe. Aus diesem wunderbaren Zustand heraus entwickelt sich eine energievolle Kraft, die uns hilft, bestimmte Lebenskrisen einfacher zu meistern und bei Problemen nicht zu schnell aufzugeben.

Die azurblauen Tage sind ein essenzieller Bestandteil unseres Lebens. Sie spenden uns Energie und erinnern uns einfach daran, dass sich alles im Leben immer wieder verändert. Nichts bleibt so wie es ist. Die vollkommenen Momente des Glücks wechseln sich ab mit dunkleren Tagen, an denen wir damit konfrontiert werden, dass der Aufenthalt in unserem Körper auch beschwerlich sein kann und unser Leben deswegen nicht immer nur harmonisch verläuft. Wir haben aber vor unserer Inkarnation diesem Wechsel von Glück und Leid zugestimmt, um hier auf der Erde all die Lektionen zu lernen, die wir uns für die Erreichung unserer persönlichen Lebensziele vorgenommen haben.

Bei vielen Menschen nimmt die Anzahl der azurblauen Tage im Verlauf ihres Lebens stetig ab. Dies hat nicht nur mit den gesellschaftlichen Herausforderungen und dem permanenten Druck von außen zu tun, sondern hängt in den meisten Fällen mit einer immer größer werdenden inneren Unzufriedenheit zusammen, welche durch anhaltend negative und leidvolle Lebenserfahrungen noch verstärkt wird. Wenn wir glückliche Momente nicht mehr als solche wahrnehmen, wird es zusehends schwieriger, uns daran zu erinnern, dass unsere Seelenaufgaben ohne die Erfahrungen von Leichtigkeit, Unbeschwertheit und Glück kaum gelöst werden können. Wir sollten deshalb unsere innere Einstellung zu allen Dingen um uns herum in regelmäßigen Abständen erneut überprüfen, um möglichst viele glücklich machende Momente in unser Leben einzuladen. Oft sind es die kleinen Dinge, an denen wir uns freuen und durch die wir alles andere für einen Augenblick vergessen können. Viele von uns erinnern sich kaum mehr an ihren letzten Glücksmoment.

Azurblaue Tage zu erleben, ist für uns alle bis ins hohe Alter möglich und für das Wohlergehen und die Entwicklung der Seele von einem nicht zu unterschätzenden Wert. Wenn wir neben den Schattenseiten nicht auch die lichtvollen Momente in unserem Alltag bewusst wahrnehmen, werden wir mit der Zeit immer apathischer und mutloser. Um uns nicht in der Sinnlosigkeit unseres Daseins zu verlieren, sollten wir demzufolge den Fokus vermehrt auf das Schöne und Unbeschwerte in unserem Leben lenken.

Im Sommer des vergangenen Jahres versuchten wir unserer Mama *Emily*, wie wir sie innerhalb der Familie meist liebevoll nannten, noch möglichst viele solche azurblauen glücklichen Tage zu schenken. Augenblicke, in denen sie für eine kurze Zeit vergessen konnte, was ihr aufgrund ihres Alters nicht mehr möglich war oder ihr nicht mehr so gut gelang. Emily wurde nach einem kurzen Spitalaufenthalt in ein Altersheim eingewiesen, in dem sie sich nicht zurechtfand und jeden Tag psychisch sehr litt. Sie hatte starkes Heimweh, weinte oft, und die dadurch entstandenen depressiven Symptome wurden von Tag zu Tag schlimmer. Es war für sie das schönste Geschenk, ein *azurblauer Moment,* als wir sie nach vier Wochen wieder in ihr Zuhause zurückholen konnten. Ich werde ihr Strahlen nie vergessen, als meine Schwester Margot und ich sie abgeholt und wieder in ihre vertraute Umgebung zurückgebracht haben. In den darauffolgenden Wochen bedankte sie sich beinahe täglich bei uns, dass wir ihr diesen Schritt ermöglicht hatten und sie die ihr noch verbleibende Zeit mit vertrauten Menschen in einer ihr bekannten Umgebung verbringen durfte.

Nun begann eine anspruchsvolle Zeit für uns alle. Im Laufe der kommenden Monate stellten die täglichen Interaktionen oft eine Herausforderung für uns dar. Es war vergleichbar mit einem Pendel. Es gab gute und schlechte Tage. Tage, gefüllt mit diesen intensiven, sensiblen Momenten, in denen wir um Licht und Sonne kämpfen mussten. Aber es gab auch immer wieder diese azurblauen Augenblicke, die wir gerne in unserer Seele abspeicherten, damit wir in den darauffolgenden, dunkleren und traurigeren Zeiten davon zehren konnten. Es sind heute vor allem die Erinnerungen an diese Momente des Glücks und der Verbundenheit, die uns Trost spenden, und die wir gerne noch einmal mit ihr teilen würden, dies aber auf der physischen Ebene nicht mehr können.

Im Spätherbst ist meine Mama ins Licht gegangen. Das Abschiednehmen war bedeutend schwieriger, als wir es uns vorgestellt hatten. Die letzten Monate, die meine Schwester und ich täglich mit ihr zusammen verbringen durften, hatten unsere Verbindung sehr intensiv werden lassen. Nach dem schmerzlichen Verlust entstand eine innere Leere, wie wir sie in dieser Art und Weise noch nie zuvor empfunden hatten. Emily fehlte uns – und fehlt uns bis heute. Obwohl sie durch ihr Alter körperlich und seelisch verletzlicher geworden war, zeigte sich gerade in ihrer letzten Lebensphase ihr starker Wille und ihre ausgeprägte positive Lebenseinstellung. Durch ihr bewundernswertes Wesen und ihre dankbare und liebevolle Art hat sie uns jeden Tag mehr azurblaue Momente geschenkt, als wir ihr während dieser Zeit zurückgeben konnten.

Emily besaß die gleiche Gabe wie ich, auch sie hatte eine direkte Verbindung zur geistigen Welt. Ich vermute sogar, dass sie bei ihr noch ausgeprägter vorhanden war. Sie hat aber in all den Jahren nie viel Aufhebens darum gemacht. So ist es nicht weiter erstaunlich, dass sie sich von ihrer Dimension aus dazu bereit erklärte, zusammen mit Simon, meinem Lichtwesen, an meinem neuen Buch mitzuarbeiten. Durch ihre Nachtod-Erfahrungen konnte ich wertvolle neue Erkenntnisse gewinnen und ihre bedeutsamen Botschaften in die einzelnen Kapitel einfließen lassen. Das durch Emily übermittelte Wissen zieht sich somit wie ein *azurblauer Faden* durch mein Buch und wird mit Sicherheit einiges in Ihrem Leben verändern.

Die Fertigstellung dieses Buches hat mehr Zeit in Anspruch genommen, als ich ursprünglich geplant hatte. Ich wollte möglichst alles, was mir übermittelt wurde, so exakt wie möglich wiedergeben. Manchmal war es nicht einfach, für bestimmte Dinge die richtigen weltlichen Worte zu finden. Zudem wurde ich immer wieder darauf hingewiesen, meine Texte so zu formulieren, dass möglichst alle Leser und Leserinnen sie auch wirklich verstehen. Zu einzelnen Themenbereichen bin ich mit Botschaften von Simon und Emily aus der Geistigen Welt geradezu überschüttet worden. Während des Schreibens hat sich aber auf wundersame Weise immer alles perfekt ineinandergefügt. So wurde das verlorene Wissen aus der Geistigen Welt geschickt mit unseren weltlichen Bedürfnissen, Erfahrungen und Herausforderungen in Zusammenhang gebracht, um dadurch zu verdeutlichen, dass unsere täglichen Erlebnisse auf der Erde nicht isoliert betrachtet werden können.

Alles, was existiert, hat zwei Seiten. Eine sichtbare, materielle Seite und eine unsichtbare, die man als das innere Wesen bezeichnen kann. Genauso ist es bei diesem Buch. Von außen sehen Sie nur die materielle Seite, die aus Papier und Druckerschwärze besteht. Erst wenn Sie das Buch lesen, eröffnet sich Ihnen sein inneres Wesen. Sie tauchen ein in eine Welt, die gleichzeitig Ihr Denken *und* Fühlen fordert, mit denen Sie die universellen Wahrheiten erfassen und verstehen können. Vielleicht wird bei einigen von Ihnen ein einmaliges Lesen dieses Buches nicht ausreichen. Jedes Mal, wenn Sie »azurblaue momente« erneut öffnen, um sich mit einem bestimmten Kapitel nochmals eingehender zu befassen, wird Ihnen mehr bewusst werden, dass man bestimmte Erfahrungen aus verschiedenen Perspektiven betrachten sollte. Mit der Zeit werden Sie einen besseren Zugang zu Ihrem verlorenen Wissen aus den Leben danach erhalten und dadurch die Zusammenhänge aller Abläufe in Ihrem Leben deutlicher erkennen und besser verstehen. Es gibt eine klare universelle Ordnung, in der nichts Bedeutsames dem Zufall überlassen wird. Alles ist mit allem verbunden.

Unsere Welt und die jenseitigen Dimensionen sind nicht voneinander getrennt. Die Wahrnehmung der Trennung existiert nur auf unserer Seite. Dieses rein menschliche Empfinden wird seit längerer Zeit durch neue Erkenntnisse und dem Wissen aus den Leben danach mehr und mehr aufgebrochen. Irgendwann wird es in unserem Bewusstsein nicht mehr vorhanden sein.

Ohne die Lichtwesen Emily und Simon würde es dieses Buch nicht geben. Wir haben einen gemeinsamen Weg hinter uns, auf dem mir durch beide viel wertvolles Wissen offenbart wurde. Obwohl jede intensive Berührung mit der Geistigen Welt für mich ein einzigartiges Erlebnis darstellt, ist sie zugleich auch eine Herausforderung. Der beim Schreiben hin und wieder stundenlang aufrechterhaltene Kontakt machte sich gelegentlich durch nachfolgende Müdigkeit oder Kopfschmerzen bemerkbar. Dies waren deutliche Zeichen, dass ich mich zu lange auf einer erhöhten Schwingungsfrequenz aufgehalten hatte. Umgekehrt bestätigten mir auch die Lichtwesen, dass es für sie nicht immer einfach ist, ihre hohen Schwingungen über ein längeres Zeitfenster den tieferen Frequenzen der Erde anzupassen.

Ich wünsche mir, dass die umfangreichen Botschaften über das verlorene Wissen aus den Leben danach möglichst viele Menschen auf der ganzen Welt erreichen, damit irgendwann sämtliche Berührungsängste mit der Geistigen Welt für immer der Vergangenheit angehören.

azurblau steht für

... die Momente in unserem Leben, in denen wir uns in einem
Zustand des Glücks befinden und deshalb die uns umgebende,
alles umfassende, bedingungslose Liebe bewusst
wahrnehmen und weiterschenken können.

... die Augenblicke, in denen wir auf genau der richtigen
universellen Frequenz schwingen und dadurch ein Gefühl
der Vollkommenheit und Geborgenheit in uns spüren.
Vergleichbar mit dem Zustand, in dem sich unsere Seele
vor und nach unserer Inkarnation befindet.

... Erinnerungen an das verlorene Wissen aus unseren
Leben danach, an unsere Unsterblichkeit. Daran zu glauben,
dass es etwas gibt, das größer ist als wir selbst
und das unserer Seele die Kraft gibt,
ihre Lebensaufgabe deutlich zu erkennen
und die geplanten Lebensziele zu erreichen.

Wir sollten in unserem Leben versuchen,
so viele azurblaue Momente wie nur möglich
zu erschaffen oder sie einfach zuzulassen.
Sie sind das Einzige, was uns für immer gehört,
und was wir bei unserer Rückkehr nach Hause
in die andere Dimension mitnehmen können.

ryan ellis

Prolog

**Sämtliche Antworten auf alle unsere Fragen
finden sich nicht irgendwo draußen im Universum.
Wir tragen sie alle bereits in uns.**

**Es geht immer nur darum,
in allem, was uns umgibt, die Liebe zu sehen.**

ryan ellis

Seit der Veröffentlichung meiner Bücher *sternenflüstern* und *anamon** hat sich in unserer Welt wieder vieles verändert. Die schon 2500 Jahre alte Aussage des griechischen Philosophen Heraklit, *»die Veränderung ist die einzige Konstante im Leben«*, hat auch in der heutigen Zeit noch Gültigkeit. Alles ist Energie und deshalb einer ständigen Bewegung und Veränderung unterworfen. Das Leben scheint eine Aneinanderreihung von Neuanfängen zu sein.

Unsere Lebensumstände sind nicht ununterbrochen so, wie wir sie gerne haben möchten oder wie sie sich uns zeigen. Sobald wir uns bei etwas oder jemandem nicht mehr glücklich und aufgehoben, sondern nur noch unverstanden und unwohl fühlen, ist es notwendig, sich zu

* Mehr Informationen dazu finden Sie auf meiner Website www.ryanellis.ch.

lösen und sich von der Sache oder der Person zu distanzieren. Das bedeutet, es ist manchmal sinnvoll, uns von Menschen oder Situationen mit einer negativen Energie abzunabeln, um uns auf eine neue, höhere und positivere Energiefrequenz einstimmen zu können.

Unser Wohlbefinden wird maßgeblich durch die Bandbreite und die Wahl unserer Beziehungen beeinflusst. Egal, ob diese Bindungen beruflicher oder privater Natur sind, und ob es sich dabei um Familienmitglieder, Verwandte, Arbeitskolleginnen, Vorgesetzte, Freunde oder Fremde handelt. Eigentlich kann man nur jene Menschen dauerhaft anziehen, die sich auf der gleichen Schwingungsfrequenz befinden wie man selbst. Es ist deshalb umso wichtiger, dass man diejenigen loslässt, die sich in Frequenzen bewegen, die nicht mit unseren harmonieren. Indem man negative Beziehungen auflöst, wird Platz für neue geschaffen. Es kommt zu einer Energieveränderung. Mithilfe einer gereinigten, wieder positiv hergestellten Frequenz erhalten wir die Möglichkeit, neue, für unsere Weiterentwicklung bedeutsame Seelen anzuziehen und in unser Leben zu lassen.

Die Energieveränderung in meinem Leben brachte auch einen Wohnortwechsel mit sich. Dieser Umstand führte mich wieder zurück in eine mir vertraute Umgebung, in der ich mich sehr wohlfühle und mich nun langsam wieder am Finden bin.

Ungefähr vier Wochen nach der Verabschiedung von Emily habe ich zum ersten Mal mit ihr Kontakt aufgenommen. Ich habe schon öfter mit Verstorbenen kommuniziert. Aber eine Nachtod-Kommunikation mit einem nahestehenden Menschen ist immer etwas schwieriger und natürlich auch emotionaler.

Was mir bei meiner ersten Kontaktaufnahme bestätigt wurde, ist die Tatsache, dass meine Mama nicht wirklich tot ist. Sie existiert weiter als das, was sie immer war und immer sein wird – eine unsterbliche Seele. Das war eine wunderbare und beruhigende Nachricht, wenn auch keine wirklich neue Erkenntnis. Das hatten wir beide schon immer gewusst. Was ich aber neu einordnen musste, war ihre Botschaft, dass jede Seele, trotz vieler gemeinsamer Merkmale beim Sterbeprozess, die Loslösung vom Körper und den Übergang in die andere Dimension anders erlebt. Das liegt hauptsächlich darin begründet, dass jede Seele ihren eigenen persönlichen Entwicklungsstand mit den unterschiedlichsten Informationen aufweist und somit nicht eins zu eins mit einer anderen Seele verglichen werden kann.

Seit Emily ihren Körper abstreifen und in ihr eigentliches Zuhause zurückkehren konnte, besitzt ihre Seele wieder Zugriff auf *das allumfassende Wissen aus den Leben zwischen den Leben.* Dieses universelle Wissen und Verstehen, das wir bei jeder neuen Inkarnation in einen einschränkenden Körper und beim Eintauchen in eine dichte Materie immer wieder bereit sind, freiwillig zurückzulassen.

Bei unseren weiteren Nachtod-Kontakten bat ich sie, das für ein erfolgreiches Menschenleben notwendige und für die Erreichung unserer Lebensziele entscheidende Wissen aus der Geistigen Welt mit mir zu teilen. Das Wissen, das wir bei unserer Geburt in unserem wahren Zuhause zurücklassen mussten, das aber seit Anbeginn unseres Seins in unserer Seele verankert liegt.

Der ursprüngliche Gedanke, sich während einer Inkarnation völlig von diesem Wissen abzunabeln, nur um dadurch die Möglichkeit des freien Willens aufrechterhalten zu können, ist heute nur noch bedingt gültig. Viele entfernen sich in einer Inkarnation oft so weit von dem Wissen um ihre wahre seelische Identität, dass sie nicht mehr dazu imstande sind, es zur Erreichung ihrer Inkarnationsziele bewusst und gezielt aus ihrem Unterbewusstsein abzurufen. Es scheint deshalb in unserer heutigen Zeit unumgänglich geworden zu sein, sich immer wieder bewusst an das Wissen aus der Welt danach zu erinnern, um damit unsere geistige Entwicklung zu beschleunigen.

Das in diesem Buch festgehaltene Wissen aus den jenseitigen Dimensionen wurde mir als eine Essenz reiner Liebe übermittelt. Einer Liebe für uns selbst und für alle, mit denen wir während unseres Lebens in Verbindung treten. Ich wurde von Emily darauf aufmerksam gemacht, dass die tägliche Anwendung dieses Wissens in den unterschiedlichsten Lebensbereichen nicht nur auf unser aktuelles Leben, sondern auch *auf alle unsere zukünftigen Inkarnationen* einen bedeutsamen Einfluss hat.

In diesem Buch verbindet sich das mir von meinem Lichtwesen Simon übermittelte Wissen mit den bedeutsamen nachtodlichen Erfahrungen und Erkenntnissen meiner kürzlich verstorbenen Mama. Diese universellen Wahrheiten aus der Geistigen Welt scheinen für uns Menschen zum jetzigen Zeitpunkt wertvoller und bedeutsamer zu sein als jemals zuvor. Wäre dem nicht so, hätte man mir keinen Einblick in sie gewährt. Wir leben in einer Zeit, in der es immer weniger Menschlichkeit und zusehends mehr Oberflächlichkeit zu geben scheint. In einer Welt, die in beinahe allen Bereichen auseinanderzufallen droht. Aus diesem Grund möchten die jenseitigen Dimensionen, dass wir uns schon vor unserer Rückkehr ins Licht, zumindest ansatzweise, wieder an das universelle Wissen unserer Seele erinnern, und es bereits in dieser physischen Dimension für unsere geistige Entwicklung und unsere wichtigen Erfahrungen jeden Tag bewusst anwenden.

Die in »azurblaue momente« verarbeiteten, wertvollen Botschaften aus der jenseitigen Welt werden Sie in Ihrem persönlichen Alltag begleiten und Sie in schwierigen Momenten unterstützen. Sie können damit mit den täglichen Herausforderungen in den unterschiedlichsten Lebenssituationen leichter umgehen und vieles besser verstehen, was mit dem menschlichen Verstand nicht immer nachvollziehbar ist oder für Sie keinen Sinn zu ergeben scheint. Je mehr Wissen Sie sich über das Leben zwischen den Leben aneignen, desto bewusster und erfolgreicher können Sie die geplanten Lebensziele der aktuellen Inkarnation umsetzen.

Der Nebel des Vergessens, der uns seit unserem Eintritt in den menschlichen Körper umgibt, gehört zu unserer Seele. Er ist Bestandteil einer Entscheidung, die wir getroffen haben, um hier zu inkarnieren. Aber durch die wachsenden, anspruchsvollen Lebensbedingungen auf diesem Planeten und den damit verbundenen großen Herausforderungen sollten wir immer wieder aufs Neue versuchen, mit dem verlorenen Wissen unserer Seele in Verbindung zu treten. Je mehr Menschen sich mit diesem Wissen auseinandersetzen, desto schneller wird der Heilungsprozess der Erde voranschreiten. Sämtliche Antworten auf unsere Fragen finden sich nicht irgendwo draußen im Universum. Wir tragen sie alle bereits in uns. Es geht immer nur darum, in allem was uns umgibt, die Liebe zu sehen.

Das Ihnen aus der Geistigen Welt vermittelte Wissen in »azurblaue momente« möge nicht nur Ihr jetziges Leben bereichern, sondern auch alle Ihre nächsten Inkarnationen positiv beeinflussen. Ich wünsche Ihnen viele azurblaue Tage in Ihrem Leben, in denen Sie Liebe für sich selbst entwickeln, Liebe von anderen erhalten und Liebe weiterverschenken können. Diese azurblauen Momente der Liebe und der Vollkommenheit sind das Wertvollste, das wir hier auf der Erde erleben und *das Einzige*, das wir zusammen mit unserem angeeigneten Wissen in die nächste Dimension mitnehmen können.*

ryan ellis

* Des besseren Leseflusses wegen verwende ich immer die männliche Schreibweise. Selbstverständlich sind damit aber alle menschlichen Wesen gemeint, egal, mit welchem Geschlecht sich jemand identifiziert oder mit welchem Begriff jemand gerne bezeichnet werden möchte.

Dort auf der mystischen Wiese,
wo mich deine Großmutter
inmitten all der wunderschönen Blumen
und Schmetterlinge
nach meinem Tod begrüßt
und in die Arme genommen hat,
werde ich auf dich warten,
wenn deine Zeit gekommen ist.

Ich werde dich mit all meiner Liebe empfangen
und dir die Geborgenheit schenken,
nach der deine Seele sich dein ganzes
Erdenleben lang gesehnt hat.

emily

kapitel eins

unsere sehnsucht nach geborgenheit

Das Erwachen in dieser Welt

Bei jeder neuen Inkarnation in einen physischen Körper müssen wir uns von unserer eigentlichen Seelenfamilie trennen und werden in ein neues, für die Entwicklung unserer Seele passendes System hineingeboren. Ein System, in dem wir uns unbewusst die meiste Zeit unseres Erdenlebens isoliert und einsam fühlen, obwohl wir uns inmitten von Tausenden von Menschen befinden.

Jeder von uns muss die Reise durch diese Welt alleine antreten. Zumindest empfinden die meisten Menschen das so. Viele von uns wissen nicht, dass vom Zeitpunkt unserer Geburt an Lichtwesen an unserer Seite stehen, die uns während unserer gesamten Lebenszeit begleiten und uns durch die vielen Herausforderungen führen werden, mit denen wir uns in unserem Leben konfrontiert sehen. Weil wir diese Lichtwesen optisch nicht wahrnehmen, können viele von uns auch nicht an sie glauben. Demzufolge sind sie für einen großen Teil der Menschheit gar nicht existent. Dadurch wird das persönliche Empfinden, auf sich gestellt und alleine gelassen worden zu sein, noch verstärkt.

Dieses wieder und wieder aufkeimende Gefühl von Einsamkeit, das uns das ganze Leben hindurch begleiten wird, hat seinen Ursprung in der Trennung von der göttlichen Quelle, mit der wir immer verbunden bleiben und zu der wir alle irgendwann einmal wieder zurückkehren werden. Jede Einzelseele ist ein Teil des Ganzen. Sobald die Seele in einen Körper inkarniert, geht dieses Urwissen verloren. Das führt dazu, dass sich die Seele während einer Inkarnation als getrennt vom Ganzen fühlt und alles unternimmt, um sich wieder mit der universalen, göttlichen Seele zu verbinden.

Was immer die Menschen auf der Erde erschaffen haben, ist ein Resultat ihres Denkens. Ohne den Gedanken wäre nichts davon zustande gekommen. Das bedeutet, dass alles, was in unserer Schöpfung durch die Kraft menschlicher Gedanken erschaffen wurde, nie gänzlich in sich zu Hause sein kann. Deshalb liegt es in der Natur des Menschen, nach Zugehörigkeit zu suchen. Einen Ort, an dem wir uns aufgehoben und geborgen fühlen. Korrekterweise ist es also nicht der Mensch an sich, sondern unsere Seele, die sich bereits nach dem Erwachen in dieser Welt nach Zugehörigkeit sehnt. Wir werden erst im Laufe unseres Lebens erkennen, dass unsere Seele nicht nur unser jetziges individuelles Leben darstellt, sondern gleichzeitig schon uralt ist und für ewig bestehen bleiben wird. Sie ist verbunden mit allem, was ist, war und sein wird. Dennoch ist und bleibt sie vollkommen einzigartig.

Das gesamte Universum ist voller Unterschiede. Am Ufer des Meeres finden Sie keine zwei Steine, die wirklich völlig gleich sind. Genauso gibt es keine zweite identische Seele wie die Ihre. Jede Seele bildet eine in sich abgeschlossene Welt und ruft etwas ins Leben, was keine andere Seele vor oder nach ihr zu erschaffen vermag. Wenn Sie sich bewusst sind, wie unterschiedlich wir alle sind und wie verschieden wir aus unserer eigenen Perspektive all die Dinge betrachten, mit denen wir täglich konfrontiert werden, erscheint es mir fast wie ein Wunder, dass wir miteinander überhaupt eine Basis für eine Kommunikation finden. Selbst zwischen Ihrem allerbesten Freund oder jemandem aus Ihrer eigenen Familie sind die Unterschiede enorm, weil jede einzelne Seele sich auf einer anderen Entwicklungsstufe befindet. Jeder Mensch ist eine Welt für sich, was uns aber gerade deshalb füreinander so anziehend und faszinierend macht.

Als Kind sollte unsere Seele die Möglichkeit erhalten, die Geborgenheit und die Wärme innerhalb einer Familie zu spüren, respektive erleben zu dürfen. Das Gefühl der Familienzugehörigkeit vermittelt uns beim Erwachen in dieser Welt Sicherheit und gibt uns Kraft. Es bedeutet Verständnis und Angenommensein, und dadurch wird uns übermittelt, dass wir so sein dürfen, wie wir sind. Wir brauchen diese Zugehörigkeit als natürliches Gleichgewicht in unserem Leben.

Für viele bedeutet die Familie eine Lebensgemeinschaft, die Schutz, Pflege, Zugehörigkeit, Wertschätzung und Liebe vermittelt. Sie ist für die meisten Seelen der erste Ort nach ihrer Inkarnation, an dem sie gezeigt bekommen, wie Menschen miteinander umgehen, wie man Bindungen aufbaut, aber auch, wie man mit Auseinandersetzungen und Problemsituationen konstruktiv umgehen kann. Die Familie ist also der erste Ort für die Seele, um primäre Sozialerfahrungen machen zu können. Wir müssen lernen, dass wir durch unsere Gedanken, Worte und Handlungen nicht nur für uns selbst, sondern auch für die anderen mitverantwortlich sind, dass wir dabei aber trotzdem unsere Eigenständigkeit und unsere Individualität behalten dürfen.

Die Lebensgemeinschaft Ihrer Familie, in die Sie hineingeboren wurden, wird sich aber immer wieder verändern, denn keine Zugehörigkeit hat Bestand. Durch das nahe Zusammenleben und die ständige Interaktion der völlig unterschiedlich entwickelten Seelen in einer Familie bilden sich mit der Zeit signifikante, wiederkehrende Verhaltensmuster, die nicht ständig von allen akzeptiert werden können. Die psychosoziale Entwicklung wird durch jedes zusätzlich involvierte Mitglied einer Familie und durch die dadurch entstehende, wechselseitige Beeinflussung noch stärker belastet. Das bedeutet, je mehr Kinder es in einer Familie gibt, desto schwieriger kann es werden, für bestimmte charakteristische Verhaltensweisen Verständnis aufzubringen.

Viele der sich im Laufe der Jahre angestauten Ereignisse verändern die Beziehungen innerhalb einer Familie, und es entsteht eine neue Ebene der Interaktion. Bestimmte Mitglieder können auch durch ihr egoistisches und destruktives Verhalten die Familiensituation zusätzlich erheblich belasten. Dies kann mit der Zeit so große Kreise ziehen, dass eine Trennung von bestimmten Menschen unumgänglich oder für die Erhaltung der eigenen seelischen Gesundheit unvermeidlich wird.

Wenn Sie als Erwachsener eine eigene Familie gründen möchten, werden Sie sich wieder in völlig neuen Strukturen bewegen, denen Sie sich erneut anpassen müssen.

Die Zugehörigkeit auf der Erde

Ein Körper ist erst lebensfähig, wenn eine Seele in ihn eingedrungen ist. Jede Seele hat eine andere Gestalt. Niemand empfindet in einem Erdenleben gleich wie Sie, niemand erlebt die Welt so wie Sie. Ihr Leben ist eine vollkommen einzigartige Geschichte, die sich in genau derselben Art und Weise nie mehr wiederholen wird.

Das Erleben jeder Seele auf Erden ist einmalig und für Außenstehende undurchsichtig und unzugänglich. Aber kein Ding kann ganz es selbst sein ohne das andere. Deshalb ist eine der tiefsten Sehnsüchte der Seele auf der Erde, Liebe und Freundschaft zu finden.

Die Sehnsucht nach Zugehörigkeit schein uralt zu sein und bildet den eigentlichen Kern unserer Seele. Durch diese kraftvolle Verankerung des Zugehörigkeitsgefühls sucht sie nach dem Verlassen der ihr vertrauten Familienzugehörigkeit ihr Leben lang weiter danach. Weil wir uns als Mensch in Gruppen oft wohler fühlen als allein erleben wir dort das Gefühl dazuzugehören. Ob sich dies für die Entwicklung unserer Seele positiv oder negativ auswirken wird, hängt davon ab, welche Ziele die Gruppe verfolgt und wie sie uns darin unterstützt, unsere persönlichen Erfahrungen machen zu dürfen, die uns dabei helfen, in unserem Leben voranzukommen.

Unsere Seele sehnt sich *immer* nach Zugehörigkeit. Die schlimmste Vorstellung wäre der Zustand absoluten Ausgeschlossenseins. Während einer Inkarnation spüren wir wieder und wieder, wie einsam wir als Individuum sind. Wenn wir zurückgewiesen oder ausgeschlossen werden, hinterlässt das bei uns tiefe Wunden. Unser Hunger nach Zugehörigkeit ist deshalb so groß, weil wir aus einer Dimension kommen, wo wir so, wie wir sind, angenommen wurden und uns deshalb völlig geborgen fühlten. Hier auf der Erde fühlen sich viele abgeschnitten und isoliert.

Das könnte auch ein Grund dafür sein, weshalb gerade in der heutigen Zeit so viele Influencer und Influencerinnen, Stars aus Netflix-Serien und Fashion Models auf Social Media unsere Aufmerksamkeit auf sich ziehen und so viele Follower haben. Wir kennen diese »Berühmtheiten« nicht persönlich, projizieren aber unsere Sehnsüchte und Wünsche auf sie. Sie erwecken in vielen von uns das Verlangen, genauso zu sein wie sie. Erfolgreich, schön, intelligent, begehrt und beliebt. Alles, was diese Menschen den ganzen Tag lang erleben, wird von vielen so nachempfunden, als wären sie live mit dabei gewesen und hätten es selbst miterlebt.

Auf der anderen Seite nehmen viele von uns kaum Anteil an dem, was in ihrem unmittelbaren Umfeld geschieht. Es ist nicht notwendig, mit allen um uns herum in Freundschaft verbunden zu sein. Aber Menschen, die auf engem Raum zusammenleben oder zusammenarbeiten, sollten aufeinander achten und sich umeinander kümmern.

Dein Leben ist eine
vollkommen einzigartige Geschichte,
die sich in genau derselben
Art und Weise nie mehr wiederholen wird.

ryan ellis

Die Zugehörigkeit zur unmittelbaren Umgebung

An all den Orten, wo ich bisher gewohnt habe, habe ich den Menschen in meiner unmittelbaren Umgebung nie eine spezielle Bedeutung zugeschrieben. Ich hatte stets das Glück, von netten und hilfsbereiten Nachbarn umgeben zu sein. Von Nachbarn, die sich zwar untereinander gut verstanden und gegenseitig freundlich behandelten, aber selten das Bedürfnis zeigten, einen engeren Kontakt aufzubauen. Bei den meisten war das sicher eine vorsorgliche Schutzmaßnahme, um neugierige und zu aufdringliche Nachbarn von sich fernzuhalten. Denn ermöglichen wir fremden Menschen einen zu großen Einblick in unsere Privatsphäre, können sie mit der Zeit unsere Unabhängigkeit und Freiheit erheblich einschränken.

In jeder Nachbarschaft treffen wir auch auf Personen, die völlig auf sich alleine gestellt sind. Dies sind in den meisten Fällen ältere Menschen, die ab und zu fremde Hilfe benötigen. Hier sollten wir nicht einfach wegschauen und die Lebenssituation dieser Leute ignorieren. Ein freundlicher und aufmerksamer Nachbar zu sein, bedeutet für mich, eine gesunde Balance zu finden zwischen angebotener Hilfeleistung in besonderen Situationen und einer gesunden Distanz, die für alle Beteiligten Freiraum zulässt.

Früher, wenn in unserem Dorf, in dem ich aufgewachsen bin, etwas passierte oder jemandem etwas zustieß, war es eine Selbstverständlichkeit, dass die Nachbarn Hilfe und Unterstützung anboten. Sie waren die Einzigen, die sich immer in unserer unmittelbaren Nähe aufhielten und deshalb sofort zur Stelle sein konnten, wenn wir sie brauchten.

In einigen Ländern, wie beispielsweise Irland, ist das auch heute noch der Fall. Vor allem dann, wenn jemand stirbt. Dann füllt sich das Trauerhaus mit Menschen, damit die Trauernden mit der Stille des Todes nicht allein bleiben müssen. In Zeiten, in denen Menschen viel Leid durchleben, kann das Gefühl von Zugehörigkeit von Menschen aus der unmittelbaren Umgebung ihren Schmerz lindern. Ich selbst durfte dies nach dem Verlust meiner Mama persönlich erfahren. Sämtliche Nachbarn von ihr sprachen mich in den darauffolgenden Tagen an und drückten mir ihr Beileid aus. Obwohl ich die meisten von ihnen nur vom Sehen her kannte, schien es mir so, als ob dieser traurige Umstand uns für einen kurzen Moment miteinander verbinden würde. Durch die netten und anteilnehmenden

Worte, mit denen diese Menschen mir ihr Bedauern ausgedrückt haben, haben sie der Seele meiner Mama noch einmal eine tiefe Wertschätzung entgegengebracht.

Unter diesen Nachbarn befanden sich auch Deborah und Benjamin, eine junge Ärztin und ein junger Physiotherapeut. Benjamin hatte bei jeder Begegnung immer ein Lächeln auf den Lippen und ein freundliches Wort parat. Er hielt einem die Türe auf, wenn man vollbepackt nach dem Schlüssel suchte und winkte meiner Mutter und mir zu, wenn wir mit dem Rollstuhl unterwegs waren oder am Fenster saßen. Mit diesen Handlungen hat er uns jeweils übermittelt, dass er uns und die Situation, in der sich meine Mutter befand, als Nachbar wahrgenommen hat. Wir haben uns jedes Mal darüber gefreut.

Deborah lernte ich kennen, als meine Mama nach einem Mittagessen im Badezimmer zusammenbrach und ich sie auch mithilfe ihrer unmittelbaren Nachbarin Dunja nicht mehr hochheben konnte. Dunja klingelte an Deborahs Wohnungstüre und sie half uns, ohne einen Moment zu zögern. Ich bin ihr heute noch sehr dankbar für ihre wertvolle und professionelle Unterstützung in dieser damals für mich unerwarteten und schwierigen Situation.

Nach der Beerdigung von Emily habe ich Benjamin und Deborah ein kleines Geschenk vor die Wohnungstür gelegt. Eigentlich war es der Wunsch meiner Mama gewesen, sich bei ihnen persönlich zu bedanken. Sie konnte dieses Vorhaben aber leider nicht mehr umsetzen. Die beiden haben sich daraufhin mit sehr herzlichen und einfühlsamen Zeilen bei mir gemeldet. Diese Worte spendeten mir Trost in dieser für mich schweren Zeit. Ich habe die Karte bis heute aufbewahrt und lese sie ab und zu wieder, um dieses Gefühl der Zugehörigkeit, das mir durch sie in diesem Moment zuteilwurde, nicht zu vergessen. Ich bin für die Begegnung mit Benjamin und Deborah dankbar und werde beide immer in guter Erinnerung behalten.

Menschen ohne Zugehörigkeitsgefühl fühlen sich meist nicht in der Lage, ein Gespür dafür zu entwickeln, wie es anderen geht. Ihnen fehlt es an Empathie. Auf der anderen Seite kann eine erzwungene Zugehörigkeit zu bestimmten Menschen oder Gruppen für die Seele durchaus destruktiv sein und einen hohen Preis fordern. Beim Wunsch nach Zugehörigkeit sollten Sie immer darauf achten, dass Sie keine Kompromisse eingehen, die der Entwicklung Ihrer Seele schaden könnte.

Neophobie – die Angst vor dem Unbekannten

Nichts bleibt wie es ist. Alles im Universum besteht aus Energie, und Energie verändert sich ständig. Genauso wie Veränderungen unvermeidlich sind, sind es auch die mit ihnen einhergehenden Angstgefühle vor dem Unbekannten. Ängste sind Emotionen, die zum Leben dazugehören. Sie begleiten uns von der Geburt bis zur Todesstunde. Ein Leben ohne Angst scheint nicht möglich zu sein. Ich habe bisher noch keinen Menschen getroffen, der sich noch nie vor etwas gefürchtet hat. Angst hat durchaus auch etwas

Positives. Sie kann uns warnen und uns davon abhalten, unverantwortliche Risiken einzugehen. Zugleich mobilisiert sie Kräfte, sei es zur Abwehr oder zur Flucht.

Einer kürzlich veröffentlichten, repräsentativen Langzeitstudie zufolge sind die häufigsten Ängste der Menschen unserer Zeit die Angst vor Krankheit und Tod (an erster Stelle), vor Krieg, vor der Einsamkeit, vor Arbeitslosigkeit und den damit einhergehenden finanziellen Problemen. Also alles für die meisten von uns im Moment noch unbekannte Faktoren, die aber bereits jetzt schon Angstgefühle in uns freisetzen.

Angst entsteht, wenn sich etwas in unserem Leben verändert oder zu wandeln scheint, und wir glauben, dieser Situation nicht gewachsen zu sein, sie nicht bewältigen zu können. Sie entwickelt sich, wenn wir glauben, keinen großen Einfluss mehr auf etwas nehmen zu können und wir uns anderen Menschen oder bestimmten Situationen hilflos ausgeliefert fühlen. Angst ist ein Spiegel, der uns das Wissen über die Abhängigkeit von gewissen Dingen vor Augen führt. Die dabei entstehenden unguten Gefühle können sich auf körperlicher Ebene in Form von Kopfschmerzen, Bauchschmerzen, Druck auf der Brust und Ähnlichem manifestieren.

Angst entsteht oft durch eine einseitige Aufnahme von Nachrichten aus den verschiedensten Quellen. Wir sind selbst dafür verantwortlich, alles, was uns kommuniziert wird, zu filtern, bestimmte Aussagen genauer zu hinterfragen und sie in den richtigen Kontext zu stellen – oder sie sogar für uns selbst bewusst auszublenden. Ein gutes Beispiel dafür sind die zwar interessanten, aber vielen Menschen angsteinflößenden Berichte im Zusammenhang über Krankheiten aller Art, von denen wir täglich überall lesen und hören und die omnipräsent zu sein scheinen.

Mir fällt hier spontan die Demenz ein. In der Studie »Global Burden of Disease«, die ein Team internationaler Wissenschaftler regelmäßig durchführt, hält man es für möglich, dass es im Jahr 2050 weltweit 153 Millionen Demenzkranke geben wird. Einige der Faktoren, die mit einem erhöhten Demenzrisiko einhergehen, werden mit Rauchen, Fettleibigkeit, hohem Blutzucker und niedriger Bildung bezeichnet. Ja, sie haben den letzten Teil der Aufzählung richtig gelesen. Ein verbesserter Zugang zu Bildung könnte für sechs Millionen weniger Demenzfälle sorgen. Den größten Anstieg prognostiziert die Studie für den östlichen Subsahara-Raum, wo die Zahl der Demenzkranken im Alter von 40 Jahren und älter um über 350% ansteigen wird. Um fast 370% steigende Fallzahlen werden für Nordafrika und den Nahen Osten vorhergesagt.

Ein solcher Artikel ist zwar äußerst informativ, aber je nach Bedeutung, die Sie ihm beimessen oder welche Erfahrungen Sie in Ihrem eigenen Umfeld bereits mit Demenz machen mussten, kann er bei Ihnen Angst auslösen. Das Ziel dieser Aussagen sollte die für Sie wichtige Botschaft sein, möglichst alle Faktoren, die zu einer Demenz führen, zu kennen, damit Sie dieser Krankheit in Ihrem Leben erst mal gar keinen Raum geben. Durch zusätzlich eingeholte Infos können Sie die Risikofaktoren oder Anzeichen studieren, die für Sie relevant sein könnten, in der Studie jedoch nicht erwähnt worden sind: Bluthochdruck, Hörminderung, Depression, Bewegungsmangel, Diabetes, soziale Isolation, übermäßiger Alkoholkonsum, Kopfverletzungen und Luftverschmutzung. Der im letzten Jahr veröffentlichte Bericht der »Lancet«- Kommission legt nahe, dass bis zu 40% der Demenzfälle verhindert oder hinausgezögert werden könnten, wenn man versuchen würde, die oben aufgeführten Risikofaktoren zu beseitigen. Diese gute und hoffnungsvolle Nachricht sollte für uns im Mittelpunkt stehen und *nicht die Angst vor der Krankheit Demenz*.

Es ist von maßgeblicher Wichtigkeit, dass Sie sich in Ihrem Alltag weniger mit Krankheit, sondern viel häufiger mit Themen geistiger und mentaler Gesundheit beschäftigen. Versuchen Sie nicht ständig daran zu denken, was Ihnen noch Schlimmes zustoßen könnte. Dieses Umdenken wirkt sich entscheidend auf Ihr tägliches Wohlbefinden aus. Alles, was Ihnen Angst macht, das ziehen Sie unbewusst in Ihre Realität.

Alles was Sie Ihrer Seele eingeben oder was aus Ihrer Seele stammt, versucht sich zu verwirklichen. Es braucht dazu lediglich eine gute Vorstellungskraft. Diese Fähigkeit können Sie sich durch Training aneignen. Sie werden staunen, welche positiven Resultate dadurch in Ihrem Leben erzielt werden können. Entscheiden Sie sich dafür, vermehrt Ihnen dienliche Gedanken zu denken, um positive Veränderungen zu erzielen, anstatt in Ihrer Angst zu verharren und sie dadurch noch zu vergrößern. Vermeiden Sie bekannte Stressauslöser und befassen Sie sich stattdessen mit konstruktiven Möglichkeiten, Ihre täglichen Reaktionen auf bestimmte Botschaften zu verändern.

Die Angst vor Veränderungen ist stark an die Angst vor Entscheidungen gekoppelt. Oft ist die Seele derart blockiert, dass sie nicht mehr dazu fähig ist, die für sie wichtigen und richtigen Lösungsansätze wahrzunehmen und umzusetzen. Treffen Sie deshalb mutige und weise Entscheidungen. Dadurch verändern Sie nicht nur viele Dinge in Ihrem Leben, sondern lösen sich auch aus den Fallstricken der Angst.

Karmische Ängste und Konflikte aus früheren Leben

Neben der Furcht vor dem Unbekannten können aber auch vorgeburtliche Konflikte aus früheren Inkarnationen unserer individuellen Seele die Ursache für ernsthafte Konflikte und Ängste in unserem jetzigen Leben sein. Bestimmte karmische Traumata weisen klare Muster auf, die sich in unserem Leben in deutlicher Form zeigen. Solange diese alten Verletzungen unserer Seele nicht aufgelöst werden, sind sie weiter wirksam und erschweren unser jetziges und unsere zukünftigen Leben.

Emily konnte und wollte nie schwimmen. Obwohl sie das Wasser liebte und immer gerne Zeit am Wasser verbrachte, hatte sie panische Angst vor dem Ertrinken. Bei der genaueren Auseinandersetzung mit einem ihrer früheren Leben wurde der Grund dafür aufgedeckt. Sie kam damals auf einem Segelschiff bei einem orkanartigen Sturm auf dem Meer ums Leben. Dieser Moment hat sich tief in die Erinnerungen ihrer Seele eingeprägt, und sie braucht vielleicht mehrere Leben, um dieses traumatisierende Ereignis wieder löschen zu können und ihr dadurch die Angst vor tiefem Wasser zu nehmen.

Nach den Untersuchungen von Ian Stevenson, Psychiater und weltweit anerkanntester Forscher der Reinkarnation, haben frühere Leben prägende Auswirkungen auf das jetzige. Laut Stevenson* sollen Gewohnheiten und Persönlichkeitseigenschaften ebenso wie Ängste und andere seelische Traumata weitergegeben werden, solange bis man sie aufgelöst hat.

Der jüdische Rabbi Yonassan Gershom hat zahlreiche Fälle von Amerikanern untersucht, die vorgaben, in einem früheren Leben Juden gewesen und im Konzentrationslager umgebracht worden zu sein (beschrieben in seinem Buch »Beyond the Ashes«). Eine Frau mit starkem Asthma führte ihre Krankheit auf das karmische Trauma der Gaskammer zurück.

Ein starkes Trauma der Seele kann über viele Inkarnationen hinweg wirksame Wesenseigenschaften entwickeln. Das bedeutet, dass ein zentraler Konflikt unserer Seele unsere Charaktereigenschaften formen kann. Durch un-

* Ian Stevenson: Reinkarnationsbeweise, Grafing 2020.

seren Charaktertyp ist es deshalb möglich, Rückschlüsse auf noch vorhandene, alte karmische Traumata zu ziehen. Die meisten von uns sind sich dieser bestimmten Konflikte nicht bewusst und verdrängen diese durch negativ aufgeladene Emotionen.

Aus den Botschaften des Universums kann ich immer wieder entnehmen, dass viele Seelen in früheren Leben arm gewesen sind und auf alle Annehmlichkeiten verzichten mussten. In ihrer jetzigen Existenz versuchen sie mit allen Mitteln, diese Armut zu kompensieren. Sie wollen mehr als alle anderen und sind darüber frustriert, dass es Menschen gibt, die noch mehr haben als sie selbst. Diese Erdbewohner würden für Geld alles tun. Ihnen fehlen das nötige Selbstwertgefühl und das Einfühlungsvermögen in die Menschen um sie herum, die mit viel weniger oder praktisch gar nichts auskommen müssen. Auch wenn sie sich in diesem Leben alles leisten können, weisen sie trotzdem eine hohe Frustration und eine starke Orientierungslosigkeit auf. Ihre Seelen sind einsam und isoliert von dem, was sie wirklich brauchen würden.

Um schwierige Traumata aufzulösen, benötigen Sie eine gewisse seelische Stabilität und neben dem Vertrauen in sich selbst das Vertrauen in versierte und ausgebildete Personen mit umfangreichem Wissen und Erfahrungen auf diesem Gebiet. Durch professionelle Hilfe kann Ihre Heilung wesentlich unterstützt werden.

Mein Lichtwesen Simon betont immer wieder, dass sich die Menschheit mit dieser bedeutenden Thematik der

Konflikte und Ängste, die wir von einer Inkarnation in die andere mitnehmen, noch viel zu wenig befasst. Der Ursprung vieler Krankheiten und schwerwiegender menschlicher Probleme liegt meistens in den Verletzungen unserer Seele, aktiviert durch Ereignisse aus vergangenen Leben. Es ist deshalb *die Seele*, die geheilt werden muss, damit auch unser Geist und unser Körper wieder in Harmonie miteinander funktionieren. Diese Tatsache wird uns leider erst wieder bei unseren Nachtod-Erfahrungen voll bewusst, weil wir dann alle unsere vorangegangenen und ausschnittweise auch zukünftigen Leben im Gesamtzusammenhang wahrnehmen können.

Aufgrund von fehlendem oder mangelhaftem Wissen über das interessante Gebiet der gespeicherten seelischen Erfahrungen wird diese Thematik innerhalb der uns zur Verfügung stehenden Problemlösungsstrategien einfach ausgeklammert. Wir richten unseren Fokus bei anstehenden Schwierigkeiten immer zuerst auf die Ereignisse und Zustände in unserem jetzigen Leben und realisieren dabei nicht, dass viele Ängste und Konflikte aus vergangenen Inkarnationen stammen. Im Bereich der Psychologie und Psychiatrie müsste sich diese neue Sichtweise in der Unterstützung der Patienten für einen erfolgreichen Heilungsprozess mehr und mehr etablieren und durchsetzen. Der Ansatz zur Lösung seelischer Konflikte und Ängste müsste tiefer, im Bereich unserer seelischen Erfahrungen, angesetzt werden. Die Seele ist der Ort, wo wir alles Wichtige finden. Sie ist der Schlüssel zu all unseren Problemen und ihrer Auflösung.

Die Erkenntnis, dass unsere Gedanken, Worte und Handlungen Einfluss auf unsere zukünftigen Inkarnationen haben und wir mithilfe dieses Bewusstseins alte Konflikte und Traumata aus vergangenen Leben erfolgreich heilen können, ist einzigartig. Ihre Anwendung könnte im Bereich der Heilung physischer und psychischer Probleme bahnbrechend sein. Die Geistige Welt versucht, uns dieses verlorene Wissen wieder bewusst zu machen, damit möglichst viele Seelen diese bedeutsame Wahrheit bereits in ihrem jetzigen Leben anwenden. Wir können uns dadurch schneller weiterentwickeln und für die zukünftigen Inkarnationen unserer Seelen bessere Rahmenbedingungen schaffen.

Die Erkenntnis,
dass unsere Gedanken, Worte und Handlungen
Einfluss auf unsere zukünftigen Inkarnationen haben,
und wir mithilfe dieses Bewusstseins
alte Konflikte und Traumata aus vergangenen Leben
erfolgreich heilen können, ist einzigartig.

ryan ellis

Vertrauen auf den ersten Blick

Wir trauen Fremden nicht,
wenn sie nur ansatzweise jemandem ähneln,
den wir zuvor mit einem unmoralischen Verhalten
assoziiert haben.

Oriel Feldmann-Hall
Psychologie Dozentin, Brown University

Im Jahr 2023 hat die Welt erstmals die Marke von acht Milliarden Einwohnern und Einwohnerinnen erreicht. Die Erdbevölkerung hat sich seit 1950 also mehr als verdreifacht. Mit unserer menschlichen Begrenztheit lernen wir nur einige wenige Menschen innerhalb eines Lebens kennen. Die Forscher ermittelten einen Wert von 1: 4,62. Wenn man diesen Faktor ansetzt, werden Sie von den aktuell acht Milliarden Menschen gerade einmal 4240 in Ihrem Leben besser kennenlernen. Unserem menschlichen Gehirn ist es möglich, insgesamt etwa 5000 Gesichter abzuspeichern. Der größte Teil der Menschen auf unserer Welt bleibt uns also zeitlebens unbekannt. Sie bleiben Fremde für uns.

Das Fremde bezeichnet etwas, das als abweichend von Vertrautem wahrgenommen wird. Wenn ein Fremder auf uns zukommt, sind wir zuerst einmal misstrauisch und halten Abstand. Die Angst vor dem Fremden ist ein Schutzmechanismus für uns, der lebensrettend sein kann. Das hängt damit zusammen, dass Fremde seit Tausenden von Jahren als Eindringlinge gelten, von denen wir weder ihren Namen noch ihre Lebensgewohnheiten kennen. Bereits in der griechischen Antike und im alten Rom wollte man sich nicht mit dem Blut der Fremden vermischen. Fremde wurden ausgegrenzt, abgewertet und bekämpft.

Jeder Freund, den wir haben, war zunächst ein Fremder. Ein Fremder kann Segen in unser Leben bringen oder Zerstörung und Negativität. Weil dem Fremden immer eine gewisse Gefährlichkeit anhaftet, braucht es für gewöhnlich eine gewisse Zeit, bis eine Vertrautheit entstehen kann.

Es ist eine naive Annahme zu glauben, zwei Menschen könnten einander jemals vollständig kennen. Auch der beste Freund oder die beste Freundin werden deshalb bis zu einem gewissen Grad immer Fremde für uns bleiben. Eine echte Seelengemeinschaft erkennt das Geheimnis der anderen Seele an. Sobald alles in einer Beziehung voraussehbar wird, ist der Glanz der Anziehung in einer Seelenverwandtschaft bereits wieder verblasst. Deshalb ist Raum und Freiheit in einer Beziehung so unglaublich wichtig. Auch wir selbst werden uns auf eine gewisse Art und Weise immer ein wenig fremd bleiben. Wir glauben uns zwar gut zu kennen, aber das ist nur das, was wir im jetzigen Leben bewusst an, in und um uns wahrnehmen. Würden wir unsere sämtlichen bisherigen Leben vor Augen haben und alle Aspekte und Persönlichkeiten unserer vergangenen Inkarnationen betrachten können, würden wir uns mit großer Wahrscheinlichkeit in vielen Situationen kaum wiedererkennen, und es würde uns schwerfallen, zu glauben, dass *wir* das sind.

Mit Sicherheit haben Sie auch schon die Erfahrung machen können, dass Ihnen eine Person sofort irgendwie vertraut vorkam. Es gibt Menschen, die sind uns vom Moment der ersten Begegnung an sympathisch, und bei anderen entwickelt sich ein ungutes Gefühl, oder wir können sie im schlimmsten Fall nicht ausstehen.

Innerhalb einer Reinkarnations- und Rückführungsstudie mit jungen Erwachsenen wurde unter anderem untersucht, welche Rolle bestimmte Mitmenschen aus dem jetzigen Leben in ihren vergangenen Inkarnationen gespielt hatten. Dabei wurde festgestellt, dass die Jugendlichen den Personen, die sie in einem früheren Leben schlecht behandelt hatten, bei einer erneuten Begegnung in diesem Leben eine starke Abneigung entgegenbrachten. Für Menschen, mit denen sie in früheren Inkarnationen positiv verbunden gewesen waren, empfanden sie im jetzigen Leben schneller Sympathie und hatten von der ersten Begegnung an ein vertrautes Gefühl. Diese relevanten Untersuchungsergebnisse wurden in weiteren Studien zu dieser Thematik bestätigt.

Der Begriff *Vertrauen* ist in sämtlichen Sparten unseres Lebens zu finden. Er wird in den unterschiedlichsten Handlungskontexten verwendet: in der Familie, in Schulen, in der Arbeitswelt, innerhalb der Medien und sogar in politischen Systemen. Vertrauen ist ein Zustand zwischen Wissen und Nichtwissen und beinhaltet – durch den Verzicht auf Kontrolle – auch individuelle Verletzbarkeit.

Verletzbarkeit bedeutet, dass wir in einer Interaktion ein gewisses Risiko eingehen, vom Gegenüber enttäuscht zu werden. Dagegen könnte nur eines helfen: Vertrauen. Aber mit dem Vertrauen in andere Menschen oder in ein bestimmtes System wird es uns heutzutage nicht gerade leicht gemacht. Umfragen weltweit weisen auf ein sinkendes allgemeines Vertrauen hin. Sobald wir uns Gedanken darüber machen, ob wir jemandem vertrauen können, dürften wir bereits schon realisiert haben, dass etwas nicht stimmt.

Vermutlich haben Sie, so wie die meisten anderen Menschen auch, mit dem Vertrauen in andere nicht immer nur gute Erfahrungen gemacht. Das ist der Grund, weshalb Sie bei Begegnungen immer auf Ihre innere Stimme, Ihre inneren Eingebungen achten sollten. Die innere Stimme wird sich mit der Zeit schärfen, und sie kann Ihnen bei Begegnungen mit anderen ein geeignetes Hilfsmittel sein, dem Sie immer voll und ganz vertrauen können. Tief in uns wissen wir, wer gut ist für uns oder wer eben nicht. Wir müssen nur richtig hinhören und hinschauen und uns nicht vom vermeintlichen Glanz eines Fremden blenden lassen.

Absolutes Vertrauen von jemandem zu erhalten, ist wirklich ein großartiges Geschenk, mit dem man aufrichtig und achtsam umgehen sollte. Ein geschenktes Vertrauen zu würdigen und wertzuschätzen, hat meiner Meinung nach sehr viel mit einem guten Charakter und mit Ehrlichkeit zu tun. Leider sind heute sehr viele Menschen unehrlich und illoyal. Hinter einer vertrauenswürdigen Maske verstecken sich oft geschickt getarnte Personen, die sich das Vertrauen durch Ihre Gutmütigkeit erschleichen möchten, um dadurch ihre eigenen Ziele zu erreichen. Ob dabei eine wertvolle Freundschaft oder eine langjährige Beziehung mit Ihnen auf der Strecke bleibt, scheint solchen Menschen gleichgültig zu sein.

Natürlich hängt das Vertrauen in andere von unseren gemachten Erfahrungen und persönlichen Erwartungshaltung ab. Meine Eltern haben uns oft gesagt: »Vertraue niemandem zu schnell. Warte, bis du diesen Menschen ein wenig besser kennst. Du musst selbst dann immer noch damit rechnen, von ihm enttäuscht zu werden.« Mit diesem Ratschlag bin ich eigentlich in meinem Leben sehr gut gefahren. Denken Sie jetzt bitte nicht, dass das immer geklappt hat. Auch ich habe Menschen für verlässlich gehalten, die mein Vertrauen missbraucht oder es ausgenutzt haben. Solche Erfahrungen schmerzen. Wenn heute jemand neu in mein Leben tritt, öffne ich ihm nicht mehr sofort alle Türen. Ich höre wieder vermehrt auf meine Intuition.

Vertrauen auf den ersten Blick ist eine wunderbare Sache, die sich angenehm anfühlt. Aber seien Sie nicht *zu* vertrauensselig. Prüfen Sie zuerst, ob die Person, der Sie Ihre Geheimnisse anvertrauen auch wirklich glaubwürdig ist, und verschenken Sie Ihr Vertrauen nicht wahllos an Unbekannte. Sie werden mit der Zeit ein Gespür dafür entwickeln, wer Ihre wirklichen Freunde sind und wem Sie sich ohne Bedenken anvertrauen können. Also lassen Sie sich Zeit, jemandem Ihr volles Vertrauen zu schenken. Ihr Gegenüber muss sich dieses Privileg zuerst durch seine Loyalität verdienen.

Wenn du musst jemand bitten,
erzähl es keinem Dritten,
dann schweig,
ist viel gescheiter,
es hört´s dann auch kein Zweiter.

emily
von meiner Großmutter
übernommene Lebensweisheit

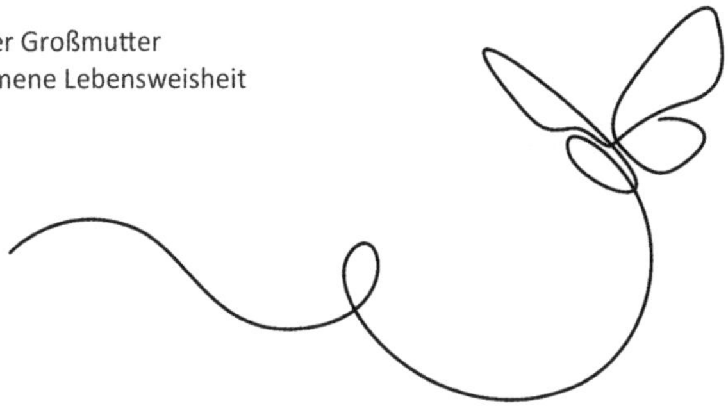

kapitel zwei

der **kreislauf** des lebens

Die Schwierigkeit, Leben zu definieren

Eine allgemein akzeptierte und eindeutige Definition des Lebens gibt es nicht. Das Phänomen Leben bleibt bis heute enorm komplex und schwierig zu erfassen. Die Forscher haben bis zum jetzigen Zeitpunkt noch keine allumfassende, anerkannte Definition von Leben gefunden. Je nach Wissenschaftsdisziplin, also ob die Definition von einem Chemiker, Physiker, Biologen oder Philosophen stammt, fällt sie anders aus.

Trotzdem haben sich in der Vergangenheit bereits viele Wissenschaftler darin versucht, das Phänomen Leben genauer zu umschreiben. Da sich jede Definition auf bestimmte Aspekte bezieht, hat jede ihre Stärken und Schwächen, und sie sind je nach Blickwinkel verständlicherweise unterschiedlich ausgefallen. Somit bleiben alle Versuche, den Begriff Leben zu definieren, unvollständig und umstritten.

In wissenschaftlichen Kreisen spricht man im Zusammenhang mit dem Begriff *Leben* meist von unbelebter oder belebter Materie, und man begnügt sich im Allgemeinen mit einer Checkliste der wichtigsten Schlüsselmerkmale grundlegender Eigenschaften, die einen Mechanismus ausmachen. Somit wählen die Forscher einen pragmatischen Weg, um sich nicht der Kritik anderer Wissenschaftler aussetzen zu müssen.

Die Frage, was es bedeutet, *lebendig* zu sein, bleibt ungelöst.

Die Seele ist auf ein Leben in einem Körper angewiesen. Nur dadurch erhält sie die Möglichkeit, die für sie wichtigen Erfahrungen zu sammeln, die sie für ihre Weiterentwicklung benötigt. Für die Seele hat das Leben eher eine neutrale und recht simple Bedeutung. Das Leben ist die weltliche Zeitspanne, in der sich die Seele in einem Körper befindet. Sie beginnt dann, wenn die Seele in den Körper eintritt und endet mit dem Tod, wenn die Seele den Körper wieder verlässt.

Es ist also nicht von Bedeutung, sich endlose Gedanken über eine für alle stimmige Definition des Lebens zu machen. Leben bedeutet für uns vor allem die Möglichkeit zu erhalten, Erfahrungen in einem grobstofflichen Körper zu machen. Somit ist für unsere seelische Entwicklung nicht in erster Linie die *Definition von Leben* relevant, sondern es steht vor allem *der Sinn des Lebens* im Mittelpunkt.

Das Leben umarmen

Die Frage nach dem Sinn des Lebens ist für unseren menschlichen Geist eine permanente Herausforderung. Früher suchte man die Antwort bei den großen spirituellen Meistern wie Buddha, Hermes Trismegistos, Laotse, Pythagoras oder Jesus Christus. Sie alle sind Boten aus einer Sphäre geistigen Ursprungs des Menschseins.

Der Sinn des Lebens scheint mit diesem Wissenshintergrund darin zu liegen, dass wir nach unserem Leben auf diesem Planeten mit einer uns unbekannten Hilfe wieder in etwas zurückfinden, was außerhalb unserer Welt von Zeit und Raum liegt. Einige Kulturen nennen diese ursprüngliche Welt Himmel oder Nirwana. Es ist eine Art göttliches Lebensfeld, mit vollkommen anderen Bedingungen, in das wir zurückkehren, und uns dabei von einem irdisch-sterblichen Menschen in reine Lichtenergie verwandeln.

Heutzutage können nur wenige Menschen mit den oben erwähnten spirituellen Meistern etwas anfangen und versuchen, durch rationales Denken und einer logischen Analyse zu einer Antwort zu gelangen. Aber auch sie suchen nach einem Urgrund des menschlichen Seins, nach dem Sinn des Lebens.

Hier kommt Albert Einstein ins Spiel, ein Wissenschaftler, der beweisen konnte, dass Materie nichts anderes ist als Energie. Energie verwandelt sich in Materie und umgekehrt. Zudem entwickelte die Physik das Atommodell, das besagt, dass sich jede Materie in kleinste Bausteine zerlegen lässt. Das ganze Universum, und somit auch der menschliche Körper, ist aus Atomen aufgebaut. Das Universum ist somit nicht leer, sondern angefüllt mit Atomen. Die Atome ihrerseits sind das Resultat von Schwingungen, vergleichbar mit vibrierenden Fäden, die das ganze All erfüllen.

Dieser wissenschaftlichen Annahme zufolge muss demnach irgendwo ein Ur-Atom existieren, mit dem wir verbunden sind, von dem wir herkommen und nach dem wir uns unser Leben lang sehnen. Die religiösen Kulturen nennen es Gott, die göttliche Quelle, den Weltenschöpfer und so weiter oder bezeichnen es als den Ursprung unseres Seins. Unser Sehnen ist zu vergleichen mit einem unstillbaren Heimweh nach etwas, vom dem wir getrennt wurden. Der Sinn unseres Lebens scheint nur darin zu bestehen, wieder in diesen Zustand zurückkehren zu können. Um das zu bewerkstelligen, müssen wir das Ur-Atom in uns wieder zum Leben erwecken, es sozusagen aktivieren. Das bedeutet: Wir müssen daran glauben, dass es wirklich vorhanden ist und danach streben, wieder dorthin zurückzufinden.

Der Sinn unseres gegenwärtigen Lebens scheint eng mit unseren gemachten Erfahrungen in diesem und in vorhergehenden Leben in Zusammenhang zu stehen. In Anbetracht der Tatsache, dass sich jeder Mensch in seiner seelischen Entwicklung an einem anderen Ort befindet, ist die Annahme, dass der Sinn des Lebens für alle Menschen derselbe sein muss, falsch. Einen echten Sinn im Leben zu erkennen beziehungsweise zu finden, ist eine wunderbare Erfahrung. Dadurch wird Ihnen Sicherheit geschenkt und es entsteht eine Basis für Zufriedenheit und Glück. Bei der Sinnsuche in erster Linie nur darauf erpicht zu sein, einen bestimmten Platz auf Kosten anderer für sich zu beanspruchen, kann zu einer hochemotionalen Angelegenheit für alle Beteiligten werden. Verstricken Sie sich bei Ihrer Sinnsuche nicht zu sehr in Dinge, die nichts weiter als die Verfolgung Ihrer egoistischen Ziele bedeuten.

Vieles, was für den einen Sinn ergibt, bedeutet für einen anderen Sinnlosigkeit. Es geht also darum, bei der Sinnsuche ganz gezielt vorzugehen und dabei immer Ihre individuelle seelische Entwicklung im Auge zu behalten. Bestimmte Dinge zu tun oder zu lassen, spielt bei der Suche nach dem Sinn des Lebens eine entscheidende Rolle. Wir sollten dabei stets mit uns im Einklang sein. Sobald wir den Sinn danach ausrichten, was andere von uns wollen oder wir bei der Suche nach dem Sinn in eine Abhängigkeit geraten, befinden wir uns definitiv auf Abwegen.

Die Suche nach dem Sinn des Lebens scheint für die meisten Menschen niemals ein Ende zu haben. Solange wir leben, werden wir wohl immer wieder Zweifel haben. Dennoch können wir den aktuellen Stand unserer Sinnsuche daran messen, wie wir uns im Alltag fühlen. Ergibt das, was Sie in Ihrem Leben tun, für Sie Sinn? Erfüllen die täglichen Aktivitäten im Großen und Ganzen Ihre persönlichen Erwartungen? Werden Sie von anderen Menschen geliebt, gebraucht? Dann scheint Ihr Leben einen Sinn zu ergeben.

Andere brauchen Sie, und Sie brauchen andere. Der Sinn des Lebens besteht darin, sich durch die Suche nach dem Sinn weiterzuentwickeln und dabei wertvolle Erfahrungen zu sammeln. Dazu gehört auch eine positive Grundeinstellung zu sich selbst und zu anderen Menschen.

Umarmen Sie täglich Ihr Leben, auch wenn es nicht immer nur strahlend schön sein kann. Sie sind eine von Milliarden von Seelen, die die Chance erhalten haben, sich durch die jetzige Inkarnation auf der Erde weiterentwickeln zu können. Mit dieser Chance steht auch die Sinnsuche in unmittelbarem Zusammenhang. Ergibt das Leben für einen Menschen keinen Sinn mehr, hat die Seele aufgegeben und ist nicht mehr bereit, an ihrer Weiterentwicklung zu arbeiten.

Das Leben umarmen heißt, trotz schwieriger Umstände und großen Herausforderungen bewusst zu leben, versuchen positiv zu bleiben, den Alltag mutig in die Hand zu nehmen und nicht pessimistisch und missmutig vor sich hin zu leben.

Das Leben umarmen bedeutet, auch »Ja« zu der aktuellen Inkarnation zu sagen, mit allem Licht und Dunkel, mit allen Höhen und Tiefen, die sie mit sich bringt.

Chiara

Die folgende Geschichte von Chiara hat mich tief beeindruckt und mir gezeigt, was es bedeutet, den Sinn und das Lebensziel trotz größter seelischer und körperlicher Belastungen immer im Auge zu behalten.

Chiara studierte an der *Florida International University* Psychologie. Nach ihrem erfolgreichen Bachelor-of-Arts-Abschluss zog sie nach New York, wo sie eine erfolgversprechende Stelle als Psychologin antrat. Kurz nach ihrem Stellenantritt befand sie sich spätabends nach der Arbeit auf dem Nachhauseweg. Als sie die Straße überqueren wollte, wurde sie von einem Auto angefahren und dabei schwer verletzt. Das Auto fuhr einfach weiter. Chiara überlebte mit viel Glück, war aber seit jener Nacht für immer an den Rollstuhl gefesselt. Sie stand am Anfang ihrer Karriere, wünschte sich einen Freund und irgendwann auch einmal eine Familie. All dies schien nun für sie in weite Ferne gerückt zu sein. Ihr Leben hatte für sie keinen Sinn mehr. Sie dachte immer wieder darüber nach, warum die Ärzte sie durch eine mehrstündige, äußerst komplizierte Operation gerettet hatten. Ihr wäre es lieber gewesen, sie hätten sie sterben lassen.

Die Unfallverursacherin war eine Frau, die in ihrem Leben schon nahezu alle ihre verfolgten Lebensziele erreicht hatte. Sie arbeitete in der Chefetage eines großen Modekonzerns, wohnte mit ihrem Mann und ihren Kindern in einem wunderschönen Haus und konnte sich alles leisten, was sie wollte. Von Außenstehenden wurde sie als Glückskind bezeichnet, dem stets alles gelang und das für den eigenen Erfolg nie wirklich viel beitragen musste. An jenem Abend, als sich der Unfall ereignet hatte, fuhr sie von einem Meeting nach Hause. Es war bereits dunkel geworden und sie war nach einem äußerst anstrengenden Arbeitstag völlig übermüdet. Aufgrund des sintflutartigen Regens hatte sie kaum Sicht auf das, was vor ihr lag. So sah sie Chiara nicht, bis sie den Aufprall spürte. Sie redete sich ein, das sei wahrscheinlich nur ein Tier gewesen, das gegen das Auto gerannt war und fuhr ohne anzuhalten weiter.

Am nächsten Tag konnte sie den Bericht des Unfalls in allen Nachrichtensendern verfolgen. Ihr war bewusst, dass ein Schuldbekenntnis das Ende all ihrer Annehmlichkeiten und eine Haftstrafe für sie bedeutet hätte. So beschloss sie, sich nicht zu melden und versuchte erst einmal so weiterzumachen wie bisher. Aber diese schwere Last verfolgte sie Tag und Nacht. Sie fing an zu trinken, verlor nach einigen Monaten ihren Job, und ihr Mann ließ sich kurz darauf von ihr scheiden. Durch die Scheidung verlor sie auch das Sorgerecht für ihre Kinder. Der Vorfall jenes Abends hatte alles in ihrem Leben vernichtet. Fast acht Jahre später wurde sie auf ihrem absoluten Tiefpunkt depressiv, verwirrt und alkoholabhängig in eine psychiatrische Klinik eingewiesen.

Im Laufe einer umfassenden Behandlung konnte dieser dunkelste Moment ihres bisherigen Lebens aufgedeckt und mit ihr zusammen Schritt für Schritt erarbeitet werden. Sie realisierte, dass sie sich in den vergangenen Jahren durch ihr Verhalten härter bestraft hatte, als wenn sie damals dafür verurteilt worden wäre. Es war eine unglaubliche Erleichterung für sie, nicht weiter mit dieser schweren Last, diesem dunklen Geheimnis weiterleben zu müssen. Egal, was jetzt mit ihr geschah.

Durch ihre Selbstanzeige und ihr Geständnis bei der Polizei, wurde nun eine direkte Konfrontation mit Chiara unumgänglich. Als man Chiara den Namen ihrer Unfallverursacherin bekanntgab, war sie emotional tief betroffen und für ein paar Tage völlig außer Kontrolle. All die Bilder, die sie jahrelang versucht hatte zu verdrängen, tauchten wieder in ihr auf. Sie musste alle ihre schwierigen und leidvollen Stationen nach dem Unfall noch einmal qualvoll durchlaufen. Diese fremde Frau hatte an jenem Abend ihr Leben zerstört und war, ohne Hilfe zu leisten, einfach weitergefahren. Sie hatte immer wieder daran gedacht, ob sie ihr jemals gegenüberstehen würde, um ihr zu sagen, welch unglaubliches Leid sie ihr dadurch zugefügt hatte.

Das erste Zusammentreffen der Frauen verlief für beide Seiten sehr emotional. Ihre Leben waren zum Zeitpunkt des Unfalls unbeabsichtigt und für immer miteinander verknüpft worden. Nach einer mehrwöchigen und für beide Seiten schmerzhaften Aufarbeitung mittels Unterstützung einer versierten Psychiaterin entschloss sich Chiara, von einem langwierigen Prozess abzusehen, um dadurch die in beiden noch vorhandenen Gefühle wie Wut, Hass und Schmerz nicht erneut mit negativer Energie aufzuladen. Die unbekannte Frau hatte jetzt ein Gesicht bekommen und hatte ihr in den stundenlangen Gesprächen ihre Seele offenbart. Ihr wurde dadurch bewusst, dass diese Frau in den letzten Jahren für ihre Tat schon mehr als genug bestraft worden war und sie bis ans Ende ihres Lebens mit dieser schweren Schuld weiterleben musste.

Nach der ärztlichen Diagnose auf der Aufwachstation hatte Chiara damals gedacht, man hätte ihr *alles* genommen. Aber in Wirklichkeit war ihr Leben inzwischen großartig geworden. Sie hatte in der Physiotherapie ihren Mann kennengelernt und hatte mit ihm in der Zwischenzeit zwei Kinder, die ihr wirklich alles bedeuteten. Sie hatte, mit ihren eigenen Worten ausgedrückt, eigentlich viel mehr gewonnen als verloren.

Ein trauriges, aber eindrucksvolles Beispiel, auch in der allerschlimmsten Situation nicht zu verzweifeln und nicht aufzugeben. Chiara hat ihr Leben trotz aller widrigen Umstände umarmt, und es hatte für sie dadurch einen neuen Sinn bekommen. Durch ihre mutige und einfühlsame Entscheidung, der verantwortlichen Person zu verzeihen, gab sie auch dieser die Chance, ihre Lebensaufgabe weiter zu verfolgen, indem sie ihr ermöglichte, wieder in eine gewisse Alltagsnormalität zurückkehren zu können.

Es reicht nicht, einfach nur zu existieren.
Damit das Leben einen Sinn erhält,
muss man es leben.

Mit all den herausfordernden Konsequenzen,
die sich dadurch ergeben.

ryan ellis

Reinkarnation - Bedeutung in der heutigen Zeit

»Reinkarnation ist ein immer wiederkehrender Prozess
des Übergangs der menschlichen Seele
in einen neuen Körper und in eine neue Existenz.
Sie wird auch als Seelenwanderung bezeichnet.«

Der Gedanke an eine Möglichkeit der Reinkarnation, in der die unsterbliche Seele stets in einem neuen Körper wiedergeboren wird, bereitet auch heute noch vielen Menschen große Schwierigkeiten und ist mit Unsicherheit und Angst verbunden.

Denjenigen unter Ihnen, die meine beiden bisherigen Bücher gelesen haben, wissen, dass die Reinkarnation für die Seele einen elementaren Grundstein und eine große Chance für die persönliche Weiterentwicklung darstellt. Nur durch die Erfahrungen vieler Reinkarnationen erhalten wir die Möglichkeit, auf unserem Weg ins Licht voranzuschreiten.

Die Reinkarnationstheorie ist nicht neu. Sie ist kein fest definierter Glaubenssatz, sondern fasst eine Vielzahl verschiedener Lehren zusammen, die Bestandteil unterschiedlicher Religionen sind. Die zahlenmäßig bedeutendsten Glaubensrichtungen, in denen Reinkarnation eine zentrale Rolle spielt, sind der Hinduismus (weltweit 900 Millionen Hindus) und der Buddhismus (weltweit ungefähr 500 Millionen Buddhisten). Die großen christlichen Kirchen, und entsprechend auch die meisten ihrer Theologen, lehnen die Reinkarnation weitgehend ab.

Auf die Frage »Glaubst du an eine Reinkarnation?« sind im Prinzip drei verschiedene Antworten möglich: »Ja«, »Nein« oder »Ich halte es für möglich«. Bei der letzten Umfrage unter der Schweizer Bevölkerung im Jahr 2019 gaben insgesamt rund 20% der Befragten an, dass sie an eine Wiedergeburt glauben, rund weitere 20% hielten sie zumindest für möglich. Demgegenüber stehen 58% der Bevölkerung, die eine Wiedergeburt ausschließen. Diese Umfragen zeigen in anderen Ländern Europas und in Amerika ähnliche Resultate. Diese Prozentwerte könnten sich aber in den nächsten Jahren durch das Heranwachsen einer neuen Generation deutlich verändern.

Beachtenswert ist der steigende Trend, dass sich zusehends mehr Menschen, besonders aus der jüngeren Generation, für die Reinkarnation interessieren und mehr darüber wissen möchten. Viele fühlen sich in der Anonymität unserer Massengesellschaft verloren und suchen mittels Fragen zu ihrem Dasein nach ihrer wirklichen Identität. Die Überzeugung, dass das menschliche Leben mit dem Tod des physischen Körpers nicht einfach aufhört, ist im Gedankengut jeder zivilisierten Tradition zu finden. So glauben heute bereits mehr als 70% der Bevölkerung weltweit, dass die Seele nach dem Tod weiterexistiert. Immer öfter liefern auch zuvor skeptische Wissenschaftler eindeutige Beweise für ein Weiterleben nach dem Tod und hinterfragen so kritisch alteingesessene Strukturen und Ansichten. Durch Jenseitskontakte, Nahtod- und Nachtod-Erfahrungen geraten die uns durch Religionen und längst nicht mehr gültigen Ideologien übermittelten Weltbilder mehr und mehr ins Wanken.

Menschen, die einmal in ihrem Leben mit einer Rückführung konfrontiert worden sind, benötigen keine Beweise mehr. Sie haben sich selbst in einem früheren Leben gesehen, sich mit dem damaligen Leben identifizieren können und haben sich dadurch wieder an alles erinnert.

Es gibt eine uralte Weisheit der Aborigines:

»Wir sind alle nur Besucher auf dieser Welt und zu dieser Zeit.
Unsere Seelen sind nur auf der Durchreise.
Unsere Aufgabe hier ist es,
zu beobachten, zu lernen, zu wachsen, zu lieben
und dann wieder nach Hause zu gehen.«

Diese Weisheit beinhaltet nicht nur eine Aussage über die Unsterblichkeit der Seele, sondern gibt auch einen Hinweis auf die Reinkarnation. Es würde wenig bis gar keinen Sinn ergeben, wenn Sie für Ihre seelische Weiterentwicklung nur eine einzige Inkarnation zur Verfügung hätten. Es wäre vermessen zu glauben, dass wir unsere Handlungen in unserem Leben nicht hinterfragen müssen, weil sie ja ohnehin nach Beendigung dieser Inkarnation keine Konsequenzen mehr für uns haben werden. So funktionieren die Gesetze des Universums nicht. Die Entwicklung unserer Seele besteht nicht nur aus *einem einzigen Leben.* Sie ist geprägt von einer Kette vieler aufeinanderfolgender Inkarnationen. Aber aus der Perspektive des sich anhäufenden Karmas aus betrachtet macht der Glaube an mehrere Inkarnationen vielen Menschen Angst. Es ist für sie deshalb einfacher, eine Wiedergeburt nicht in Betracht zu ziehen oder sie völlig auszuschließen.

Mithilfe des Reinkarnationsgedankens wird es für uns verständlicher, dass wir alle unterschiedlich weit entwickelte individuelle Seelen sind, die zur selben Zeit durch gegenseitiges Lernen und gegenseitige Unterstützung unsere Lebensaufgaben zu meistern versuchen. Begriffe wie Mitgefühl, Toleranz oder Respekt erhalten dadurch eine tiefgreifendere Bedeutung.

Die Reinkarnation hat gerade in der heutigen Zeit eine grundlegend neue Bedeutung erhalten. Das Universum möchte uns zusammen mit dem Reinkarnationsgedanken das verlorene Wissen übermitteln, dass wir uns mit unseren jetzigen Handlungen, Worten, Gedanken und Gefühlen bereits unser nächstes Leben und die darauffolgenden Inkarnationen aufbauen. Wie Sie Ihr jetziges Leben gestalten, hat also einen entscheidenden Einfluss auf Ihre zukünftigen Leben. Durch Ihre Taten nehmen Sie Einfluss auf Ihren nächsten Körper, auf Ihre neuen Lebensumstände und Ihr neues Erbgut. Dadurch erhalten Sie die Chance, Ihr Schicksal weitgehend zu kontrollieren.

Wenn Sie beispielsweise andersfarbige, gleichgeschlechtliche Paare oder Menschen aus Randgruppen aufs Tiefste verachten, werden Sie mit einer hohen Wahrscheinlichkeit eines Ihrer zukünftigen Leben selbst in einem Körper mit diesen Eigenschaften verbringen müssen, um dadurch all die schmerzhaften Erfahrungen zu durchleben, denen diese Seelen in unserer Gesellschaft ausgesetzt sind.

Wenn wir nach den Gesetzmäßigkeiten der Reinkarnation leben, gelingt es uns eher, mehr Verantwortung für uns und die uns umgebenden Personen zu übernehmen. Im Endeffekt kann uns die Reinkarnation auch die Angst vor dem Tod nehmen. Er ist nicht mehr das Ende von allem, und wir müssen nicht für alle Ewigkeit dort bleiben, wo wir uns unmittelbar nach dem Tod befinden.

Viele, die sich intensiv mit der Reinkarnationstheorie beschäftigen, stellen fest, dass sich die Reinkarnationsgeschwindigkeit beschleunigt. Die Dauer, die die Seele in der astralen Dimension verbringt, bevor sie sich wieder inkarniert, verkürzt sich. Das bedeutet, die Seele hat im Universum weniger Zeit, um sich zu regenerieren, dafür kann sie aber umso schneller wieder in eine Inkarnation zurückkehren, um an den ungelösten Problemen der früheren Leben weiterarbeiten zu können. Diese Beschleunigung zeichnet sich in den zunehmenden Zahlen der Weltbevölkerung ab. Die Anzahl der auf der Erde lebenden Menschen ist seit den 1960er-Jahren von drei auf nun acht Milliarden gestiegen. Gegenwärtig wächst die Zahl der Erdbewohner und Erdbewohnerinnen jährlich um rund 83 Millionen. Jede Sekunde wird die Weltbevölkerung also im Schnitt um 2,6 Menschen größer.

Weshalb wollen gerade zum jetzigen Zeitpunkt so auffallend viele Seelen auf diesem Planeten geboren werden? Die Antwort aus dem Universum klingt einfach. Die Erde bietet im Moment den idealen Ort für eine schnelle seelische Weiterentwicklung.

Heute inkarnieren sich gerade sehr viele Seelen aus früheren, fortgeschrittenen Zivilisationen, die wahrscheinlich viel weiterentwickelt waren, als wir es heute sind. Darunter sollen sich auch Seelen befinden, die erstmals Atlantis bewohnt haben. Eine Zivilisation, die sich durch den Missbrauch von technischen und wissenschaftlich nicht erklärbaren Fähigkeiten selbst vernichtet hat.

Die Menschheit steht heute wieder vor dem Punkt, sich durch ihre technischen Errungenschaften selbst auszulöschen. Dies kann durch einen Atomkrieg oder weitere biologische Kampfstoffe geschehen. Die größte Herausforderung, vor der wir stehen, die aber längst noch nicht alle realisiert haben, sind die Folgen des alarmierenden Klimawandels. Die zum Teil unkontrollierbaren Veränderungen machen vor allem der jüngeren Generation Angst, weil sie mit Sicherheit von deren Auswirkungen betroffen sein werden.

Zum jetzigen Zeitpunkt können also bewusst sehr viele *alte Seelen* wieder inkarnieren. Bedeutsame Seelen, die sich nicht lange im Jenseits aufhielten und dadurch ihre Reinkarnationspause drastisch verkürzt haben. Viele Seelen, die vor Tausenden von Jahren durch den Missbrauch ihrer Fähigkeiten für die Vernichtung der damaligen Zivilisation mitverantwortlich waren, erhalten jetzt die Chance, wieder zu inkarnieren. Sie werden die Möglichkeit nutzen, mit unseren Entwicklungen und Errungenschaften bewusster umzugehen und dadurch die Leidenssituationen der Weltbevölkerung zu verbessern.

Die Reinkarnation hat also jetzt einen größeren Stellenwert und eine tiefgründigere Bedeutung als jemals zuvor. Durch die Möglichkeit zu inkarnieren, erhalten wir vom Universum die Gelegenheit, begangene Fehler aus früheren Zeiten wiedergutzumachen. Dabei werden wir aus den verschiedenen Dimensionen von zahlreichen Lichtwesen unterstützt, die uns das universelle Wissen in unser neues Leben mitgeben und uns hier auf der Erde begleiten. Wir sind deshalb aufgefordert, mit diesem Wissen in Verbindung zu bleiben oder wieder erneut in Verbindung zu treten. Mit einer völligen Ablehnung des Reinkarnationsgedankens würde das aber für uns schwieriger werden.

Im Normalfall haben wir nach unserer Geburt alle unsere vorangegangenen Leben vergessen. Bei Kindern kann es aber bis etwa zum siebten Lebensjahr vorkommen, dass sie uns ohne Fremdeinwirkung spontane Erinnerungen an frühere Leben mitteilen. Dies hängt damit zusammen, dass die Seelen der Kinder bis zu diesem Alter noch eine starke Verbindung in die Dimension aufweisen, aus der sie gekommen sind.

Bei Erwachsenen braucht es im Normalfall die Hilfe eines Therapeuten oder eines Mediums, um die Erinnerung an vergangene Inkarnationen wieder zu aktivieren. Es ist inzwischen in der parapsychologischen Forschung erwiesen, dass es möglich ist, mithilfe gewisser Methoden bestimmte Erinnerungen an frühere Inkarnationen aus dem Bereich des Unterbewusstseins hervorzuholen. Dies bedeutet, dass sich die Seele zusammen mit unseren Erinnerungen inkarniert.

In diesem Jahrhundert befinden wir uns in einer Atmosphäre, die dichter ist als jemals zuvor. Eine Zeit, die viele große Herausforderungen mit sich bringt, denen wir kaum mehr gewachsen zu sein scheinen. Deshalb ist gerade unser jetziges Leben nicht einfach irgendeines aus unserem bisherigen Reinkarnationszyklus, sondern ein Leben, in dem wir alles zeigen und bewerkstelligen können, was unsere Seele bisher gelernt hat. Demzufolge sprechen in diesem Zusammenhang auch sehr viele von einem Wendepunkt in der Menschheitsgeschichte.

Für viele der gerade inkarnierten alten Seelen bedeutet das, dass dieses Leben mit großer Wahrscheinlichkeit ihr letztes in einem menschlichen Körper sein wird.

Auf meinen Wunsch hin wurden mir von meinem Lichtwesen Simon bereits mehrere vergangene Leben aufgezeigt. Unsere Lebensbedingungen und unser Geschlecht können sich dabei immer wieder verändern. Was gleich bleibt, sind unsere Anlagen und unser Wissen. Alles was wir uns in einem früheren Leben angeeignet haben, können wir in eine neue Inkarnation mitnehmen.

Meine vergangenen Leben werden mir in *Filmsequenzen* übermittelt, deren Inhalte nicht immer nur angenehm für mich sind. In einem kurzen Zeitraffer werden mir die wichtigsten Lebensumstände, Handlungen und Gedanken aus einem meiner früheren Leben vorgeführt. Alles, was ich gesehen habe, ist später in mir wieder abrufbar. Durch diese wichtigen Sequenzen aus einer früheren Inkarnation wird mein Wissen an dieses zurückliegende Leben wieder aktiviert und ich kann mich an viele Sachen bewusst erinnern.

Bestimmte Verhaltensmuster oder seelische Verletzungen aus früheren Leben, welche noch nicht bereinigt und damit noch nicht abgeschlossen worden sind, werden bei einer Neuinkarnation in unseren Lebensplan mit eingebaut. Auf der Suche nach dem Sinn des Lebens und durch die Auseinandersetzung mit unseren Lebenszielen werden wir automatisch in gewissen Lebensabschnitten wieder mit ihnen konfrontiert. Unsere Lebensaufgabe besteht unter anderem darin, diese Muster aufzulösen, respektive alte Wunden zu heilen. Es handelt sich dabei aber nicht nur um Konflikte oder Verletzungen aus unserem letzten Leben. Viele unerledigte Angelegenheiten, die von uns aufgearbeitet werden müssen, haben ihren Ursprung in Inkarnationen, die bereits lange zurückliegen.

Eines meiner Hauptthemen in meinem jetzigen Leben besteht darin, genau hinzusehen, wem ich vertrauen kann, um mithilfe meiner Intuition zu erkennen, wer meine wirklichen Freunde sind. Diese Aufarbeitung hängt mit einem meiner früheren Leben in Rom zusammen, wo ich im 11. Jahrhundert eine wichtige Position innehatte, in der ich den falschen Menschen vertraute und dadurch ausgenutzt, hintergangen und verraten wurde. In einem anderen früheren Leben habe ich mich als etwa 20-jährigen Soldaten in Uniform gesehen. Ich könnte Ihnen diese Uniform bis ins kleinste Detail beschreiben und kann sie deshalb auch einer bestimmten Epoche zuordnen, in der ich damals gelebt haben muss. Als junger Soldat wurde ich in einem Krieg gezwungen, Dinge zu tun, die nicht mit meinen moralischen Werten übereinstimmten. Die Angst, bei einem meiner täglichen Einsätze getötet zu werden und nicht mehr nach Hause zurückkehren zu können, war groß. Innerhalb dieses Lebensrückblicks wurde mir auch das Ende meines damaligen Lebens gezeigt.

Ich rannte barfuß, nur mit Hose und Hemd bekleidet, einen Strand entlang. Dabei wurde ich von mehreren Männern verfolgt, die hinter mir herliefen, mit der Absicht, mich zu töten. Ich spürte noch einmal intensiv den heißen Sand unter meinen Füßen, litt unter der unerträglichen Hitze dieses Tages und unter der nicht beschreibbaren Angst, gleich mein Leben zu verlieren. Nicht weit entfernt, auf einem kleinen Hügel, sah ich ein weißes Haus mit vielen Fenstern. Ich wusste, wenn ich es bis dorthin schaffen würde, konnte ich mein Leben retten. Meine Verfolger holten immer mehr auf. Die Anspannung in meinem Körper wuchs ins Unerträgliche. Unmittelbar nachdem ich die Anhöhe erreicht hatte, wurde mir in den Rücken geschossen. Ich sah mich auf dem Boden liegen. Um mich herum war alles voller Blut. Mir wurde bewusst, dass ich tot war.

Meine Mama hat mir oft erzählt, dass ich als Kind eine Stelle am Rücken hatte, an der es mir unangenehm war, berührt zu werden und die mich manchmal auch schmerzte. Heute kenne ich den Grund. Es ist genau die Stelle, an der ich damals tödlich verletzt worden bin.

Die Geburt scheint für die Seele
bedeutend schwieriger zu sein
als das Sterben.

ryan ellis

Karma – ein oft falsch interpretiertes Modewort

Karma ist das Gesetz von Ursache und Wirkung.
Ein durch früheres Handeln bedingtes
gegenwärtiges Schicksal.
Nicht nur jede Handlung, sondern auch jedes Wort
und jeder Gedanke hat deshalb
ein karmisches Potenzial.

Der Begriff *Karma* ist zu einem beliebten Modewort geworden und wird von vielen in den unterschiedlichsten Zusammenhängen oft irreführend verwendet. Für eine bildhafte Erklärung würde ich gerne die Metapher des Bumerangs benutzen, auf die ich in einem Blog von Marco A. Lo Voi aufmerksam geworden bin:

»Jede Handlung, ob positiv oder negativ, ist wie ein positiv oder negativ geladener Bumerang, den wir in unsere Umwelt schleudern. Da wir fortlaufend denken, manche auch fortlaufend reden und fortlaufend Dinge tun, schleudern wir unzählige dieser geladenen Bumerangs in jeder unserer

Lebenssekunden in unsere Umwelt und formen sie damit. Da wir um das Wesen eines Bumerangs wissen, wissen wir auch, dass dieser irgendwann wieder zu uns zurückgeflogen kommt. Man könnte nun also dieses fortlaufende Bumerangschleudern als »Karma-Sammeln« bezeichnen. Wie in dem Bibelzitat ›Wir ernten, was wir säen‹ kommt der Moment, in dem der Bumerang zurückkehrt und wir unser Karma ernten. Wir wissen nun Bescheid, wie Karma-Sammeln funktioniert. Was wir allerdings nicht *wissen, ist, wie weit wir den Bumerang wegschleudern. Wir wissen also nicht, wie weit in der Zukunft die Wirkung einer Ursache liegt.«*

Für das Thema *Karma* spielt die Bedeutung der Reinkarnation eine wichtige Rolle. Reinkarnation und Karma sind untrennbar miteinander verknüpft. Wir dürfen beim karmischen Prinzip nicht linear denken, sondern uns dabei vorstellen, dass alles mit der Geburt beginnt und mit dem Tod endet. Das karmische Prinzip muss als fortwährender Kreislauf betrachtet werden. So gesehen, tragen Sie also Ihr gesamtes Karma aus all ihren vergangenen Leben mit sich herum und kreieren fortlaufend neues. Aber lassen Sie sich jetzt nicht entmutigen. Im vorhergehenden Kapitel habe ich bereits beschrieben, dass jede neue Inkarnation die Chance in sich birgt, Karma zu bereinigen.

Das Karma ist ein grundlegendes Gesetz des Weltalls. Kein Gefühl, kein Gedanke, kein Wort und keine Tat können ohne eine entsprechende Wirkung bleiben. Karma ist somit das unsichtbare und von vielen Menschen unerkannte Gesetz, welches weise und gerecht zu jeder Ursache eine Wirkung hervorruft, das heißt, eine entsprechende positive oder negative Konsequenz nach sich zieht. Die Karma-Lehre wird vom Theosophen und Buddhisten Christmas Humphreys (1901–1983) als *die wichtigste und am meisten vernachlässigte Wahrheit in der Welt* bezeichnet.

Hinter jedem Schicksal in unserem Leben versteckt sich also ein Gedanke aus der Vergangenheit, der eine Handlung nach sich gezogen hat, deren Auswirkung nun wieder auf uns zurückgefallen ist. Wie unglaublich intelligent muss das Gedächtnis des Universums sein, wenn dort all unsere Gedanken, Worte und Taten gespeichert und so gehandhabt werden, dass sie genau wieder zu unserer Seele zurückkommen und eine Reaktion in unserem Leben auslösen, ohne dabei einer anderen Seele in die Quere zu kommen.

Es existieren in diesem Fall klare Spielregeln für unsere Inkarnationen. Es scheint, dass wir diese bei unserer Ankunft auf diesem Planeten dort zurückgelassen haben, wo wir hergekommen sind. Alles was uns in diesem Leben widerfährt, sei das nun Glück oder Leid, ist nichts anderes als die Reaktion auf die irgendwann einmal gefällten Entscheidungen und vollzogenen Handlungen, im jetzigen oder in einem vorangegangenen Leben.

Der von uns weggeschleuderte Bumerang wird also aufgrund dieses geistigen Prinzips wieder zu uns zurückkehren, ob wir dies nun wollen und akzeptieren oder nicht. Karmische Reaktionen dürfen aber nicht als Strafe verstanden werden. Sie sind in erster Linie als Lern- und Korrekturprozesse zu begreifen. Mit dem Karma besitzen wir die Möglichkeit, unser Schicksal zu formen. Sie sollten also für Ihre Umwelt und Ihr nächstes Leben eine möglichst positive Grundhaltung aufbauen.

Karma wird oft in die folgenden drei Untergruppen eingeteilt:

1. Das gute oder schlechte Karma, das Sie gerade erschaffen und dessen Wirkung Sie in einem der nächsten Leben erfahren werden.

2. Das Karma aus vergangenen Leben, das Sie als Schicksal annehmen müssen und das sich irgendwann in Ihrem Leben manifestieren wird. Dieses Karma ist wenig bis gar nicht beeinflussbar. Ich sehe diese Art von Karma in einem mir gezeigten Lebensplan als einen fixen Meilenstein in einem Leben, den man nicht umgehen kann. Zum Beispiel den Tod eines geliebten Menschen, ein schwerer Unfall und so weiter.

3. Karma, das noch in der gespeicherten Karma-Sammlung liegt, und das Sie vielleicht noch in diesem Leben oder in einem der nächsten annehmen und verarbeiten müssen.

Unser Ziel liegt darin, möglichst kein neues Karma mehr zu erschaffen, um damit unseren Kreislauf von Leben und Sterben zu vollenden. Wir Menschen binden uns zu sehr an Irdisches. Dieses Irdische ist aber vergänglich. Jeder Mensch, den wir lieben, stirbt irgendwann einmal, jede äußere Schönheit vergeht, und Besitz kann jederzeit verloren gehen. Das heißt, in jeder Inkarnation erfahren wir neben schönen Dingen auch viel Leid.

Durch Meditation und andere spirituelle Praktiken können wir versuchen, unsere Bindungen an das Irdische zu lösen und unsere Gedanken durch eine große, innere Disziplin auf höhere Werte auszurichten. So würden wir irgendwann kein neues Karma mehr erschaffen und unsere Altlasten würden der Vergangenheit angehören.

Das scheint unglaublich viel Arbeit zu beinhalten, ein für uns kaum zu leistender Aufwand. Das ist es tatsächlich. Aber durch ein bewussteres Denken und Handeln könnten wir uns eine Menge Karma ersparen, um irgendwann den ewigen Kreislauf der Reinkarnation zu durchbrechen. Erst wenn uns das gelungen ist, können wir uns auf unserer Reise ins Licht der nächsten Dimension zuwenden.

Für sehr viel Leid auf dieser Welt ist das kollektive Karma verantwortlich.

Es gibt neben dem individuellen auch noch ein kollektives Karma. Als eine Familie, eine bestimmte Menschengruppe, als eine Nation und als Menschheit teilen wir unter uns die karmische Erinnerung. Das kollektive Karma setzt sich aus der Summe des individuellen Karmas aller Mitglieder zusammen.

Viele Menschen durchleben viele Arten von Leid und Schmerz, ohne dass sie in irgendeiner Weise mit dem, was um sie herum geschieht, in direkter Verbindung stehen.

Sie geraten aus den unterschiedlichsten Gründen in diese spezielle Situation, um dabei kollektives Karma aufzulösen. Dieses kollektive Karma kann beispielsweise bedeuten, dass Sie sich unter den 242 Fluggästen befinden, die ihr Ziel nie erreichen werden, weil die Maschine abstürzen wird. Mit großer Wahrscheinlichkeit haben Sie sich in einem früheren Leben dieses kollektive Karma zusammen mit all den anderen Passagieren in einer Ihrer vergangenen Lebenssituationen erschaffen.

Ein weiteres Beispiel für kollektives Karma ist eine Naturkatastrophe, bei der innerhalb von Sekunden eine große Menschengruppe getötet wird. Diese Menschen, die auf diese Weise ihr Leben lassen mussten, waren nicht aus Zufall zur gleichen Zeit am selben Ort. Sie hatten eine Verbindung zueinander, ein gemeinsames kollektives Karma, das sie miteinander auflösen mussten.

Spiritueller Lebensplan und Lebensaufgabe

Bevor Sie sich wieder entschließen, neu zu inkarnieren, werden Sie zusammen mit ihren zuständigen Lichtwesen und Geistführern einen persönlichen Lebensplan erstellen. Ihre neue Inkarnation wird also umfassend geplant, und Sie selbst haben dabei ein großes Mitspracherecht. Auf Ihrer Seelenebene haben Sie viele vergangene Erlebnisse Ihres letzten Lebens verarbeiten müssen. Deshalb wissen Sie genau, welche weiteren Erfahrungen in einem neuen Leben noch von Ihnen gemacht werden müssen.

Die Seele ist bestrebt, in ihren Inkarnationen alle möglichen Erfahrungen zu bewältigen. Dies beschleunigt ihre Weiterentwicklung. Aus diesem Grund wechseln Sie in Ihren irdischen Leben auch immer wieder Ihre Rollen. So inkarnieren Sie einmal als Mann, dann wieder als Frau, einmal sind Sie Täter, ein anderes Mal Opfer. In jeder dieser Rollen erleben Sie bestimmte Beziehungssituationen aus einer anderen Perspektive.

Für Ihren persönlichen Lebensplan suchen Sie sich Ihre Eltern und Ihr Umfeld, in das Sie hineingeboren werden, gezielt aus. Der soziale Status ist für die Erfüllung Ihres Lebensplans genauso bedeutungsvoll wie der Zeitpunkt, zu dem Sie inkarnieren oder das Land, in dem Sie wiedergeboren werden. In Ihrem neuen, weltlichen Familiensystem erhalten Sie genau die Rolle zugeteilt, die für Ihre seelische Weiterentwicklung wichtig ist. So können Sie in jede Rolle schlüpfen, die es Ihnen ermöglicht, Sie voranzubringen.

In Ihrem Lebensplan sind sämtliche entscheidenden Begegnungen und Ereignisse mit anderen Seelen beabsichtigt. Aus diesem Grund wird es auch in jedem Leben *karmische Begegnungen* geben, in denen wir altes Karma auflösen müssen. Diese Begegnungen können für uns auch sehr unangenehm sein.

Ihre Seele nimmt bei dieser Planung bereitwillig die schwierigsten Herausforderungen an, um dadurch konkrete Eigenschaften zu entwickeln und bestimmte Erkenntnisse und Erfahrungen gewinnen zu können. Viele

Dinge, die wir bereitwillig in unseren Lebensplan miteingebaut haben, sind uns im gegenwärtigen Leben nicht mehr bewusst. Von unserem menschlichen Standpunkt aus betrachtet hätte sich beispielsweise sicher niemand ausgesucht, freiwillig sein Leben ab seinem achten Lebensjahr im Rollstuhl verbringen zu müssen. Aber genau das ist die Erfahrung, die diese Seele freiwillig ausgewählt hat, um sich und andere involvierte Seelen voranzubringen. Für uns Menschen kaum oder gar nicht nachvollziehbar. Mit den Augen der Geistigen Welt betrachtet, würde aber diese Entscheidung im Hinblick auf die Entwicklung der betroffenen Seele absolut Sinn ergeben. Es geht bei der Erstellung des Lebensplans also nicht darum, eine für Sie möglichst angenehme Existenz auszuarbeiten. Alles, was Sie in einer neuen Inkarnation dazulernen, wird in Ihrer Seele abgespeichert, und Sie können es in alle Ihre neuen Leben mitnehmen.

Es hat jetzt den Anschein, dass für Ihre neue Inkarnation alles bis ins kleinste Detail durchgeplant ist und demzufolge Ihr Leben exakt nach dieser Planung verlaufen wird. Dem ist natürlich nicht so. Sie haben auf diesem Planeten einen freien Willen, der für Sie oft eine Herausforderung darstellen wird und durch den Sie für sämtliche Ihrer Handlungen die volle Verantwortung übernehmen müssen. Sie können jederzeit entscheiden, ob Sie diesen oder einen völlig anderen Weg gehen möchten, haben dann aber auch die entsprechenden Konsequenzen zu tragen.
Im Verlauf unseres irdischen Seins stehen uns so viele verschiedene Möglichkeiten offen, bei denen wir entscheiden können, durch welche Türen wir gehen oder wel-

chen Weg wir nehmen möchten. Für Einzelne kann diese schier riesige Auswahl an Möglichkeiten vielleicht ab und zu eine Belastung darstellen. Vor allem dann, wenn man bemerkt, dass man die falschen Türen gewählt oder den falschen Weg eingeschlagen hat und sich immer wieder dort befindet, wo man angefangen hat.

Das frustrierende Gefühl, versagt zu haben, kann jedoch auch Stärke beinhalten. Durch unser Scheitern oder unseren Misserfolg werden wir gezwungen, über unsere Existenz nachzudenken und uns für ein besseres Leben zu entscheiden. Wenn uns das nicht gelingt, manifestieren sich diese Gefühle in einer negativen Form. Wir werden krank, haben einen Unfall oder werden mit anderen Schicksalsschlägen konfrontiert, die nichts mit unserem Karma zu tun haben, sondern lediglich dazu dienen, uns wieder dazu zu bringen, unsere Lebensaufgabe zu erfüllen.

Seien Sie unbesorgt. Das Universum lässt Sie mit Ihren Fragen und Problemen nie allein. Auch ohne Einmischung in Ihre Angelegenheiten werden sie immer durch eine höhere Führung angeleitet, die Ihnen mitteilt, welcher Weg für Sie eine gute Wahl ist. Sie müssen nur lernen, auf Ihre innere Stimme, Ihr Unterbewusstsein zu hören. Es gibt eine göttliche Überseele, *Paramatma*, die uns durch sämtliche unserer Inkarnationen begleitet. Sie lässt nicht zu, dass wir unsere Lebensaufgabe über eine längere Zeit vernachlässigen.

Bestimmte einschneidende und für Sie bedeutungsvolle Momente in Ihrem Lebensplan sind jedoch unveränderlich. Sie werden eintreten, egal welchen Weg Sie wählen.

Für mich sind diese Momente die Meilensteine in Ihrem Erdenleben, aus denen Sie am meisten lernen und die sie vor Ihrer Rückkehr in Ihre ursprüngliche Heimat abhaken müssen. Diese Ereignisse werden also geschehen, ob Sie das möchten oder nicht. Sie können sie nicht beeinflussen. Wenn die Todesstunde eines geliebten Menschen gekommen ist, können Sie nichts dagegen unternehmen. Sie müssen ihn gehen lassen. Aber in allen anderen Lebenssituationen können Sie situativ selbst entscheiden, wie Sie auf bestimmte Ereignisse und Handlungen anderer Menschen reagieren und wie Sie diese persönlich bewerten.

Ihr Lebensplan ist zwar innerhalb der Rahmenbedingungen Ihres Karmas abgesteckt. In ihm sind allerdings auch Aufgaben enthalten, die Sie unabhängig von der Art Ihres Karmas erkennen und erfüllen sollen. Man könnte ihn als eine Art *Stundenplan Ihres Lebens* bezeichnen, der Ihnen dabei hilft, mit Ihrer Lebenszeit etwas Sinnvolles anzufangen und dadurch Ihrem Dasein eine tiefere Bedeutung zu geben. Es ist also vom Universum geregelt, dass wir mit dem Hintergrund des Karmas und unseres Lebensplans nicht einfach in den Tag hineinleben und alles machen können, was wir wollen. Mit dem Wissen, dass alle Menschen ihre Seelenaufgaben haben und versuchen, diese so gut wie möglich zu erfüllen, sollten wir uns immer wieder aufs Neue um ein Weiterkommen auf unserem persönlichen Inkarnationsweg bemühen.

Unabhängig von unserem Karma, das in jedem unserer Leben für Glück oder Leid verantwortlich ist, haben wir uns vor unserer Inkarnation bereit erklärt, uns mit unserem Lebensplan gewissen Lernprozessen zu stellen, durch die wir unsere Seele weiterentwickeln, um dadurch irgendwann einmal aus dem Kreislauf der Wiedergeburt aussteigen zu können. Für dieses Ziel sollte in unserem Leben *sowohl der Anhäufung und Auflösung von Karma als auch der Umsetzung des Lebensplans* höchste Aufmerksamkeit geschenkt werden. Beide Bereiche tragen dazu bei, unsere Lebensaufgabe zu erfüllen.

Oft werde ich gefragt, ob ich etwas über die Zukunft eines Menschen voraussagen kann. Es werden mir Fragen gestellt wie: »Werde ich diesen Mann, diese Frau heiraten? Werde ich Kinder kriegen? Wird mich diese Person verlassen oder werden wir wieder zusammenkommen?« und so weiter. Niemand kann verlässliche Vorhersagen über die Zukunft machen; denn aufgrund unseres freien Willens kann sich ständig alles um uns herum verändern. Ich könnte vom aktuellen Stand meiner Beobachtungen beispielsweise erkennen, dass da die Seele eines Kindes (ich sehe sie sogar als Junge oder als Mädchen) darauf wartet, innerhalb einer gewissen Familie zu inkarnieren. Wenn sich aber ein Elternteil entscheidet, zum jetzigen Zeitpunkt keine Kinder haben zu wollen oder sich die Eltern innerhalb der nächsten Monate trennen, würde meine Vorhersage durch ihren freien Willen außer Kraft gesetzt.

Es ist dein Weg.
Manche können ihn mit dir gehen,
aber keiner kann ihn für dich gehen.

Rumi

kapitel drei

das **erkennen** der anwesenheit **der seele**

Die Entstehung der Seele

Die Entstehung der Seele ist eingebunden in einen langen und komplexen Entwicklungsprozess. Sie hat ihre Existenz in der *EINEN ursprünglichen Seele*, die als *die Seele Gottes* oder als *die Seele des Universums* bezeichnet wird. Ich persönlich verwende dafür auch gern den Begriff *göttliche Quelle.* In der ersten kosmischen Periode der Gesamtentwicklung der Seele strömten aus dieser göttlichen Quelle unvorstellbar große *Seelengruppen,* die sich dann in immer kleinere Einheiten aufteilten. Die kleinste Seelengruppe ist die *Seelenfamilie*, zu der jeweils eine große Anzahl von Einzelseelen gehören. Auch *Ihre* Seele gehört zu einer dieser unendlich vielen Seelenfamilien.

Im Verlaufe ihrer Entwicklung war die Seele in einer weiteren kosmischen Periode so weit, sich aus ihrer Seelenfamilie zu lösen, um sich ihrer potenziellen Anlagen zufolge als *Einzelseele* weiterzuentwickeln. Trotz dieser Loslösung wird sie aber immer ein Teil dieser übergeordneten Seelengemeinschaft bleiben. Die Zugehörigkeit zu einer Seelenfamilie ist für die Seele überaus wichtig und bedeutet für sie in erster Linie *Schutz*. Ohne die Begleitung der anderen Seelen aus der Seelenfamilie und ihre Einwirkung auf die Einzelseele wäre diese nicht in der Lage, ein Leben auf der Erde zu führen. Zudem wird aus dieser Seelengemeinschaft heraus eine neue Inkarnation für die Seele geplant, mit deren Erfahrungen sie nach der Vollendung ihres Lebens wieder in ihre Seelenfamilie zurückkehren wird.

Es ist so eingerichtet, dass nicht alle Mitglieder einer Seelenfamilie zur gleichen Zeit auf diesem Planeten inkarniert sind. Viele befinden sich in anderen Sphären des Universums. Aber alle Seelen einer Seelenfamilie sind immer eng miteinander verbunden und haben auch gemeinsame, übergeordnete Ziele, die nur zusammen mit der ganzen Gruppe erreicht werden können.

Jede Einzelseele hat somit ihren Ursprung in der göttlichen Seele, von der sie getrennt worden ist. Ihre Aufgabe besteht darin, wieder dorthin zurückzukehren. Dies geschieht innerhalb eines fortwährenden, durchdachten und komplexen Prozesses, in dem die Seele durch unzählige Inkarnationen, in immer wieder anderen Körpern und in für sie jeweils neu zusammengestellten Lebenskonstellationen, ihre Erfahrungen machen muss. Da jede Seele im Prinzip einen Gedanken aus der göttlichen Ursprungsseele entwickelt, bedeutet das, dass alles, was in der göttlichen Seele vorhanden war, auch in jeder Einzelseele weiterbesteht und dadurch alles mit allem verbunden ist. Somit liegen sämtliche Lösungen unserer Probleme, Sorgen und Ängste in uns selbst. Das Wissen, dass wir zu einem großen Ganzen, zur göttlichen Ur-Seele gehören, schenkt uns die Sicherheit, allen Herausforderungen im Verlaufe einer Inkarnation nie alleine gegenübertreten zu müssen. Die Gesamtentwicklung einer Seele ist zielgerichtet, was bedeutet, dass die Ziele ihrer Entwicklung klar festgelegt sind. Durch unseren freien Willen während einer Inkarnation sind unsere eingeschlagenen Wege aber nicht immer die, die eigentlich für uns vorgesehen waren.

Das, was Sie in jedem Ihrer Leben als Einzelseele bewirken, trägt immer zum Fortschritt Ihrer Seelenfamilie und der über ihr stehenden größeren Gruppenseelen bei und wirkt sich infolgedessen auf alle Wesen aus. So gesehen hat jeder unserer Gedanken, jedes gesprochene Wort und jede unserer Handlungen Einfluss auf die Entwicklung der gesamten Menschheit. Andererseits hat jede Einzelseele ihre Entfaltung auch der Weiterentwicklung der ganzen übergeordneten Seelengemeinschaft zu verdanken.

Die Seele braucht viel Zeit, um sich zu entwickeln. Dieses Wachstum kann nicht beschleunigt werden. Dementsprechend benötigt sie dafür auch unüberschaubar viele Inkarnationen. Sobald sie ihre Lernerfahrungen in der materiellen Welt abgeschlossen hat, ist sie bereit, den Weg einzuschlagen, der sie wieder zur göttlichen Quelle zurückführen wird. Vergleichbar mit dem Wassertropfen, der wieder ins Meer zurückfließt.

Bis zum Abschluss des Reinkarnationskreislaufs ist aus der Seele ein engelhaftes Wesen entstanden. Dies bedeutet aber noch nicht, dass sie am Ende ihrer Reise angekommen ist. Wie die Weiterentwicklung der Seele nach Beendigung ihrer vielen Inkarnationen aussieht, hängt weitgehend davon ab, welcher Seelenfamilie sie angehört und welche Aufgaben diese zu erledigen hat. Interessanterweise darf die Seele auch auf dieser höheren Entwicklungsstufe ihre Individualität behalten, weil bei den ihr zugeteilten Aufgaben auch ihre Neigungen berücksichtigt werden.

Die ehemals immer wieder inkarnierte Seele kann beispielsweise zu einem wichtigen Helfer von Menschen oder ganzer Menschengruppen auf der Erde werden. Sie kann der Schutzengel ausgesuchter Menschen sein oder ganz bestimmte Aufgaben in der jenseitigen Welt übernehmen. Diese stehen meistens in Zusammenhang mit neu ankommenden Seelen oder Seelen, die sich bereits wieder mit der Planung eines weiteren Erdenlebens auseinandersetzen. Sehr hoch entwickelte Seelen können auch zu geistigen Lehrern werden, die innerhalb der gesamten Seelenentwicklung eine äußerst wichtige Aufgabe erfüllen.

Die Weiterentwicklung der Seele innerhalb ihres Inkarnationskreislaufs bezieht sich nicht nur auf die Dauer ihres Aufenthalts in einem menschlichen Körper. Für die Seele sehr bedeutsame Lernprozesse finden vor allem im Jenseits statt. Sämtliche Wissensaneignung in dieser Sphäre ist ein wichtiger Bestandteil der seelischen Gesamtentwicklung und dient der Seele als Grundlage für ihre nächste Inkarnation. Die Seele darf sich als Einzelseele aussuchen, welche Fähigkeiten und Fertigkeiten sie sich in der Geistigen Welt aneignen möchte, um diese in ihrem nächsten Leben in einem menschlichen Körper anwenden zu können.

Alles im Universum besteht aus Schwingung. Durch die allmähliche, stufenweise Abschwächung der göttlichen Urschwingung sind verschiedene Schwingungsebenen entstanden. Diese werden auch als die sieben Seins-Ebenen bezeichnet. Jede Seins-Ebene hat ihre eigene Schwingung und ihre charakteristischen Merkmale. In unserer materiellen Welt herrscht, bedingt durch sehr viel Negativität, eine äußerst tiefe Schwingungsfrequenz. Wir befinden uns demzufolge während unseres Aufenthalts auf der Erde in der untersten der sieben Seins-Ebenen. Je höher wir aufsteigen, desto mehr verändert sich unsere energetische Schwingung und nimmt an Intensität und Qualität zu, weil sich die Seele immer mehr der Urschwingung, der göttlichen Quelle, nähert. Die höchste Seins-Ebene hat die dünnste Konsistenz und besteht aus reinstem Licht.
Aus diesem Grund ist es für Seelen, die sich in anderen Dimensionen aufhalten, nicht so einfach, sich in eine wesentlich tiefer schwingende Frequenz zu begeben, damit wir sie wahrnehmen können. Sie brauchen viel Energie, um sich in der Dichte der Materie bemerkbar zu machen.

Vereinfacht und zusammenfassend dargestellt, durchläuft die Seele in ihrer Gesamtentwicklung drei Stadien:

Im ersten Stadium
findet die ausströmende Phase aus der göttlichen Quelle statt. Die dadurch entstehenden Gruppenseelen bilden die Vorstufe der Einzelseele.

Im zweiten Stadium
durchläuft die Seele unzählige Leben auf der irdischen Stufe und eignet sich dabei wichtiges Wissen und Können an. Unsere Seele tritt zwischen der Empfängnis und der Geburt in den sich neu bildenden Körper eines Menschen ein und verlässt ihn bei seinem Tod wieder. Während einer Inkarnation ist die Seele am weitesten von der göttlichen Quelle entfernt. Dies hat damit zu tun, dass wir das universale Wissen bei unserer Geburt freiwillig zurücklassen. Wenn wir uns diesem Wissen während unserer Inkarnation wieder annähern, können wir damit unsere seelische Entwicklung maßgeblich beschleunigen. Unser Aufenthalt auf der Erde gleicht dem Besuch einer Schule, in der wir viel über uns lernen. Kombinieren wir dies mit dem universalen Wissen, an das wir uns nur wieder erinnern müssen, birgt das für die Weiterentwicklung der Menschheit ein unglaubliches Potenzial. Wir werden in vielen Lebenssituationen einen tieferen Sinn erkennen und uns aufgrund der Kenntnisse der universalen Gesetze den Mitmenschen gegenüber respektvoller und einfühlsamer verhalten. An die Stelle von Unzufriedenheit, Eifersucht und Hass würde Mitgefühl und Liebe treten. Die Liebe, die das Erstrebenswerteste und Wichtigste im gesamten Entwicklungsprozess der Seele darstellt. Viele weitere, für die Seele entscheidende Anlagen, können sich jedoch erst nach der irdischen Entwicklung entfalten. Dieser Lernprozess findet in höheren Daseinsebenen statt.

Im dritten Stadium
befindet sich die Seele in der Lichtphase. Sie kehrt als vollkommen individualisierte Einzelseele, als Lichtwesen, dorthin zurück, wo sie hergekommen ist. Wir Menschen bezeichnen diesen Ort als *Himmel*, eine Dimension des reinen Lichts und unvorstellbarer purer Liebe.

Von der Gruppenseele zur Einzelseele

Die Existenz der Einzelseele beginnt in dem Moment, in dem aus der göttlichen Seele riesige Gruppenseelen ausströmen. Innerhalb dieser Gruppenseelen ist jede Einzelseele bereits vorhanden. Sobald sich die Einzelseele aus der Gruppenseele herausgelöst hat, ist sie für ihre Inkarnationen bereit. Die Entwicklung der Einzelseele erstreckt sich über einen sehr langen Zeitraum, in dem sich die Seele immer wieder andere menschliche Körper aussucht, die es ihr ermöglichen, gewisse Lebensaufgaben zu erfüllen und bestimmte Lebensziele zu erreichen.

In ihren vielen Inkarnationen schlüpft die Seele in alle möglichen Körper, um dabei zu lernen und zu verstehen, wie man sich in den unterschiedlichsten Formen, ausgestattet mit den unterschiedlichsten Charakteren, fühlt. Urteilen Sie deshalb nie über andere Personen, die nicht dem Bild eines für Sie im jetzigen Leben perfekten Menschen entsprechen. Auch Sie hatten schon eine andere Hautfarbe, waren gebildet, unwissend, reich oder arm. In einem Leben waren Sie vielleicht eine brillante, bekannte Persönlichkeit, und in einem anderen mussten Sie als Prostituierte arbeiten, um Ihre Familie ernähren zu können. Mit Bestimmtheit waren Sie nicht immer nur ein guter Mensch. Sie haben, oft aus Unwissenheit, sicher auch viele Dinge getan, die Sie aufgrund Ihres aktuellen Entwicklungsstands heute nicht mehr machen würden. Das bedeutet, Sie haben dazugelernt. Die Seele kann nur Einfühlungsvermögen und Verständnis für andere Seelen entwickeln, wenn sie viele Leben unter den unterschiedlichsten Bedingungen durchleben kann.

Hinter jeder Einzelseele steht immer eine Gruppenseele. Die Einzelseele ist ein Bestandteil dieser Gruppe und somit an den Aufgaben, welche sie zu erledigen hat, mitbeteiligt. Zu Beginn ihrer Entwicklung ist die Seele noch sehr von der Gruppenseele abhängig. Ohne sie wäre sie nicht fähig, ein Leben auf der Erde zu führen und die Herausforderungen einer irdischen Existenz anzunehmen und zu bewältigen. Sie wird von der Gruppenseele geleitet und beschützt. Somit ist die Seele bereits in dieser Phase ihrer Entwicklung nie auf sich allein gestellt. Das Denken und Fühlen einer noch wenig entwickelten Einzelseele ist weitgehend identisch mit dem der Gruppenseele. Im Gegenzug wirkt sich jede Erfahrung der Einzelseele auf die ganze Gruppenseele aus. Deshalb bemüht sich diese sehr darum, die Einzelseele so gut wie nur möglich zu führen und zu schützen. Oft genügt es, wenn die Gruppenseele gesamthaft eine Erfahrung machen kann. Wichtige elementare Erfahrungen muss die Einzelseele jedoch selbst durchleben. Wenn die Gruppenseele in ihrer Entwicklung bereits weit fortgeschritten ist, erhöhen sich die Anforderungen an die Einzelseele.

Die Seele bleibt niemals allein auf sich gestellt. Die Seelen ihrer Seelenfamilie werden sie immer unterstützen. Egal ob sie zur gleichen Zeit zusammen mit der Einzelseele inkarniert sind, als Schwester, Mutter, Ehefrau, bester Freund und so weiter, oder ob sie in der nächsten Dimension auf ihre Rückkehr warten und ihr von da aus Hilfe zukommen lassen. Es gibt auch viele Lichtwesen, wie die Schutzengel oder die Geistigen Führer, die die Seele immer um Hilfe bitten kann, wenn sie sich im Leben überfordert fühlt. Auch wenn sich die Einzelseele einmal von der Gruppenseele gelöst hat, wird diese immer hinter ihr stehen. Sie wird immer eine Art Familie für sie bleiben, mit der sie wie mit einem unsichtbaren Band für immer verbunden ist.

Bei Kontaktaufnahme mit verstorbenen Menschen wird von den Hinterbliebenen oft die Frage gestellt, ob sich der/die Verstorbene dort, wo er oder sie sich jetzt befindet, einsam fühlt. Die Antwort aus der anderen Dimension lautet dann immer »Nein«. Mit der Begründung, dass die Verstorbenen auch dort, wo sie sich jetzt aufhalten, eine Familie haben, die für sie sorgt und die sich um sie kümmert. Meine Mama bestätigte mir das, wies aber darauf hin, dass das nicht eins zu eins mit einer Familie auf der Erde verglichen werden kann. Es ist eine weitaus umfassendere Seelengemeinschaft, zu der man zurückkehrt und von der aus man wieder inkarniert. Einzelne Seelen aus der Seelenfamilie unterstützen die Einzelseele während einer Inkarnation direkt aus dem Jenseits, andere sind unmittelbar vor Ort, weil sie zur gleichen Zeit wie die Einzelseele auf unserem Planeten inkarniert sind.

Erst wenn die ganze Seelenfamilie alles gelernt, alle notwendigen Erfahrungen gemacht und ihre Aufgaben gelöst hat, kann die Einzelseele zusammen mit ihrer Seelenfamilie in die nächste Dimension aufsteigen. Je nach ihrem Entwicklungsstand kann sie dort auch Teil einer anderen Seelengemeinschaft werden, die sich wieder mit neuen Aufgaben befassen muss.

Jede Seele gehört also immer einer Seelenfamilie und damit auch einer übergeordneten Gruppenseele an, hat aber als eigenständige Seele auch ihre eigenen Aufgaben zu erfüllen. Wenn eine Einzelseele bereits weit entwickelt ist, kann sie bei der Rückkehr in die Seelenfamilie ihre Individualität behalten. Dadurch steigert sich automatisch auch die Qualität der Gruppenseele, die dadurch ständig erhöht wird.

Während der Inkarnation fühlt sich die Seele oft einsam und isoliert, weil sie bei ihrer Geburt das Wissen um ihre Seelenfamilie zurücklassen musste. Sie sieht und fühlt sich als Einzelwesen und dadurch auf sich allein gestellt. Aber keine Seele im ganzen Universum ist jemals allein.

Der Charakter einer Einzelseele und wie sie ihre Lebensaufgaben anpackt, ist nicht nur in einem einzigen Leben auf der Erde sichtbar. Sie ändert sich in jeder neuen Inkarnation wieder. Die Eigenschaften einer Seele zeigen sich in jeder Inkarnation auf eine ähnliche Art und Weise. Ihr Grundcharakter zieht sich somit durch alle Inkarnationen. Er bleibt zusammen mit diversen weiteren Eigenschaften sogar auch in höheren Dimensionen erhalten, wenn auch in einer stark verfeinerten Form.

Für jede Seele
existiert ein Buch des Lebens, in dem
sämtliche Gedanken, Worte und Handlungen
festgehalten werden.

Nichts aus diesem Buch kann
jemals wieder gelöscht werden.

emily

Die Persönlichkeit der Seele

Obwohl alle Seelen aus der göttlichen Quelle stammen, entwickelt die Einzelseele durch ihre unzähligen Erdenleben, in denen sie sich immer wieder verändert und mehr Bewusstsein erlangt, eine eigenständige Persönlichkeit. Sämtliche Erfahrungen, durchtränkt mit den unterschiedlichsten Emotionen aus verschiedenen Lebenssituationen, Nationalitäten, Geschlechtszugehörigkeiten und den Umständen bei Geburt und Tod, prägen das Wesen der Seele. Die Seele verfügt über einen riesigen Wissensspeicher. Ich habe erst als Erwachsener verstanden, was mir meine Mama bereits in meiner Kindheit beigebracht hat. Sie sagte immer, dass es für jeden Menschen ein Buch des Lebens gibt, in dem sämtliche Gedanken, Worte und Handlungen festgehalten werden. Nichts aus diesem Buch kann jemals gelöscht werden. Aus diesem Grund sollte sich jeder Mensch bemühen, dass am Ende des Lebens möglichst viele gute Dinge darin stehen. Die Seele hat durch ihre Existenz auf verschiedenen Bewusstseinsebenen die Möglichkeit, sich in unterschiedlichen Sphären zu entwickeln. Sei das hier auf diesem Planeten oder in einer anderen Dimension.

Die Persönlichkeit der Seele ist für den einfühlsamen Beobachter in jedem Menschen erkennbar. Stellen Sie sich einen wertvollen Rohdiamanten vor, wie er nach und nach zu einem wunderschönen Diamanten geschliffen wird. Bei jedem Menschen ist die Strahlkraft je nach Bearbeitung etwas weiter vorangeschritten. Wie bei echten Diamanten leuchten auch bei den *Seelendiamanten* manche mehr als andere. Dies hängt damit zusammen, ob es der Seelendiamant eines Menschen ist, der die richtigen Denk- und Glaubensmuster aufweist oder der eines Menschen, der sich selbst mit Ängsten kleinmacht und sich in seinem Leben irgendwelche Beschränkungen auferlegt.

Die Menschen, welche einen strahlenden Diamanten in sich tragen, lassen sein Strahlen unbewusst nach außen dringen, und es erfüllt den ganzen Raum, in dem sie sich gerade befinden. Ich selbst erlebe das öfter, wenn ich mit vielen anderen Menschen zusammen bin. Sei das in einem Flugzeug, in einem überfüllten Kaufhaus oder in einem Auditorium einer Universität. Je mehr Menschen mit einer starken Seelenpersönlichkeit anwesend sind, desto höher sind die positiven Schwingungen und desto reiner ist die Atmosphäre im entsprechenden Raum. Die Menschen mit einer großen Seelenstrahlkraft haben auch eine charismatische Anziehung auf andere Menschen. Es ist also wichtig, sich im Leben nicht nur mit der äußerlichen Schönheit des Körpers oder mit der bloßen Aneignung von Wissen zu beschäftigen, sondern sich auch ausgiebig um seine Seele zu kümmern, damit sie sich zu einem Diamanten entwickelt, der alles überstrahlt.

Jede Seele verfügt über spezielle eigene Farben und unterschiedlich ausgeprägte Schwingungen. Manche Menschen benötigen für ihre Inkarnation ihre gesamte seelische Energie und Strahlkraft. Dies hängt weitgehend damit zusammen, welche Aufgaben sich die Seele für dieses Leben ausgesucht hat. Andere brauchen nur einen Teil ihrer seelischen Energie einzusetzen, weil das neue Leben, das sie beginnen, nicht sehr anspruchsvoll für sie werden wird.

Bei jeder neuen Inkarnation bringen wir sämtliche Erfahrungen und Verhaltensweisen aus unseren früheren Leben mit. Es kann deshalb sein, dass eine Seele in einem neuen Leben wieder genau in die gleichen Verhaltensmuster wie in einer früheren Inkarnation fällt und sich erneut damit befassen muss, bis sie dieses Muster aufgelöst hat. Es ist wie bei einem Umzug in eine andere Stadt. Sie glauben, alles hinter sich lassen und neu beginnen zu können. Ihre Probleme werden Sie jedoch begleiten. Egal wo Sie sich befinden, Sie nehmen sie überallhin mit.

Auch wenn sich eine Seele vorgenommen hat, ein altes Muster mit negativen Auswirkungen auf ihre seelische Entwicklung in einem neuen Leben zu ändern, kann es sein, dass ihr das nicht gelingt. Wenn diese Seele wieder nach Hause zurückkehrt, muss sie sich mit ihrem Geistführer dieses Muster noch einmal ansehen und erhält so Hilfe und die notwendige Energie, dies in einem weiteren Leben noch einmal anzugehen.

Unter diesen Mustern gibt es besonders schwerwiegende. Darunter fallen zum Beispiel Mord, Vergewaltigung oder selbstzerstörerisches Verhalten. Wer einem anderen Menschen oder sich selbst großen Schaden zufügt, dessen Seele ist meist erst gering entwickelt. Falls sich Menschen mit so stark geschädigten Seelen und so niedrigen Energien in mehreren Leben nicht selbst helfen können, werden sie in der Geistigen Welt vorübergehend isoliert und speziellen Geistheilern zugeteilt, die versuchen, das Geschehene mit ihnen aufzuarbeiten und ihnen dadurch wieder mehr Energie zu verschaffen, ihr Verhalten zu erkennen und es dadurch zu ändern.

Während ihrer unzähligen Leben auf der Erde entwickelt sich die Seele innerhalb vier verschiedener Stufen.

Auf der **Stufe eins** befinden sich sehr junge Seelen. Diese Seelen haben zwar bereits bestimmte Erfahrungen auf der Erde oder in anderen Dimensionen gemacht, sie sind aber vor allem bestrebt, Machtpositionen zu erklimmen und spirituelle Werte sind ihnen gleichgültig. Sie befassen sich sozusagen gar nicht mit diesen. Es ist ihnen wichtiger, in Reichtum zu leben und möglichst viele materielle Dinge anzuhäufen, als sich um die Weiterentwicklung ihrer Seele zu kümmern. Diese Menschen sind sehr gut darin, andere Menschen anzuziehen, die sie für ihre Ziele benutzen und ausnutzen können. Sie sind sehr egoistisch und kümmern sich nur um ihr persönliches Wohlergehen. Es sind vor allem auch die Menschen, die, sobald sie das Wissen aus der Geistigen Welt zurückgelassen haben, nicht an ein Weiterleben der Seele nach dem Leben glauben. Für sie ist nach diesem Leben Endstation. Im Moment haben sich wieder sehr viele dieser jungen Seelen hier inkarniert, die skrupellos und ohne jegliches Einfühlungsvermögen das Leben ganzer Völker ruinieren.

Reife Seelen befinden sich auf der **zweiten Stufe** der inkarnierten Seelen. Ihr Streben ist nicht ausschließlich auf Besitz ausgerichtet. Sie verstehen und respektieren ihre Mitmenschen und sind oft auf der Suche nach dem Sinn des Lebens, nach der Erfüllung. Reife Seelen handeln verantwortungsbewusst und sind sich der Auswirkungen ihres Handelns auf ihre Mitmenschen bewusst. Viele reife Seelen schenken der Welt durch ihre künstlerische Kreativität Freude und hinterlassen der Menschheit monumentale Kunstwerke, die in die Geschichte eingehen. Die Aufgabe der reifen Seelen besteht darin, eine Ausgeglichenheit zwischen materiellem Egoismus und einem verantwortungsbewussten Handeln herzustellen. Dadurch zeigen sie den jungen Seelen auf, welche verheerenden Auswirkungen ihre Einstellung zum Leben für viele andere beteiligte Seelen hat.

In die **dritte Stufe** gehören Seelen, die entweder sehr früh sterben oder sehr alt werden und dadurch unglaublich viel in ihrem Leben erfahren und durchleben müssen. Man nennt diese Seelen der dritten Stufe auch alte Seelen. Auch eine alte Seele muss noch nicht vollkommen ausgereift sein und bereits am Ende ihrer irdischen Entwicklung stehen. Es ist auch für sie noch möglich, sich während ihrer Lebenszeit weiterzuentwickeln. Bei einer alten Seele handelt es sich meist um Menschen mit einem großen Einfühlungsvermögen und einem ausgeprägten Mitgefühl für andere. Sie sind zu allen Seelen, denen sie begegnen, liebenswürdig und freundlich und versuchen, möglichst niemandem zu schaden. Nur durch ihre reine Anwesenheit bereichern sie schon die Welt und inspirieren andere Seelen, ihnen in ihrer Art nachzueifern, um dadurch das Leben hier auf diesem Planeten zu verbessern. Alte Seelen dienen oft ihr ganzes Leben lang anderen, damit es diese möglichst schön haben. Sie setzen dabei ihre eigenen Bedürfnisse immer an die zweite Stelle, sind vollkommen selbstlos und stehen deshalb mit dem Leben in Einklang. Alte Seelen sind durch ihre große Sensibilität gegenüber ihrer Umwelt besonders anfällig für seelische Wunden, die ihnen durch verletzendes Verhalten, meist aus ihrer unmittelbaren Umgebung oder sogar von ihrer eigenen Familie, hinzugefügt werden. Sie leiden meist still und verzichten darauf, die Verursacher in die Schranken zu weisen. Ihnen ist bewusst, dass sich diese durch ihr Verhalten erneut Karma aufladen. Sogar *das* bereitet dieser Seele noch Sorgen, weil sie niemandem etwas Schlechtes zumuten möchte. Alte Seelen zeichnen sich oft dadurch aus, dass sie viele geistige Helfer in der nächsten Dimension haben, die ihnen auch in jenen Lebenslagen Hilfe leisten, in denen sie von den Menschen im Stich gelassen werden.

In einer **vierten Stufe** befinden sich die Engel. Engel kommen nur sehr selten als menschliche Wesen auf unseren Planeten und nehmen die Beschwernis auf sich, in einem menschlichen Körper zu inkarnieren. Sie sind immer aus einem bestimmten Grund hier, meistens um einer ganzen Seelengruppe beizustehen oder sie zu führen. Engel sind noch mitfühlender als alte Seelen. Manchmal erkennt man sie an ihren ganz speziellen Augen. Diese haben eine unglaublich anziehende Ausstrahlung.

Die Seelenatmosphäre bei anderen wahrnehmen

Täglich kommen wir in Kontakt mit anderen Seelen, da wir den unterschiedlichsten Menschen begegnen. Eine Begegnung zwischen zwei Seelen ist niemals neutral. Wenn sich zwei Menschen begegnen, verrät die Art und Weise, wie sie sich ansehen und miteinander sprechen, dass sich nicht nur ihre Körper, sondern auch ihre Seelen begegnen. Die äußere Gegenwart hat ihre eigenen Gesetze. Wir können nie sagen, wie wir auf diese beiden Gegenwarten, die aufeinandertreffen, reagieren. Die zwischenmenschliche Chemie hat eine geheime und starke innere Logik. Wir selbst können also nicht vorausplanen, was eine bestimmte Begegnung in uns auslöst. Ob wir uns auf einen Menschen zubewegen oder ihm am liebsten den Rücken zudrehen und wegrennen möchten, wird sich erst innerhalb der Situation, im Laufe der Begegnung, zeigen. Der menschliche Körper hat eine Sprache, die niemals schweigen kann. Es beginnt bereits bei der Körperhaltung und bei dem dadurch vermittelten ersten Eindruck. Jede unserer Gebärden sagt etwas darüber aus, wer wir sind. Die Art, wie wir auftreten, wie wir gehen, sitzen, Dinge berühren und wie wir sprechen, verrät etwas über unsere Seele. Wenn sich unsere Seele in unserem Körper zu Hause fühlt, macht sich dies in unserem Auftreten durch eine besondere Haltung und Würde bemerkbar.

Aber wie steht es mit dem Erkennen dieser inneren Gegenwart, der Gegenwart der Seele? Das menschliche Gesicht kann nichts verbergen. Der Mund, die Wölbung der Stirn, und vor allem die Augen verraten bereits beim ersten Kontakt sehr viel über einen Menschen. Das Gesicht steht symbolhaft für unser Fühlen und Denken und vermittelt uns die Atmosphäre eines individuellen Lebens. Die Tage und Nächte, die ein Mensch bereits gelebt hat, zeigen sich in seinem Gesichtsausdruck. Dieser kann von strahlend bis völlig verbittert erscheinen und trägt viele Spuren der bereits durchlebten Erfahrungen. Wenn wir in das Gesicht eines Menschen blicken, öffnet sich für uns eine Art Durchgang zu seiner inneren Welt. Wir spüren instinktiv, wie sich das Leben in diesem Gesicht abgezeichnet hat. Jedes Gesicht ist eine Art Fenster, das nach außen und nach innen auf ein einzigartiges Leben blicken lässt. Es ist eine Tür zur Seele des Menschen. Das bedeutet, solange uns andere sehen können, gehört unser Leben nie ausschließlich nur uns alleine.

Mit unserem Gesicht und vor allem mit unseren Augen erlauben wir dem Gegenüber einen Blick in unsere Seele. Sie verrät ihm, in Kombination mit unseren Bewegungen, unserem Verhalten und unseren Worten, sehr viel über ihre Präsenz, respektive ihr aktuelles Sein. Wir zeigen bei einer Begegnung mit einem anderen Menschen also nicht nur unser Äußeres. Durch die Existenz der Seele wird dem Gegenüber auch immer ein Blick in unsere intimste Seelenatmosphäre erlaubt.

Es gibt Menschen, die uns durch ihre Art ermutigen. In jeder Seele kann sich in bestimmten Lebensphasen Unsicherheit oder Verwirrung breitmachen. Wir fühlen uns dann alleingelassen. Werden wir durch eine andere Seele ermutigt, spüren wir plötzlich eine Leichtigkeit und sehen anstelle von Dunkelheit wieder Licht. Dies muss nicht unbedingt nur von Worten oder Gesten herrühren. Die Ermutigung kann allein schon durch die Gegenwart der Seele unseres Gegenübers ausgelöst werden.

Auf dieselbe Art und Weise nehmen wir auch die zornige Präsenz einer anderen Person wahr. Meistens versuchen wir, vor allem in Gegenwart fremder Menschen, Konflikte zu vermeiden. Wir arrangieren uns mit der Situation und lassen sie so stehen. Bei vielen Menschen ist der Zorn jedoch förmlich spürbar. Er wird sichtbar in der Körperhaltung, in bestimmten Gesten und zeigt sich im Gesichtsausdruck, selbst wenn er nicht in Worte gefasst wird.

Auch wenn Zorn in einer bestimmten Situation völlig gerechtfertigt zu sein scheint, erreicht er nie etwas anderes bei den Anwesenden, als ein Mitgefühl für denjenigen zu erzeugen, auf den die Wut gerichtet ist. Dadurch wird der Zornige nur geschwächt. Einige Menschen scheinen sich immer und überall über alles aufzuregen. Wenn man ihnen begegnet, haben sie jedes Mal ihre Wut gegen etwas

Neues gerichtet. Diese Menschen kommen nie zur Ruhe und fügen so ihrer Seele laufend Schaden zu.

Hier möchte ich aber auch die Menschen erwähnen, die immer und jederzeit versuchen, zu allen nett, umgänglich und entgegenkommend zu sein. Dadurch wird die äußere Fassade einer netten Person aufrechterhalten. Bei genauerem Hinsehen können wir jedoch erkennen, wie sich eine stille Wut in ihrer Seele ansammelt. In einer solchen Situation wäre es für die seelische Entwicklung von Vorteil, dieser Wut, ohne Rücksicht auf mögliche Reaktionen, freien Lauf zu lassen. Die Seele wäre erleichtert, und sie hätte ihre Lektion gelernt, es nicht immer allen recht machen zu müssen. Es ist erstaunlich, wie viel wir von unserer Macht täglich an Systeme oder an inkompetente, wichtigtuerische und beleidigende Menschen abgeben, die unsere Beachtung gar nicht verdienen.

Ab und zu treffen wir auf sehr charismatische Persönlichkeiten. Sie verfügen über eine Ausstrahlung, die uns in den Bann zieht und uns innerlich bewegt. Viele von ihnen besitzen eine kraftvolle spirituelle Seele, durch die ihnen eine gewisse Leichtigkeit zu eigen ist. Eine charismatische Präsenz hat nichts damit zu tun, als aufgeblasene Persönlichkeit wahrgenommen zu werden, die sich ununterbrochen mit ihren Erzählungen bei allen in den Vordergrund stellt. Ein charismatisches Individuum ist meist in Stille und Gelassenheit verankert. Es hat ein gutes Gleichgewicht zwischen Körper, Geist und Seele. Charismatische Menschen kennen ihre Stärken und Schwächen und haben sie akzeptiert. Sie sind sich ihrer Werte bewusst und haben Visionen und Mut. Sie mögen das, was sie tun und machen es mit Hingabe. Menschen mit Charisma haben eine positive Lebenseinstellung und betrachten Veränderungen als etwas Gutes.

Das Gegenteil davon ist die Präsenz der ängstlichen Seele. Es ist eine nicht zu leugnende Tatsache, dass es in jedem Leben Zeiten gibt, in denen man Angst vor etwas hat. Die Zukunft scheint uns in diesem Moment bedrohlich. Angst hat aber viel mit einer ständigen inneren Unsicherheit zu tun. Sobald die Furcht vor etwas Schlimmem unseren Alltag ausfüllt oder sogar beherrscht, ist die Wahrscheinlichkeit groß, dass das nicht gewollte Ereignis tatsächlich in unser Leben gezogen wird.

Manche Menschen befinden sich täglich in einem Zustand voller Ängste. Sie machen sich Sorgen um sich und um andere. Wenn diese Menschen einen Raum betreten, bringen sie diese Furcht vor zukünftigen Ereignissen mit. Sie sitzt ihnen förmlich im Nacken. Dieser dauernde Zustand der Angst fühlt sich für die Seele wie unnötiger Ballast an, den sie ständig mit sich herumtragen muss. Die Seele wird dadurch nie den inneren Frieden erhalten, den sie für die Umsetzung ihrer Lebensziele dringend benötigen würde.

Das Wissen, dass sich nicht nur zwei Körper, sondern auch zwei unterschiedlich weit entwickelte Seelen begegnen, macht das Zusammentreffen mit anderen Menschen noch spannender. Es enthält aber auch den wichtigen Hinweis, in diesem Moment nicht nur auf das Äußerliche zu achten, sondern den Blick auf die Seele nie zu vernachlässigen. Für eine glückliche Beziehung zwischen zwei Menschen ist es wichtig, die Seelenatmosphäre des Gegenübers zu erkennen und diese bewusst wahrzunehmen, um dadurch den Menschen, den man vor sich hat, wirklich zu erkennen. Die Seele verrät viel mehr über eine Person als der Körper. Sie macht das eigentliche Wesen eines Individuums aus. Sie ist alles, was ein Mensch denkt, fühlt und empfindet. Eine atomare Struktur, die sich ständig verändert und sich immer wieder neu gestaltet.

Die erdrückende Mehrzahl der Menschen
ist gänzlich unfähig,
sich individuell in die Seele
eines anderen zu versetzen.

Carl Gustav Jung

Seelenpräsenz in unserer Umgebung und in der Natur

Das Dasein unserer Seele spiegelt sich jeden Tag durch alles, was wir in unserer unmittelbaren Umgebung wahrnehmen. Der Mensch ist also viel mehr als die Art, wie er aussieht, geht oder spricht. Genauso verhält es sich mit anderem. Ein Baum ist viel mehr, als wir in ihm beim bloßen Betrachten erkennen. Die Präsenz eines Menschen oder einer Sache besteht aus der seelischen Atmosphäre, die sich hinter allem verbirgt.

Sicher kennen Sie diesen schönen, aber manchmal auch beunruhigenden Augenblick zwischen Schlafen und Aufwachen. Sie sind gerade erst erwacht und wissen ein paar Sekunden lang nicht, wo Sie sich gerade befinden. Sie schweben in diesem Moment noch zwischen zwei Welten. Zwischen den Dimensionen, in denen Sie sich während des Schlafs aufgehalten haben und zwischen der uns bekannten Realität des Alltags auf dieser Erde. Die Seele wird sich beim Aufwachen durch die Existenz der Dinge um sie herum bewusst, dass ein neuer Tag für sie anbricht. Sie nimmt wieder den Platz ein, den Sie am Vorabend vor dem Schlafengehen innehatte und kann sich nicht mehr daran erinnern, was mit ihr während des Schlafs passiert ist. Alles, was sie in dieser Nacht erlebt hat, bleibt jedoch in ihrem Unterbewusstsein gespeichert und kann jederzeit dort abgerufen werden.

Bei unserer rastlosen Suche nach zwischenmenschlichem Kontakt und dem Versinken in der Hektik und dem Stress unserer Arbeitswelt haben wir vergessen, dass unsere Seele auch die Existenz der Dinge um uns herum benötigt, um sich weiterzuentwickeln und wachsen zu können. Heutzutage benötigt unsere Seele dringend mehr Ruhe. Diese erhält sie beispielsweise durch die bewusste Wahrnehmung der Bäume oder des Wassers. Die Präsenz der Natur wird unter einem alten, großen Baum spürbar, dessen Seele bereits über Jahrhunderte hinweg existiert und uns durch ihre Anwesenheit Ruhe, Trost und neue Energie spendet. Auch das Wasser kann unsere Seele beschwichtigen und sie wieder dazu bringen, sich nicht nur auf die unwichtigen Dinge im Leben zu konzentrieren.

In der Natur verbirgt sich unendlich viel, was unserem menschlichen Auge in der Hektik des Alltags verborgen bleibt, für das Wohlbefinden unserer Seele aber von unschätzbarem Wert ist.

Die Präsenz der Natur wird durch das Tageslicht ständig verändert. Genauso wandelt der Strom unserer dauernden Empfindungen und Gedanken unablässig unser Dasein. Unsere Gegenwart ist also nicht gleichbleibend. Sie verändert sich laufend. Obwohl wir das selbst kaum realisieren, sind wir unaufhörlich in Bewegung, im Fluss. Dies macht sich in unseren Gefühlen bemerkbar. Wenn wir uns glücklich und zufrieden fühlen, zeigen wir eine zugängliche und sanfte Präsenz. Sind wir dagegen besorgt oder ängstlich, verschließen wir uns. Wir sind angespannt und grenzen unsere Seele nach außen ab.

Würden wir uns mehr mit der Präsenz der Seele der Menschen in unserer unmittelbaren Umgebung beschäftigen, könnten wir sie einfacher lesen und ihre verborgenen, geheimen Sehnsüchte, Wünsche, Hoffnungen und Ängste besser verstehen. Wir wüssten, was in einem ganz bestimmten Moment gerade in dieser Seele vor sich geht. Leider ist aber eine große Mehrheit der Menschen nicht dazu imstande, sich individuell in die Seele eines anderen hineinversetzen zu können.

Manche Menschen besitzen eine sehr offene Präsenz. Sie können dadurch nichts verheimlichen, und man spürt sofort, was sie gerade beschäftigt oder erfreut. Andere tragen eine Maske, die sie niemals fallen lassen. Bei ihnen ist es außerordentlich schwierig zu erkennen, was sich wirklich in ihrem Inneren abspielt. Die seelische Präsenz eines Menschen ist nicht greifbar, man kann sie nur instinktiv wahrnehmen.

Wir leben zurzeit in einer Welt mechanischen Lärms, in der es kaum mehr möglich ist, dass irgendwann, und wenn auch nur für einen kurzen Moment, vollkommene Stille herrscht. Wir werden unablässig mit Geräuschen konfrontiert und bombardiert. Eine für unsere Seele wohltuende Stille kann uns kaum mehr erreichen.

Die Seele ist ein Klangkörper, der von der ewigen Sphärenharmonie immer wieder aufs Neue in Schwingung versetzt wird. Wir können ihr ein wunderbares Geschenk machen, indem wir sie der Musik aussetzen. Durch die für unsere Seele geeignete Musik eröffnen sich uns Welten und Gefühle, die wir sonst nie entdecken würden. Die mit unserem Wesen harmonierende Musik bereichert unser gesamtes Empfindungsvermögen und schenkt unserer Seele tiefe innere Ruhe. Indem wir die Musik bewusst wahrnehmen, öffnen sich für uns die Türen zur ewigen Präsenz des Universums. Durch die Musik können wir mit allem in Verbindung treten und die tiefsten Schichten unserer Seele berühren.

Das Erkennen der Anwesenheit der Seele auf unserem Planeten ist der bedeutsamste Schritt für den weiteren Verlauf der Entwicklung der Menschheit und des gesamten Universums. Ohne eine gewisse Ehrfurcht für die Anwesenheit der Seele zu entwickeln und zu zeigen, ist es

unmöglich, die Zustände in unserer Welt zu verbessern und positive Veränderungen hervorzurufen, die die jetzige Menschheit weiterbringt. Das Leben ehrfürchtig in Angriff zu nehmen, bedeutet, das Gefühl für Ausgewogenheit im Auge zu behalten. In jedem Menschen existiert eine unsterbliche Seele mit einer eigenen Präsenz, die kontinuierlich mit allen Wesen um sie herum im Austausch steht. Wenn wir einen anderen Menschen herabsetzen, reduzieren wir uns selbst. Wenn wir uns selbst reduzieren, begrenzen wir auch die anderen. Dies nennt man die verborgene Symmetrie der Seele.
Mit dem Entwickeln und Wiedererlangen der Ehrfurcht vor den göttlichen Wundern, die uns umgeben, wird jeder Tag in unserem Leben zu einem Tag mit mehr Selbstliebe und mehr Liebe für alle anderen Wesen, mit denen wir verbunden sind. Wenn wir uns jeden Abend die Zeit nehmen, kurz darüber nachzudenken, was am Tag alles nicht selbstverständlich war, werden wir die geheimen Wunder durch die Anwesenheit unserer Seele in unserem Alltag erkennen und dadurch unser Herz mit einer tiefen Dankbarkeit erfüllen.

Die Seele
hat die Farbe deiner Gedanken.

Marc Aurel

Lernerfahrungen der Seele

Jeder Mensch durchläuft während seiner Inkarnationszeit spezielle Lernerfahrungen, welche für ihn oder von ihm selbst gewählt wurden und in seinem Lebensplan abgebildet sind. Auch wenn Sie glauben, keine Erinnerungen mehr an diese Lernerfahrungen aus früheren Inkarnationen zu besitzen, sind die meisten Ihrer Handlungen im jetzigen Leben an die Erfahrungen aus früheren Leben gekoppelt. Alles, was Sie jemals gedacht, gesprochen und getan haben, bleibt in Ihrem Unterbewusstsein gespeichert. Das Einzige, was die Seele beim Verlassen des Körpers mitnehmen kann, sind neben ihren Begabungen alle ihre bisherigen Erfahrungen. Die *Erfahrungen*, die wir während einer Inkarnation durchlaufen konnten oder mussten, wirken sich demzufolge auf unsere nächsten Inkarnationen aus. Unsere *Begabungen* können wir in der Phase zwischen zwei Inkarnationen in einer anderen Dimension ausbauen und perfektionieren.

Immer wieder inkarnieren Seelen mit außerordentlichen Begabungen. Man bezeichnet sie gern als Wunderkinder. Kinder, die schon in frühen Jahren beindruckende und oft kaum nachvollziehbare und besondere Fähigkeiten beherrschen. Die bekanntesten von ihnen stammen aus den Bereichen Musik, Mathematik, Sprachen und Kunst.

Kim Ung-yong, Südkorea

Vor gut 60 Jahren wurde der Südkoreaner Kim Ung-yong geboren. Sein Vater war Physikprofessor und seine Mutter

Professorin für Medizin. In einem Alter, in dem andere Kinder weder gehen noch sprechen können, beherrschte Kim Ung-yong Koreanisch und kannte über 1000 chinesische Schriftzeichen. Mit fünf Jahren beherrschte er fünf Sprachen. Neben Koreanisch sprach er zusätzlich Englisch, Deutsch, Französisch und Japanisch. Mit acht bot ihm die NASA einen Job an, den er annahm und nebenbei in kürzester Zeit seinen Doktortitel in Kernphysik machte. Zeitweise hielt Kim Ung-yong mit einem IQ von 220 den höchsten Wert im Guinness-Buch der Rekorde. Kim Ung-yong arbeitete in späteren Jahren als Bauingenieur, was ihn nach seinen eigenen Aussagen sehr glücklich machte. Von der Öffentlichkeit wurde er deshalb als das gescheiterte Wunderkind verhöhnt.

William James Sidis, Manhattan NYC

Der Amerikaner William James Sidis (1898–1944) verfasste bis zu seinem achten Lebensjahr vier Bücher und erlernte nebenbei autodidaktisch acht Sprachen. Eine neunte, die er »Vendergood« nannte, war seine eigene Erfindung. Mit neun wollte ihn sein Vater, ein Psychiater, in Harvard immatrikulieren, was ihm aber nicht erlaubt wurde. Mit elf Jahren wurde William James Sidis dann zugelassen und hielt bereits in seinem ersten Studienjahr als Dozent eigene Vorlesungen über höhere Mathematik.

William James Sidis wurde von den Medien belagert und von seinen Kommilitonen gemobbt. Das große Interesse der Medien und der wissenschaftlichen Institutionen empfand der Harvard-Student als erdrückend. Kurz nach seinem Abschluss sagte er Reportern, dass er das perfekte

Leben führen wolle – was für ihn ein Leben in Abgeschiedenheit bedeutete.

Mit 16 Jahren hatte er genug von der Uni und wandte sich vorübergehend der Politik zu. Wegen antikapitalistischer Kundgebungen landete er mehrmals im Gefängnis und zog sich anschließend aufgrund des großen Medieninteresses an seiner Person zunehmend aus der Öffentlichkeit zurück. Als Erwachsener wurde ihm ein extrem hoher IQ und die Beherrschung von etwa 25 Sprachen und Dialekten nachgesagt. William James Sidis starb mit 45 Jahren an einer Gehirnblutung.

Alice Augusta Ball, Seattle

Im Sommer 1892 wurde in Seattle Alice Augusta Ball geboren. Ihre Familie gehörte der afroamerikanischen Mittelschicht an. Ihr Großvater und ihre Eltern waren Fotografen. Der Vater von Alice arbeitete für die erste Zeitung für schwarze US-Amerikanerinnen und US-Amerikaner. Bereits als kleines Mädchen beobachtete Alice, wie aus Dämpfen und Lösungen Fotos entstanden. Sie war von der Chemie so fasziniert, dass sie in den wissenschaftlichen Fächern in ihrer Schule Bestnoten erhielt. Deshalb war es nicht weiter verwunderlich, dass Alice nach ihrem Schulabschluss an der Universität von Washington Chemie und Pharmazie studierte. Aufgrund ihres ersten wissenschaftlichen Artikels in einer renommierten Zeitschrift bemühten sich mehrere Universitäten darum, die junge talentierte 22-jährige Frau für sich zu gewinnen. Alice entschied sich für ein Stipendium der Universität Hawaii. Mit ihrer Masterarbeit, in der sie den Kava-Pfeffer auf seine chemischen Eigenschafen hin untersuchte, schloss sie als erste afroamerikanische Masterabsolventin der Universität ihr Studium ab. Die Hochschule wollte sie nicht gehen lassen und stellte sie als Dozentin und Forscherin an.

Zu dieser Zeit gab es sehr viele Leprakranke. Lepra – eine Krankheit mit grausamen Folgen für die Betroffenen und ihre Familien. Dabei entstehen auf der Haut der Kranken rötliche Hautveränderungen, sogenannte gefühllose Flecken. Es kommt zu ausgeprägten Empfindungsstörungen und zum Verlust des Schmerz- und Temperaturempfindens. Zu den weiteren Folgen gehören Geschwüre, Wunden, körperliche Deformierungen und Verstümmelungen an Händen und Füßen. Unbehandelte Lepra kann in vielen Fällen auch zur Erblindung führen.

Lepra existiert bereits seit Zehntausenden von Jahren. In der Bibel bezeichnete man die Betroffenen und Ausgegrenzten als *Aussätzige*. Im Mittelalter wurde kein Klang mehr gefürchtet als der der Klappern. Die Leprakranken mussten sich mittels einer hölzernen Klapper ankündigen, damit die Gesunden ihnen rechtzeitig aus dem Weg gehen konnten. Sie durften nur gegen den Wind sprechen und Brückengeländer nur mit Handschuhen berühren. An Lepra zu erkranken, bedeutete seit jeher Ausgrenzung und Isolation. Erkrankte wurden von ihren Familien und aus Gemeinschaften ausgestoßen. Falls vorhanden, wurden sie in Sanatorien untergebracht oder in Kolonien abgeschoben, in denen jeglicher Kontakt mit gesunden Menschen verboten war. In der damaligen Heimat von Alice wurden die Kranken auf der Insel Molokai isoliert.

Der auf Hawaii tätige Arzt Harry Hollman hörte von Alice und bat sie um ihre Hilfe. Aus China und Indien war die Pflanze *Chaulmoogra* bekannt, der man heilende Eigenschaften zuschrieb. Doch der unscheinbare Baum mit seinen hellbraunen Früchten ließ sich seine Geheimnisse nur schwer entlocken. Alice erkannte, dass es eine im Öl enthaltene Fettsäure war, die gegen den Krankheitserreger eingesetzt werden konnte. Es gelang ihr, den wirksamen Bestandteil des Öls zu isolieren und ihn chemisch zu verändern. Das Mittel konnte nun den Kranken mittels einer Spritze injiziert werden und seine heilende Wirkung entfalten. Die Chaulmoogra-Injektion konnte zwar die Krankheit nicht heilen, aber ihren Verlauf verzögern. Die Betroffenen konnten dadurch sehr viel Lebensqualität zurückgewinnen. Von diesem Zeitpunkt an wurde niemand mehr auf die Insel Molokai gebracht.

Alice Ball hatte nach Jahrtausenden das erste wirksame Mittel gegen Lepra entdeckt. Sie starb ein Jahr später in Seattle und wurde gerade mal 23 Jahre alt. Erst 80 Jahre nach ihrem Tod wurde ihre herausragende Leistung anerkannt. Ihr Betreuer und damaliger Rektor der Universität Hawaii, Arthur L. Dean, hatte Alices Entdeckung als die seine ausgegeben und die von ihr entwickelte Methode nach ihm selbst benannt. In Hawaii wird heute in jedem Schaltjahr, das heißt immer am 29. Februar, der Alice-Ball-Gedenktag gefeiert.

Laurent Simons, Belgien/Niederlande

Als akademisches Wunderkind machte auch Laurent Simons Schlagzeilen. Seine besondere Fähigkeit besteht darin, sich alles, was er liest, sofort merken zu können. Laurent absolvierte bereits im Alter von acht Jahren sein Abitur und stand Ende 2019 vor dem Bachelor-Abschluss in Elektrotechnik an der niederländischen Universität Eindhoven. Nach einem Streit mit der Einrichtung stoppten die Eltern, ein Zahnärztepaar, sein Studium. Sie wollten, dass Laurent vor seinem Geburtstag Ende Dezember seinen Universitätsabschluss machte. Nach dem Zeitplan der Universität wäre das aber aufgrund noch ausstehender Prüfungen erst Mitte 2020 möglich gewesen. Das belgische junge Genie entschloss sich daraufhin, sein Studium in Israel fortzusetzen. Und das mit einem ambitionierten Ziel. Laurent wollte die drei Bereiche Biotechnologie, Medizin und Bioverfahrenstechnik parallel studieren, um später künstliche Organe züchten zu können. Wegen der Coronapandemie scheiterte dieses Vorhaben.

Mit elf Jahren schloss er an der belgischen Universität Antwerpen mit höchster Auszeichnung sein Physikstudium ab. Die Quantenphysik hatte ihn besonders interessiert. Innerhalb eines Jahres absolvierte Simons ein maßgeschneidertes Masterstudium in Antwerpen, in Kooperation mit Universitäten aus Israel, Großbritannien und den USA. Er schloss dieses mit zwölf Jahren mit Summa cum laude ab. Im November 2022 nahm er als 13-Jähriger eine Doktorandenstelle für Experimentalphysik am Max-Planck-Institut in München auf.

Muhammad Haryz Nadzim, Durham, England

Im Januar 2020 wurde der dreijährige Muhammad Haryz Nadzim als jüngstes Mitglied in den britischen Hochbegabtenverein »Mensa« aufgenommen. Er besitzt einen IQ von 142. Mit der von ihm erreichten Punktzahl hat er einen höheren IQ als 98% der britischen Bevölkerung. Muhammad stammt aus Durham im Nordosten Englands. Seine Eltern kommen aus Malaysia und sind in England als Ingenieure tätig. Die Mutter betont, dass er trotz seiner Hochbegabung ein typischer dreijähriger Junge sei, der gerne malt und liest und alles mag, was mit Kunst und Handarbeiten zu tun hat.

Hochbegabte Kinder faszinieren und polarisieren. Wer einen IQ ab 130 hat, gilt als hochbegabt. 2019 waren das immerhin 19.000 Kinder in der Schweiz, die sich durch ihr ausgeprägtes Potenzial für Informationsverarbeitung, Lernen, Wissensaneignung, Problemlösestrategien und abstraktes Denken auffallend vom Rest der Jugendlichen abhoben. Viele Kinder versuchen, ihre Hochbegabung in der Schule zu verstecken, weil sie merken, dass sie anders sind als die anderen und auf keinen Fall auffallen und dadurch ausgegrenzt werden möchten. Oft wird die Hochbegabung von Lehrpersonen und Eltern auch gar nicht erkannt.

Woher stammen diese außerordentlichen Begabungen, oder besser ausgedrückt, wo haben sie ihren Ursprung? Abgesehen davon, dass die Eltern hochbegabter Kinder oft selbst einen hohen IQ besitzen (aber nicht ausnahmslos) zeigen sich diese außergewöhnlichen Begabungen bereits in den ersten Kinderjahren, also bereits kurz nach der Inkarnation. In diesen Jahren besteht noch eine starke Verbundenheit der Seele zu ihrem ursprünglichen Herkunftsort. Das bedeutet, dass den Kindern dadurch das angeeignete Wissen aus anderen Dimensionen noch lückenlos und uneingeschränkt zur Verfügung steht.

Zwischen zwei Inkarnationen besteht für die Seele die Möglichkeit, in anderen Dimensionen »Schulen« zu besuchen und sich in bestimmten Bereichen weiterzubilden. Diese Bereiche hängen maßgeblich mit den Aufgaben der Seelenfamilie zusammen, sind aber auch direkt mit den Lebenszielen der eigenen Seele verknüpft. Viele der heute inkarnierten, hochbegabten Kinder haben sich für das jetzige Leben ihre Eltern und eine dazu passende Umgebung gezielt ausgesucht, um ihr Wissen anwenden und somit in den Dienst der Menschheit stellen zu können. Meistens sind dies sehr alte Seelen, die sich ihr Wissen und ihre Weisheit durch zahlreiche Inkarnationen aneignen und jeweils in der Zeit zwischen zwei Leben in anderen Dimensionen vervollkommnen konnten.

In der heutigen Zeit sind unglaublich viele dieser alten, weisen Seelen auf dieser Erde anzutreffen. Die Menschheit braucht ihr Wissen mehr denn je. Wir sind sehr nahe daran, unsere Erde durch unsere egoistische Denkweise und die dadurch verübten Handlungen völlig zu zerstören. Weil diese Seelen diesen Prozess in ihrer Erdenvergangenheit bereits schon einmal selbst durchlaufen mussten, wollen sie mit allen Mitteln verhindern, dass die

Menschen alles, was sie über Jahrhunderte aufgebaut und erreicht haben, aus lauter Gier nach mehr erneut vernichten.

Menschen mit einer überdurchschnittlich hohen Intelligenz, mit außerordentlichem Wissen oder übersinnlichen Fähigkeiten werden vielfach verkannt, beneidet oder oft sogar belächelt. Weil sie sich den Menschen um sich herum immer anpassen müssen, haben sie deutlich mehr Mühe, sich anderen gegenüber zu öffnen und noch mehr, ihnen zu vertrauen. Dazu kommen die hohen Ansprüche der Hochbegabten an sich selbst. Wenn sich Kinder mit hohem Potenzial ständig in asymmetrischen Beziehungen zu Gleichaltrigen befinden, entwickeln sie häufig einen ungesunden Perfektionismus. Dies kann auch ein Grund dafür sein, dass viele im Erwachsenenalter mit ihrem ausgeprägten Potenzial Schwierigkeiten haben. Da sie häufig sehr hohe ethische Ziele und Ansprüche ihr Eigen nennen und alles perfekt zu einem guten Ende bringen wollen, bergen solche Leben bisweilen auch die Gefahr des Ausbrennens. Deshalb ist es für hochbegabte Erwachsene wichtig, in den unterschiedlichen Lebensbereichen Prioritäten zu setzen.

Der Sinn unseres Daseins besteht darin, gezielte, auf die Seele zutreffende Lernerfahrungen zu durchlaufen, damit sie sich dadurch weiterentwickeln kann. Es gibt Zeiten, da läuft bei uns alles bestens, und dann gibt es Tage, in denen in unserem Alltag unerwartet Hindernisse auftauchen. Dies kann eine Kündigung des Arbeitsplatzes, eine Trennung vom Partner, eine plötzlich auftretende

Krankheit oder ein schmerzhafter Verlust sein. Jegliche Art eines Hindernisses oder einer Problemsituation ist ein Zeichen dafür, dass eine neue Lernerfahrung bereitsteht, der wir nicht aus dem Weg gehen können. Die Erde ist unsere Schule. Wir sind hier, um zu lernen und um neue Erfahrungen zu machen, die uns auf unserer Reise ins Licht weiterbringen. Es gibt keinen einzigen Menschen, egal wie gesegnet oder privilegiert er sein mag, der sich in einem andauernden Glückszustand befindet. Jeder wird zu einem bestimmten Zeitpunkt einmal mit dem Leiden konfrontiert werden. Der Teil unseres Lebens, in dem wir keine Hoffnung mehr haben, ohne Schutz sind und uns in einer Art Dunkelheit bewegen. Eine Zeit, in der wir uns hilflos, einsam und von den anderen Menschen isoliert fühlen.

Das betrifft ebenso Hochbegabte. Sie fühlen sich manchmal einsam, unverstanden oder nicht zugehörig. Da liegt es auf der Hand, dass sie sich unbewusst andauernd nach ihrem wirklichen Zuhause sehnen. Deshalb kehren einzelne von ihnen schneller wieder in ihre Seelenfamilie zurück, als es in ihrem persönlichen Lebensplan für sie vorgesehen gewesen wäre. Bestimmte Erfahrungen als hoch entwickeltes oder sehr sensitives geistiges Wesen in einem Körper machen zu müssen, kann aufreibend sein und seelische Schmerzen verursachen. Aber auch für all diese Seelen stehen dabei die dadurch gemachten Lernerfahrungen während ihrer Inkarnation im Vordergrund.

Am Anfang von allem, was im Universum entstanden ist, war die Finsternis. Sie ist älter als das Licht, und sie ist uns deshalb überaus vertraut. Das erste Licht wurde aus der Dunkelheit geboren. Somit weiß unsere Seele, dass es immer einen Weg gibt, aus der Dunkelheit herauszutreten, um ins Licht eintauchen zu können. In der Finsternis verbergen sich viele Geheimnisse, die wir erst mit den Augen des Lichts erkennen und verstehen. So befinden wir uns neun Monate vor unserer Geburt im Bauch unserer Mutter in der Dunkelheit, bis wir das Licht der Welt erblicken. Beim Sterben müssen wir zuerst durch die Dunkelheit, oft als Tunnel beschrieben, bis wir magisch von einem weißgoldenen Licht angezogen werden. Die menschliche Seele strebt nach dem Licht. Wir fühlen uns sicherer, wenn es hell ist und werden unsicher oder ängstlich, wenn es um uns herum dunkel wird.

Zu bestimmten Zeiten unseres Lebens werden wir durch äußere Umstände oder durch unser eigenes falsches Handeln oder Verhalten in eine Art Dunkelheit gestoßen. Wenn es uns sehr schlecht geht und wir kaum mehr einen Ausweg sehen, erinnert uns ein Teil unserer Seele daran, wieder einen Weg zurück ins Licht zu suchen. Es ist ein Grundbedürfnis der Seele, auf dem Weg ihrer Weiterentwicklung immer heller zu leuchten, um eines Tages als strahlende Lichtenergie wieder in das göttliche Licht einzutauchen und damit die Dunkelheit für immer hinter sich lassen zu können.

Um bestimmte Lernerfahrungen überhaupt machen zu können, braucht die Seele einen Körper. Wir kommen nackt auf die Welt und sind von Anfang an verwundbar. Durch unseren Körper fühlen wir uns größtenteils ungeschützt. Wir sind von unendlichem Raum umgeben und ihm meist schutzlos ausgeliefert. Aus diesem Grund hat der Mensch von Anfang an die Geborgenheit und den Schutz von Höhlen gesucht. Heute leben die meisten von uns in Häusern, die uns vor vielen Gefahren der Außenwelt schützen.

Wir bleiben aber lebenslang verwundbar. Weil wir einzigartige Individuen sind, sind wir, von außen betrachtet, auf uns alleine gestellt. Niemand macht genau dieselben Lernerfahrungen. Jede Seele ist unterschiedlich weit entwickelt, und die ihr auferlegten Lernerkenntnisse stehen in einem engen Zusammenhang mit ihren früheren Inkarnationen und ihren Lernprozessen zwischen zwei Leben. Wir fühlen uns auch verwundbar, weil wir in der *Zeit* leben. Alles, was zeitlich abläuft, entzieht sich unserer Kontrolle. Jede Minute, ja jede Sekunde kann sich unser Leben durch eine Nachricht oder eine Handlung von Grund auf verändern, und wir werden dazu gezwungen, eine weitere Lernerfahrung machen zu müssen.

Das Schicksal jedes Individuums ist einzigartig. Wir wissen aber nicht, *was* es ist und *wann* es uns erreicht. Wir werden irgendwann dazu aufgefordert, einen Splitter des Schmerzes, der diese Welt bedrückt, für eine Teilstrecke unseres Lebens anzunehmen und ihn auszuhalten. Wir werden spätestens in diesem Teil unseres Lebens realisieren, dass wir alle miteinander verbunden sind.

Jede und jeder von uns ist auf geheimnisvolle Weise daran beteiligt, den Teppich der Menschheit zu weben. Betrachten wir den Teppich von vorne, können wir die schönsten Muster und Formen erkennen. Drehen wir ihn um, sehen wir nur Fäden, die alle irgendwie ungeordnet und unübersichtlich neben- und übereinanderzuliegen scheinen. Diese Rückseite ist das Einzige, was wir während unserer Inkarnation in einem Körper wahrnehmen können. Deshalb sind wir in unserem Leben nicht imstande, bestimmte schwierige, schmerzhafte Lernerfahrungen richtig einzuordnen oder gar zu verstehen. Erst wenn wir unseren Körper abstreifen, wird uns die ganze Schönheit und Vollkommenheit der Vorderseite wieder bewusst. Dann werden wir verstehen, für welchen Teil die Fäden unseres Lebens beim Erstellen des Gesamtbildes der Menschheit wichtig und notwendig waren.

Die Menschheit und jedes unserer Leben
gleicht einem Teppich aus zahllosen Fäden,
die erst durch ihre richtige Verknüpfung auf der Rückseite ein Muster ergeben.

Jeder einzelne Faden hat seine ganz bestimmte Bedeutung.

Würde man nur einen Faden weglassen, würde sich dadurch das ganze Muster verändern.

ryan ellis

kapitel vier

schmetterlinge auf dem **weg** ins **licht**

Sternschnuppenkinder – wenn Babys sterben

Babys, die nur für eine kurze Zeit bei uns auf der Erde bleiben können, bezeichne ich gern mit dem Begriff *Sternschnuppenkinder*. Wenn wir Sternschnuppen beobachten, sehen wir ihr Leuchten nur für einen sehr kurzen Moment, vielleicht für den Bruchteil einer Sekunde, dann ist es am Himmel wieder dunkel. So ähnlich verhält es sich mit einer Seele, die nur für eine kurze Zeit inkarniert und dann bereits wieder nach Hause in die jenseitige Welt zurückkehrt.

Eltern zu trösten, deren Baby während, kurz vor oder kurz nach der Geburt gestorben ist, ist nicht möglich. Es gibt schlichtweg keine Worte, die diesen großen Verlust und den unfassbaren Schmerz auch nur annähernd lindern könnten. Viele Eltern wollen in einer solchen Situation auch mit niemandem darüber sprechen. Sie geben sich nach außen so, als ob nichts geschehen wäre und versuchen, ihr Leben möglichst schnell wieder in den Griff zu bekommen und in eine gewisse Normalität zurückzufinden.

Einige wenige haben jedoch das Bedürfnis, im Sinne einer Verarbeitung über eine längere Zeit immer wieder darüber zu sprechen und lassen die unterschiedlichsten Menschen an ihrem Verlust teilhaben. Meiner Meinung nach reicht es in einer solchen Situation vollkommen aus, einfach zuzuhören und Betroffenheit zu zeigen. Zu diesem noch frühen Zeitpunkt des Versuchs, den harten Schicksalsschlag zu überwinden, sind irgendwelche gut gemeinten Ratschläge fehl am Platz. Wenn ein Baby stirbt, ist der Verlust für die zurückgebliebenen Eltern enorm und die Trauer schier unendlich. Obwohl die Seele des Babys nur für einen sehr kurzen Moment auf der Erde sein durfte, haben die Eltern doch schon eine emotionale Bindung zu diesem kleinen Lebewesen aufgebaut.

Ich spreche bewusst von den *Eltern*, denn leider wird in diesem Zusammenhang meistens nur die Mutter erwähnt. Sie empfindet diesen schmerzlichen Verlust natürlich noch viel intensiver, weil das Baby während der Schwangerschaft ein Teil ihres Körpers war. Aber auch der Vater hat sein Baby verloren und muss mit diesem Verlust klarkommen. Männer haben oft nicht die kulturelle Erlaubnis zu trauern und tragen in einer solchen Situation eine doppelte Last. Sie fühlen ihre eigene Trauer, mit der sie nicht umzugehen wissen, und werden gleichzeitig mit dem Leiden der Mutter konfrontiert. Dieser Zustand wird oft noch durch die Aussage von Gynäkologen und Psychologen verstärkt, die die Männer darum bitten, für ihre Partnerin nun »stark zu sein«. Als ein Zeichen von Stärke behält der Mann seine eigene Traurigkeit zurück, um seine Frau nicht auch noch mit seinem eigenen Schmerz zu belasten.

Vielen Männern fällt es sehr schwer, mit jemandem über die große Trauer und die dadurch entstandenen Veränderungen im Alltag zu sprechen. Männer bilden selten enge Freundschaften, in denen sie ihr Herz ausschütten können. Viele haben nie gelernt, sich über eigene Gedanken und Gefühle auszutauschen. Das Risiko eines unverarbeiteten Verlustes scheint bei ihnen dadurch größer zu sein als bei Frauen. Es ist sehr wichtig, dass man zusammen als Paar in dieser schweren Phase offen miteinander über das Geschehene und die persönlichen Gefühle spricht und dadurch den Kontakt zueinander nicht verliert.

Meine Großmutter väterlicherseits hatte vier von sechs Kindern entweder bei der Geburt oder bereits innerhalb der ersten vier Monate wieder verloren. Früher ging man davon aus, dass die Bindung zwischen der Mutter und dem Kind erst nach der Geburt entstehen würde. Aus diesem Grund zeigte man der Frau bei einer Totgeburt ihr Kind meistens nicht, und es war oft auch keine offizielle Bestattung vorgesehen.

Aktuelle psychologische Forschungen bestätigen, dass das Sehen und Spüren des nicht mehr lebenden Kindes sich positiv auf den Trauerprozess auswirkt. Auch für die dagewesene Seele ist es von Bedeutung, dass sie während ihres kurzen Lebens in einem Körper als vollwertiger Mensch angenommen wurde.

Je älter das Kind bei einem plötzlichen Tod ist, desto schwieriger wird der Umgang mit dem Verlust. Sobald die Eltern auf Erinnerungen im Zusammenhang mit geteilten Erlebnissen zurückgreifen können, ist die Wunde noch größer und die Schmerzen noch intensiver. Viele Eltern erleben das Gefühl, sich nach dem Tod ihres Kindes nicht mehr wahrnehmen zu können. Sie fühlen sich durch das schwere Trauma innerlich wie gelähmt. Dies ist im Grunde genommen ein akuter Schutz unserer Seele, sich vor einer totalen Überforderung zu schützen. Es ist entscheidend, den Gefühlen von Wut, Schuldgefühlen oder Trauer Ausdruck zu verleihen und sie auf keinen Fall auszublenden. Die Akzeptanz, dass das eigene Kind nicht mehr lebt und deshalb auch nie mehr in die Familie zurückkommen wird, ist der erste Schritt in Richtung Trauerbewältigung und bildet die Basis für eine neue Zukunft.

Bereits in meinen anderen Büchern habe ich darauf aufmerksam gemacht, dass die Geburt für die Seele viel schwieriger ist als der Tod. Die Seele weiß, dass sie mit dem Beginn ihres Lebens in einem neuen Körper wieder alles Wissen verlieren wird und praktisch bei null starten muss. Schon allein der Umstand, wieder lernen zu müssen, wie der Körper funktioniert, stellt für die Seele eine große Herausforderung dar.

Weshalb nimmt dann eine Seele diesen immensen Aufwand auf sich, ihr nächstes Leben zu planen und sich ihre Eltern und den Ort der Inkarnation gezielt auszusuchen, wenn sie von vorneherein weiß, dass sie nur wie eine Sternschnuppe kurz aufleuchten darf und dann wieder erlöschen muss?

Es gibt Seelen, die nur noch diesen einen Auftrag erfüllen müssen, um den Kreislauf der Reinkarnation für immer hinter sich lassen zu können. Ihr kurzes Dasein auf unserem Planeten muss aber nicht nur mit der Erfüllung ihrer eigenen Seelenaufgaben zu tun haben. Oft werden diese Seelen von der Seelenfamilie geschickt, damit sie das Drehbuch einer anderen Seele beeinflussen und diese dadurch ihr Karma erfüllen kann. Menschen tauchen in unserem Leben auf, spielen für eine bestimmte Zeit eine Haupt- oder Nebenrolle und begleiten uns ein Stück auf unserem Lebensweg. Nur sehr wenige bleiben ein Leben lang an unserer Seite. Jede dieser Seelen, mit denen wir zusammentreffen, hat in unserem Leben eine bestimmte Aufgabe zu erfüllen.

Was aber hat der Verlust eines Babys mit Karma, Bestimmung und allgemein mit der Geistigen Welt zu tun? Oft sind die Schicksale von Eltern und Kindern so eng miteinander verwoben, dass sie in einer weiteren Inkarnation mit vertauschten Rollen wieder zusammenkommen. So können positive und negative Erfahrungen eines vergangenen Lebens aus einer anderen Perspektive erlebt und dadurch Karma ausgeglichen werden.

Einige dieser Babys haben von Anfang an geplant, nur für eine kurze Zeitspanne in einen menschlichen Körper zu inkarnieren, um für ihre Seele eine spezielle Lernerfahrung zu machen oder anderen Seelen durch ihren frühen oder unerwarteten Weggang bestimmte Erfahrungen zu ermöglichen. Babys oder sehr junge Menschen, die bereits nach ein paar Monaten oder Jahren ihr Leben auf dieser

Erde wieder beenden müssen, haben meist schon so viele Lebensaufgaben für diese Inkarnation erfüllt, dass sie vorzeitig wieder zu ihrer Seelenfamilie zurückkehren können.

Wer einen Fluss überquert,
muss die eine Seite verlassen.

Mahatma Gandhi

Schwangerschaftsabbruch – das Zurückschicken der Seele

Es gibt auch Sternschnuppenkinder, denen man die Chance bewusst verwehrt, überhaupt in einen Körper zu gelangen. Ich spreche hier von Schwangerschaftsunterbrechungen. Die von Worldometer zusammengestellten Statistiken zeigen, dass 2023 weltweit mehr als 44 Millionen Unterbrechungen vorgenommen wurden. Die Weltgesundheitsorganisation WHO schätzt die Gesamtzahl jährlich auf 73 Millionen. Hinter jeder einzelnen Abtreibung steht eine Geschichte, die man erst einmal kennen müsste, um auch nur ansatzweise darüber nachzudenken, seine Meinung dazu zu äußern. Die Argumente für und gegen einen Abbruch sind für jede Frau sehr individuell, denn sie hängen eng mit dem persönlichen Wertesystem, dem jeweiligen Umfeld und den Lebensumständen zusammen. Niemand besitzt das Recht, eine so schwerwiegende Entscheidung zu verurteilen.

Sehr viele Frauen leiden ihr Leben lang unter einem Schwangerschaftsabbruch und fragen sich, wie das Baby wohl ausgesehen hätte und was aus ihm in diesem Leben geworden wäre. Die meisten haben das daraus entstandene Trauma ein Leben lang verdrängt und werden von ihren Schuldgefühlen erst im Alter oder vor dem Lebensende wieder eingeholt.

Vielleicht werden Sie jetzt überrascht sein, wenn ich Ihnen sage, dass Seelen, denen die Chance auf eine Inkarnation durch die Abtreibung genommen wurde, ihre Mutter nicht dafür verantwortlich machen. Im Gegenteil: Viele machen es sich zu ihrer Aufgabe, in der anderen Dimension zu ihrer *Beinahe-Mutter* zu schauen und sie in diesem Leben zu beschützen. Man muss verstehen, dass diese Seelen, die nur sehr kurz in einem Körper inkarniert waren, in einer anderen Dimension dennoch weiterexistieren und sich weiterentwickeln können. Auch wenn ihnen dort andere Werte als auf der Erde vermittelt werden, werden sie liebevoll von ihren Lichtwesen begleitet und unterstützt. Sie warten darauf, die Erfahrungen, die sie auf der Erde machen wollten, bei einer anderen Mutter, in einer anderen Familie machen zu können. Aber sie sind der Mutter, die sie mit der Abtreibung zurückgewiesen hat, niemals böse. In der Geistigen Welt existiert nur bedingungslose Liebe aufgrund des Wissens, dass alles miteinander zusammenhängt. Trotz dieser Aussage von der anderen Seite hinterlässt die Zahl von 73 Millionen weltweiten Schwangerschaftsabbrüchen pro Jahr viele Fragezeichen. In der anderen Dimension warten unendlich viele Seelen darauf, hier auf der Erde zu inkarnieren, weil sie sich mittels einer neuen Inkarnation viel schneller weiterentwickeln können.

Der Beginn des Menschseins ist in unserer Gesellschaft Gegenstand von Diskussionen in der Medizinethik, der Rechtswissenschaft sowie den Religionslehren. In bestimmten Religionen (Judentum) beginnt das Leben eines Menschen erst mit der Geburt, bei anderen Religionen bereits im Augenblick der Empfängnis. Im Kontext von Stammzellenforschung, Embryonenforschung, Schwangerschaftsabbrüchen und Spätabbrüchen stellt sich auch immer wieder die Frage nach dem Schutz des Lebens beziehungsweise dem Recht auf Leben. Das Thema Abbruch polarisiert also weiterhin. Zunehmend kollidiert eine religiöse Argumentation mit dem modernen Lebensstil und dem Selbstbestimmungsanspruch der Frau.

Nach den mir übermittelten Botschaften verschmilzt die Seele im Zeitraum zwischen Empfängnis und Geburt mit dem menschlichen Körper. Solange das Baby im Bauch der Mutter ist, bleibt seine Seele immer noch eng mit der Geistigen Welt verbunden und hält sich teilweise auch noch dort auf. Diese starke Verbundenheit mit der Geistigen Welt bleibt nach der Geburt noch für ein paar Jahre bestehen. Kleinkindern fällt es deshalb leicht, mit Lichtwesen und verstorbenen Bekannten Kontakt aufzunehmen und mit ihnen zu kommunizieren. Sie können Dinge wahrnehmen, die wir verstandesmäßig meist nicht nachvollziehen können, weil die meisten Erwachsenen auf der Suche nach Erklärungen nur noch ihren Intellekt nutzen.

Für die Kinder ist der noch enge Kontakt zur anderen Dimension und die Dinge, die sich dabei abspielen, real. Zwischen dem fünften und siebten Lebensjahr verlieren Menschen leider diesen spielerischen und unbeschwerten Zugang zur Geistigen Welt.

Bei einer Abtreibung wird also nicht nur ein noch in der Entwicklung befindlicher Körper abgetrieben, sondern immer auch eine Seele wieder nach Hause zurückgeschickt. Genauso verhält es sich bei einer Fehlgeburt. Seltsamerweise ist und bleibt das Thema Fehlgeburt eines der Tabuthemen unserer Gesellschaft. Viele Frauen erzählen vor Ende des dritten Monats kaum jemandem von der bevorstehenden Schwangerschaft, damit sie im Falle einer Fehlgeburt mit niemandem darüber sprechen und auch nicht den Vorwurf einstecken müssen, versagt zu haben. Aus spiritueller Sicht hat eine Fehlgeburt nichts mit dem persönlichen Versagen der Frau zu tun. In den meisten Fällen sind rein medizinische Aspekte der Auslöser. Aber auch bestimmte universelle Gesetzmäßigkeiten können als Grund dafür infrage kommen.

Während der Schwangerschaft und der Geburt bereitet sich die Seele vor, von einer Dimension in eine andere zu gelangen – in eine Dimension mit vollkommen anderen Bedingungen und anderen Schwingungsfrequenzen. Die Seele tritt also eine Reise an, von der sie weiß, dass viele positive, aber auch viele negative Erlebnisse auf sie warten. Dies ist für die Seele kein einfacher Schritt.

Die Seele hat sich zusammen mit ihren Lichtwesen die Lebensumstände, die Familie und vor allem die zukünftige Mutter genau ausgesucht, um damit die für ihre seelische Entwicklung perfekten Voraussetzungen zu gewährleisten. Während der Schwangerschaft und der Geburt werden Frau und Kind von vielen Lichtwesen begleitet und unterstützt. Weshalb kann es trotz dieses Schutzes zu einer Fehlgeburt kommen?

Es gibt Faktoren, die, von der geistigen Ebene aus betrachtet, eine Erklärung dafür liefern. Vielleicht möchte die Seele diese spezielle Erfahrung einer Fehlgeburt machen, um sich dadurch weiterentwickeln zu können. Genauso könnte sich auch die Frau selbst bereits vor ihrer Inkarnation dazu entschieden haben, die Erfahrung einer Fehlgeburt zu durchleben. Dies wären Ereignisse aufgrund des Karmas der Frau, des Ungeborenen oder von beiden. Möglich wäre auch, dass die Seele sich umentschieden hat und noch vor der Geburt wieder zu ihrer Seelenfamilie zurückkehren möchte. Vielleicht ist ihr bewusst geworden, dass der Zeitpunkt für ihre Inkarnation doch nicht der richtige ist und sie wartet auf eine bessere Voraussetzung für ihr nächstes Leben. Eine etwas seltsame, aber bei der genauen Betrachtung der Lebensumstände der zukünftigen Mutter manchmal plausible Erklärung ist auch die, dass sie unbewusst doch noch nicht für das Kind bereit ist, obwohl sie es sich wirklich aus ganzem Herzen wünscht.

Wenn Sie eine Fehlgeburt erleiden mussten, versuchen Sie herauszufinden, was das Universum Ihnen damit sagen wollte. Alles hat immer einen Grund und ergibt einen Sinn. Auch wenn es für uns meistens nicht einfach ist, das zu akzeptieren. Und denken Sie immer daran, dass Sie als Frau schon ganz und vollkommen sind. Sie werden es nicht erst durch ein Kind.

Behinderung – Herausforderung und Chance

Inklusion
lässt sich nicht einfach verordnen.
Sie hängt wesentlich auch von den Einstellungen,
Erfahrungen und Vorurteilen ab.

Es muss in den Köpfen noch viel passieren,
bis wir die Andersheit von Menschen
als Gleichheit erleben.

Barbara Fornefeld,
Professorin für Rehabilitationswissenschaft
an der Universität Köln

Die Ursache für eine *geistige Behinderung* liegt oft in einem Gendefekt. Dieser kann durch eine Mutation auftreten. Als weitere Gründe werden auch der Konsum von Alkohol und Drogen während der Schwangerschaft oder Komplikationen bei der Geburt verantwortlich gemacht. Oft bleibt die wirkliche Ursache aber unklar und die Ärzte können den Eltern nicht erklären, warum ihr Kind anders ist als andere.

Die Erscheinungsformen und der Schweregrad *körperlicher Behinderungen* sind vielfältig. Im Allgemeinen versteht man darunter eine physische Beeinträchtigung, bei der hauptsächlich der Stütz- und Bewegungsapparat betroffen ist. Es kann sich dabei um angeborene Fehlbildung oder um eine frühkindliche, unfall- oder krankheitsbedingte Schädigung handeln.

Jedes betroffene Kind benötigt eine besondere Fürsorge und eine speziell auf die Behinderung ausgerichtete Förderung. Bei einer körperlichen Beeinträchtigung müssen auch die emotionalen und sozialen Auswirkungen in ein Förderprogramm einbezogen werden. Die Grundannahme in unserer Gesellschaft lautet, dass ein behindertes Kind im Alltag eine große Belastung darstellt und dadurch die Lebensqualität der Eltern erheblich einschränkt. Viele Eltern würden dies jedoch verneinen. Den Bedürfnissen des Kindes im Alltag gerecht zu werden, braucht sicherlich viel Kraft und Energie, aber viele Eltern machen die Erfahrung, dass man mit einem außergewöhnlichen Kind sehr glücklich werden kann.

Von der geistigen Ebene aus betrachtet, weiß jede Seele vor der Geburt, dass sie aufgrund ihres spirituellen Lebensplans in ihrer nächsten Inkarnation mit einer Behinderung leben muss. Unter gewissen Voraussetzungen kann sie sich dafür oder dagegen entscheiden. Natürlich kann sich die Seele im menschlichen Körper nicht mehr daran erinnern, dem zugestimmt zu haben. Dies ist für uns auch gar nicht nachvollziehbar. Weshalb sollte jemand einem Leben mit einer Behinderung zustimmen? Wir kennen den persönlichen Lebensplan dieser Seele nicht und wissen nichts von den Abmachungen, die sie mit ihren Lichtwesen vor ihrer Inkarnation besprochen hat. Wir können deshalb auch nicht wissen, was diese Seele mit dem Einverständnis für ein Leben mit einer körperlichen Beeinträchtigung erreichen möchte.

Alonso

Ein mit einem Kollegen von mir befreundetes spanisches Ehepaar freute sich unglaublich auf ihr erstes Kind. Bereits zu Beginn der Schwangerschaft hatte die Frau regelmäßig den Wunsch ans Universum geschickt, dass ihr Kind gesund zur Welt kommen möge. Das war ihr und ihrem Mann unglaublich wichtig.

Nach den ersten Schwangerschaftswochen wurde ihr von ihrer Gynäkologin mitgeteilt, dass irgendetwas nicht stimme. Es wurden diverse Untersuchungen eingeleitet, und die endgültige Diagnose lautete *Trisomie 21* oder mit dem Begriff, der vielen besser vertraut ist – *Down-Syndrom*. Die zukünftige Mutter war geschockt. Statistisch gesehen kommt bei etwa 700 Geburten ein Baby mit Down-Syndrom zur Welt. Etwa neun von zehn Schwangeren lassen bei einer Trisomie 21 einen Abbruch vornehmen. Das noch junge Ehepaar entschloss sich, das Kind trotzdem zur Welt zu bringen, weil es genau mit dieser Behinderung zu ihnen wollte. Wenn sie als Eltern für dieses Baby ausgesucht worden waren, dann wollten sie es auch annehmen.

Inzwischen hat die Familie drei Kinder. Nur Alonso ist behindert. Die Eltern machen wirklich alles, um allen gerecht zu werden und ihnen eine unbeschwerte Kindheit zu ermöglichen. Der Aufwand, den sie dafür betreiben, ist unglaublich. Alonso ist jetzt acht Jahre alt und muss auf nichts verzichten. Seine zwei jüngeren Zwillingsbrüder kümmern sich liebevoll um ihn. Die Eltern haben ihre Entscheidung bis heute nicht bereut. Der Alltag ist manchmal nicht einfach, aber irgendwie schaffen sie es doch, Familie und Arbeit unter einen Hut zu bringen. Die Großeltern, Freunde und Bekannten unterstützen die Familie mit einem sicheren Netzwerk.

Bei einem Besuch wird meinem Kollegen von den Eltern immer wieder bestätigt, dass Alonso zu ihnen kommen musste, um die Familie zusammenzuhalten. Sie betrachten sein Dasein nicht als Einschränkung, sondern als ein Segen für alle. Als Außenstehender fällt jedem sofort auf, dass Alonso der Beliebteste der Familie ist. Durch seine ruhige und humorvolle Art beeindruckt er und wird von allen bewundert und geliebt.

Es gibt viele Menschen, die aufgrund einer unerwarteten Behinderung ihr Leben neu ordnen und sich vollständig umorientieren müssen. Durch ihren beeindruckenden Umgang mit ihrem Schicksal ermutigen sie uns, auch unter den schlimmsten Lebensvoraussetzungen nicht aufzugeben. Sie beweisen uns durch ihren Mut und ihren Willen, dass jedes noch so schlimme Ereignis im Leben in Wirklichkeit auch eine Chance sein kann.

Dr. Doris Wolf, Diplom-Psychologin und Psychotherapeutin, hat in einer Kolumne unter dem Titel »*Lebensgeschichten, die Mut machen*« einige lesenswerte Beispiele von Menschen mit Behinderungen zusammengestellt. Ich möchte gerne auf vier davon etwas näher eingehen. Es sind motivierende Berichte von vier bewundernswerten Frauen, die uns zeigen, dass wir als Menschen in jeder Situation die Wahl haben – zwischen Verzweifeln und dem Versinken in Selbstmitleid oder dem Versuch, daraus das Beste zu machen.

Margarete Steiff, geboren am 24. Juli 1847, war die Gründerin des berühmten Stofftierunternehmens Steiff. Mit 18 Monaten erkrankte sie an Kinderlähmung. Schwere Einschränkungen führten dazu, dass sie zeitlebens auf den Rollstuhl angewiesen war. Margarete war eine außergewöhnliche Persönlichkeit, die sich bereits als junges Mädchen ihren Platz im Leben erkämpfen musste und dadurch zur eigenständigen, erfolgreichen Unternehmerin wurde. In einem Modejournal entdeckte Margarete das Schnittmuster für einen kleinen Stoffelefanten, der eigentlich als Nadelkissen gedacht war, aber bereits in kürzester Zeit zu einem beliebten Kinderspielzeug wurde. Dem Elefanten folgten schon bald weitere Tiere wie Affen, Esel, und Pferde. Ihr kreativer Lieblingsneffe Richard Steiff trat nach dem Besuch der Kunstgewerbeschule in die Firma ein und entwarf weitere Steiff-Stofftiere. 1902 kreierte er den weltweit ersten Plüschbären mit Armen und Beinen.

Der Teddybär war geboren. Die Erfolgsgeschichte nahm ihren Lauf und dauert bis heute an. Der Original Steiff-Teddy ist inzwischen bereits 120 Jahre alt geworden und immer noch weltweit bekannt und beliebt.

Die Hamburgerin **Barbara Jocks** hat mit großer Zähigkeit und eisernem Willen ihr Schicksal gemeistert, das sie mit 25 Jahren getroffen hat, als sie sich mitten im Medizinstudium befand. Auslöser waren die Spätfolgen einer Masernerkrankung, die sie als Kind gehabt hatte. Der Wunsch, Ärztin zu werden, war so groß, dass sie nicht aufgab. Heute arbeitet die querschnittgelähmte Frau als HNO-Fachärztin. Bei Operationen sitzt die Spezialistin in einem besonderen Rollstuhl, in dem sie sich in eine stehende Position hochfahren kann.

Heather Mills, die Ex-Ehefrau von Paul McCartney, war ein gefragtes Topmodel mit einem sechsstelligen Jahreseinkommen. Als junge Frau wurde sie von einem Motorrad angefahren und verlor ihren linken Unterschenkel. Sie arbeitete danach mit einer Prothese, und das mit einem höheren Jahreseinkommen als vor ihrem Unfall.

Bettina Eistel kam als eines von Tausenden sogenannter Contergan-Kinder ohne Arme auf die Welt. Contergan war ein schädliches Schlaf- und Beruhigungsmittel aus den Fünfzigerjahren, das schwere Fehlbildungen bei neugeborenen Kindern verursachte. Trotz ihrer Behinderung ging sie neben ihrem Beruf als Diplom-Psychologin mit großem Erfolg ihrer Leidenschaft Dressurreiten nach. Da ihr beide Arme fehlten, hatte sie sich einen eigenen Reitstil angeeignet. Sie führte die Zügel mit den Füßen und ihrem Mund.

Krebs im Kindesalter

In der Schweiz erkranken jährlich durchschnittlich 300 Kinder unter 15 an Krebs. Die häufigsten Erkrankungen im Kindes- und Jugendalter sind Leukämie mit etwa 30%, gefolgt von Hirntumoren und Tumoren des zentralen Nervensystems mit etwa 24% und Lymphomen mit ungefähr 14%. Die gute Nachricht: Mehr als 80% aller an Krebs erkrankten unter 18-Jährigen werden als geheilt aus dem Krankenhaus entlassen. Für Kinder sind die Heilungsaussichten bei Krebs somit erheblich besser als für Erwachsene.

Eine Krebsdiagnose betrifft nie nur einen einzelnen Menschen, sondern alle Beteiligten in seinem Umfeld. Sie alle sind gefordert und müssen sich an ein Leben mit dieser Krankheit anpassen. Unsicherheit, Traurigkeit und Angst stehen auf der Tagesordnung. Die Diagnose kommt aus dem Nichts, und es ist deshalb unmöglich, sich darauf vorzubereiten. Alle nahestehenden Personen leiden darunter und sind deshalb Betroffene. Besonders in der Phase der Erstdiagnose sind die Verunsicherungen und Ängste besonders groß. Neben vielen emotionalen Herausforderungen stehen auch zahlreiche praktische Probleme an, die gelöst werden müssen.

Auch wenn das Kind noch klein ist, versteht es doch bereits einfache Erklärungen, was seine Krankheit betrifft. Weil Kinder jedoch nicht zu viele Informationen auf einmal verarbeiten können, sollten ihnen diese in kleinen

Schritten vermittelt werden. Sehr wichtig ist dabei, dass Sie versuchen, offen und ehrlich zu bleiben. Machen Sie keine Versprechungen oder gar falsche Hoffnungen, wenn Sie wissen, dass sich diese nicht erfüllen lassen. In einem ersten Schritt steht das Verständnis im Mittelpunkt. Verständnis zur Diagnosestellung und den anzustrebenden Behandlungsmaßnahmen, aber auch zur Unterstützung und Begleitung während der Therapie. In solchen Fällen hilft ein einfühlsamer und kompetenter Psychoonkologe, um den Überblick zu behalten.

Im Zentrum für Kinder- und Jugendonkologie am Inselspital in Bern werden Kinder und Jugendliche zusammen mit ihren Eltern durch sogenannte *Nurse Practitioner* unterstützt. Dies sind spezialisierte Pflegefachpersonen, die als Bindeglied zwischen der ambulanten und stationären Behandlung agieren und als Ansprechperson für die Familie dienen. Die heutige Zeit erfordert innovative, interdisziplinäre Versorgungsmodelle für Patienten und Patientinnen mit komplexem Versorgungsbedarf. Nurse Practitioner spielen dabei eine überaus bedeutende Rolle in interdisziplinären Teams. In den letzten zwei Jahren wurde vom Verband *Universitäre Medizin Schweiz* eine Reflexionsgruppe geschaffen, um die zukünftige Rolle der Nurse Practitioner zu klären und ein dementsprechendes Berufsprofil zu erarbeiten.

Jegliche Krankheiten haben einen versteckten, tieferen Sinn. Blaise Pascal, ein französischer Philosoph, sagte einmal, dass Krankheit der Ort ist, an dem man etwas lernt. Sie sollte also niemals als Strafe für irgendetwas oder irgendjemanden betrachtet werden. Wenn Sie sich also mit der Krebserkrankung eines Kindes auseinandersetzen müssen, versuchen Sie auch diesen Aspekt in die Behandlung, respektive in den Krankheitsverlauf und Heilungsprozess einzubeziehen. Sich mit einer Krebserkrankung abzufinden und damit klarzukommen, braucht viel Zeit. Es gibt keine allgemeine Formel dafür. Jede und jeder Betroffene muss seinen Weg, damit umzugehen, selbst für sich finden. Eine aktive Haltung kann allerdings dabei helfen, sich nicht völlig ausgeliefert zu fühlen.

Im Lebensplan eines krebskranken Kindes könnten Sie erkennen, weshalb diese schlimme Krankheit genau zu einem bestimmten Zeitpunkt aufgetreten ist und weshalb gewisse Seelen im familiären Umfeld von diesen Qualen betroffen sind. Das kranke Kind selbst oder ihm nahestehende Seelen haben schon vor dem Eintritt in die physische Welt beschlossen, durch diese besondere Art von Schmerz, Angst, Verlust und Trauer die Seele wachsen zu lassen. Viele Menschen leben an ihren eigentlichen Lebenszielen vorbei. Sie haben keine Zeit, um über sich und andere nachzudenken und sind meist unfähig, sich in ein fremdes Schicksal einzufühlen. Erst wenn das Schicksal in Form einer persönlichen Krise in ihrem eigenen Leben an sie herantritt, werden sie gezwungen, sich mit den Hürden zu befassen und dadurch ihre Seele weiterzuentwickeln.

Wenn das Kind stirbt, fühlen sich Eltern oft mitschuldig. sie hinterfragen, ob sie wirklich alles getan haben, um ihrem Kind das Lebensende so angenehm wie nur möglich zu gestalten. Sie sehen immer wieder das Bild des sterbenden Kindes, das jegliche Erinnerungen an schöne und unbeschwerte Momente aus dem Leben vor der Krankheit verblassen lässt. Diese Erinnerungen sind aber unglaublich kostbar. Die Eltern oder die Familie sollten sie tief in ihrem Herzen aufbewahren und gerade über diese glücklichen Momente sollte immer wieder gesprochen werden. Es gibt weltweit unzählige Eltern von krebskranken Kindern, die sich nach dem Tod ihres Lieblings für die Kinderkrebshilfe engagieren und diverse Forschungsprojekte auf irgendeine Art und Weise unterstützen. Sie stärken dadurch das Bewusstsein für diese Krankheit in der Gesellschaft und setzen sich für mehr Hilfeleistung und Unterstützung von Kinderkrebspatienten und deren Familien ein. Durch ihr großes Engagement gelingt es ihnen, die Erkrankung ihres verstorbenen Kindes aus einem anderen Blickwinkel zu betrachten. Sie stellen dadurch fest, dass die Seele ihres Kindes zwar nur eine begrenzte Zeit hier auf dieser Erde verbringen konnte, aber während ihrer kurzen Anwesenheit durch ihre Krankheit und ihren Tod unglaublich viel bewegt hat.

Aus dem Leben gerissen – ein unerwarteter Tod durch Krankheit, Unfall, Gewaltverbrechen oder Suizid

Ein plötzlicher, völlig unerwarteter Tod eines geliebten Menschen fühlt sich an wie ein Albtraum. Für die Zurückgelassenen bricht eine Welt zusammen und lässt sie fassungslos und ohnmächtig in ihrem Schmerz zurück.

In diesem Zusammenhang stoßen viele Sanitäter und Ärzte an ihre Grenzen. Obwohl Notärzte und Notärztinnen regelmäßig mit dem plötzlichen Tod eines Menschen konfrontiert sind, gilt es oft als eine Art Niederlage der Medizin, wenn ein Mensch unter ihren Händen stirbt. Der Notarzt orientiert sich bei einem Schwerverletzten oder Schwerkranken zunächst an seinem klar strukturierten Einsatzplan. Aber der Tod durchkreuzt jede noch so gut aufgebaute Struktur. Obwohl viele vielleicht glauben, dass ein Notarzt professionell beziehungsweise distanziert mit dem Tod umgehen kann, ist das ein Trugschluss. Jeder, der in diesem Tätigkeitsfeld unterwegs ist, wendet andere Strategien an, um damit umzugehen.

Der plötzliche Tod ist etwas, auf das wir uns niemals werden vorbereiten können. Es bleibt für die Zurückgebliebenem ein Lernort, an dem Hilflosigkeit, Schmerz, Trauer und Wut vorherrschen, verarbeitet und bewältigt werden müssen.

Wie nimmt die verstorbene Seele den plötzlichen Tod wahr? Im Augenblick des Todes verlässt die Seele ihre Hülle und lässt jegliche körperlichen und geistigen Begrenzungen hinter sich. Jedes Wesen erlebt den Übergang beim Sterben anders, weil jede Seele einzigartig ist und sich zum Zeitpunkt des Todes auf ihrer eigenen individuellen Entwicklungsstufe befindet. Das Erleben des Übergangs der Seele in die nächste Dimension wird maßgeblich von unserer persönlichen Denk- und Vorstellungskraft geprägt. Unsere persönlichen Gefühle, Gedanken, Wünsche und Ängste manifestieren die Welt, die wir nach unserem Tod betreten. Alles was wir denken, werden wir mit unseren Gedanken unverzüglich erschaffen. Das, was der Mensch unmittelbar nach seinem Tod erlebt, ist das Ergebnis seiner Vorstellungen über ein Leben danach. Das kann für all die Menschen schwierig werden, die ein Leben nach dem Tod nicht für möglich gehalten haben.

Die Grenzen von Raum und Zeit, die wir in unserem Leben für unsere Orientierung benötigen, werden aufgelöst. Der verstorbene Mensch nimmt alles wahr, was sich im Umfeld seines Todes ereignet. Viele versuchen sich bemerkbar zu machen und stellen dabei fest, dass sie weder gesehen noch gehört werden können. In diesem Moment wird ihnen bewusst, dass sie tot sind. Wenn ein Mensch ohne seinen Willen plötzlich aus seinem Leben gerissen wird, braucht die Seele Zeit für die Verarbeitung. Wut, Unverständnis und Frustration über das unerwartete Ende des Lebens werden sich aber nach und nach auflösen, sobald die Aufarbeitung des persönlichen Lebensplans der Seele zusammen mit den Lichtwesen beginnt.

Dwayne

Die Geschichte des 15-jährigen Dwayne zeigt dieses Verständnis für den eigenen, unerwarteten Tod bei einem Nachtod-Kontakt zwischen ihm und seiner Mutter.

Niemand konnte erahnen, dass Dwaynes Schulausflug für ihn tödlich enden würde. Bevor seine Highschool-Klasse nach der Ankunft am Zielort im Hotel einchecken konnte, wurde ihr für zwei Stunden freigegeben. Die Mehrzahl der Jugendlichen gönnte sich an diesem heißen Tag eine erfrischende Abkühlung im nahe gelegenem Fluss. Auch Dwayne schloss sich der Gruppe an. Er trug im Wasser eine GoPro-Kamera, die alles aufzeichnete – auch wie er ertrank.

Seiner Mutter berichtete man nach seinem Tod, dass niemand bemerkt hatte, was mit Dwayne passierte. Doch auf seinen Videoaufnahmen sah man mindestens zehn Jugendliche, die ihn während seines Ertrinkens durch die Kamera angesehen hatten, ohne zu realisieren, dass er mit dem Tod kämpfte. Auf den Aufzeichnungen konnte man seine letzten Aktivitäten wie durch seine eigenen Augen hindurch beobachten. Die Kamera befand sich auf seiner Stirn, und dadurch war jede seiner Bemühungen, nicht zu ertrinken, klar erkennbar. Man hörte auch deutlich, wie er um Hilfe rief. Er griff sogar zweimal nach jemandem, wurde aber weggestoßen. Es hätte nur jemand der Anwesenden seine Hand ausstrecken müssen. Aber das tat keiner. Auch den Erwachsenen, die die Klasse an den Fluss begleitet hatte, fiel nichts auf. Sie bemerkten erst im Hotel, dass Dwayne fehlte.

Für seine noch junge, alleinerziehende Mutter fühlte sich das Ganze an, als ob das Leben ihres Sohnes durch dieses unwürdige Verhalten aller Beteiligten nicht wertgeschätzt worden war. Dwayne war alles, was sie hatte. Für sie hatte er die Welt bedeutet. Es war nicht nur das fehlende Verständnis für die nicht nachvollziehbare Handlung seiner Mitschüler und Lehrpersonen, die sich in diesem schlimmen Moment in unmittelbarer Nähe ihres Sohnes aufgehalten, ihm aber dennoch keine Hilfe geleistet hatten. Viel schwieriger war für sie das Akzeptieren der Tatsache, dass niemand für seinen Tod die Verantwortung übernehmen wollte.

Das Erstaunliche bei diesem Nachtod-Kontakt war die Aussage von Dwayne, in der er mehrmals betonte, dass er nicht wütend sei auf die Menschen, die ihm bei seinem tödlichen Unfall eigentlich hätten helfen sollen. Er wollte auch nicht, dass seine Mutter noch länger diese große Wut, Frustration und Trauer über seinen tragischen Unfall mit sich herumschleppte. Er sagte ihr, dass sie noch ein gutes Leben voller wertvoller Erfahrungen vor sich haben würde und er nicht wolle, dass ihr Leben durch seinen Tod bestimmt würde. Er betonte immer wieder, dass es ihm gut gehe und dass er inzwischen alle Zusammenhänge mit seinem frühen Tod verstanden habe. Er musste sich an diesem Tag von seinem Leben verabschieden. Niemand hätte das verhindern können.

Seine Mutter war durch Dwyanes Aussagen nach dieser Kontaktaufnahme erleichtert und konnte dadurch langsam wieder Schritt für Schritt in ihr eigenes Leben zurückfinden.

Leandra, Hendrik, Chloé, Jamie …

Kurz nach Beginn meines Studiums wurde ich mit dem Suizid einer mir nahestehenden Freundin konfrontiert. Diese erste Auseinandersetzung mit dem freiwilligen Tod eines Menschen sollte aber nicht die Einzige in meinem Leben bleiben.

Leandra war die Schwester eines Kollegen, mit dem ich in der Freizeit viel zusammen war. Sie beide stammten aus einer Ärztefamilie. Obwohl wir uns alle drei in anderen schulischen Abteilungen der Kantonsschule (Gymnasium) auf unseren Abschluss vorbereiteten, trafen wir uns regelmäßig in den Pausen oder zum Mittagessen und manchmal auch an den Wochenenden. Nach der Matura (Abitur) starteten wir zwar alle drei an verschiedenen Universitäten und Arbeitsplätzen, fanden aber immer wieder Zeit, um gemeinsame Surfwochenenden im Ferienhaus ihrer Familie zu verbringen.

Wenn man so jung ist, achtet man noch nicht auf Zeichen, die darauf hindeuten, dass es einem Menschen nicht gut geht oder etwas Schreckliches passieren könnte. Leandra war für mich eine selbstbewusste, hübsche, sympathische und lebenslustige junge Frau. Genau so habe ich sie damals an diesen Wochenenden am See wahrgenommen. Sie hatte immer ein Lächeln auf ihren Lippen. Ich hatte nie etwas an ihr bemerkt, was darauf hingedeutet hätte, dass sie unglücklich war oder irgendwelche Probleme hatte.

Etwa ein Jahr später hatte Leandra ihre ersten Zwischenprüfungen als erfolgreichste Studentin ihres Jahrgangs abgeschlossen. Aus diesem Anlass lud sie alle ihre Freunde an einem Wochenende zu einer Party in ihrer Wohnung ein. Kurz vor dem Eintreffen ihrer Gäste hat sie sich mit einer Plastiktüte das Leben genommen. Ihre Eltern haben nach ihrem Suizid nicht mehr weiterpraktiziert und ihre Praxis verkauft. Ihr Bruder, heute selbst ein anerkannter Chirurg, brauchte viele Jahre, um den Tod seiner

Schwester einigermaßen verarbeiten zu können. Leandra hinterließ keinen Abschiedsbrief, und wir wissen bis heute nicht, weshalb sie ihrem Leben genau zu diesem Zeitpunkt ein Ende gesetzt hat.

Hendrik

Hendrik war gerade einmal 19 Jahre alt, frisch verheiratet und Vater eines kleinen Mädchens, als er sich an einem Montagmorgen in seiner Garage erhängte. Er hätte drei Stunden später in den Militärdienst einrücken müssen und hatte panische Angst, dieser Situation nicht gewachsen zu sein.

Chloé

Trotz einer erfolgversprechenden Zukunft zog sich die 17-jährige Chloé immer mehr in sich zurück und kapselte sich von ihrem Umfeld ab. Ihre Eltern und ihre Zwillingsschwester versuchten alles, um sie von ihren wachsenden Depressionen zu befreien. Als ihnen das nicht gelang, holten sie sich ärztliche Unterstützung. Nach diversen Sitzungen willigte Chloé ein, sich in einer psychiatrischen Klinik behandeln zu lassen. Kurz bevor ihre Eltern sie in die Klinik fahren wollten, entfernte sie sich unbemerkt von zu Hause und stürzte sich vor einen einfahrenden Zug. Sie war sofort tot.

Leider ließe sich meine traurige Liste mit der Geschichte von Jamie und weiteren befreundeten Personen noch fortsetzen. Immer wieder in meinem Leben wurde ich in meinem näheren Umfeld mit der Thematik Suizid konfrontiert und musste mich diesem schwierigen Thema erneut stellen.

In der Schweiz sterben jeden Tag zwei bis drei Menschen durch Suizid. Die Suizide erfolgen meist in einem psychischen Ausnahmezustand, in welchem die Fähigkeit, mit belastenden Situationen umzugehen, eingeschränkt ist. Oft stehen die Suizide auch mit psychischen Krankheiten in Verbindung und haben beträchtliche Folgen für Angehörige und Nahestehende.

Welches sind die geistigen Hintergründe eines Suizids?

Kein Tod geschieht zufällig, egal ob er durch ein Gewaltverbrechen, einen Unfall, eine Naturkatastrophe oder eine gesundheitliche Erkrankung eintritt. Das Leben bietet unzählige verschiedene Ausstiegsmöglichkeiten. Der Suizid ist eine davon. Wer sich dafür entscheidet, tut dies im Einklang mit seiner Seele, dass die Zeit zu gehen gekommen ist.

Wir vergessen oft, dass unser Leben, und damit wir selbst, in einen größeren Sinnzusammenhang eingebunden ist. Vor dem Sterben sendet die Seele bestimmte Impulse, um die Erdenmenschen auf ihren Weggang vorzubereiten. Dies macht sich meist in vagen Vorahnungen bemerkbar, wobei das den Zurückgebliebenen erst im Nachhinein bewusst wird.

Wir alle verfügen über einen freien Willen. Wir entscheiden selbst, ob der Suizid das Richtige für uns ist oder nicht. Wir nehmen den Suizid als ein plötzliches, meist unerwartetes Ereignis wahr. Der Mensch, der sich das Leben nehmen will, muss sich aber intensiv damit auseinandersetzen. Es gibt harte und weichere Methoden, den Tod herbeizuführen. Die meisten wählen die Methode, die ihrer seelischen Befindlichkeit entspricht. Aus der geistigen Sicht scheint mir wichtig, dass sich die Seele in diesem Moment entscheidet, nicht mehr in ihrem Körper weiterleben zu wollen. Da die Seele nach dem Tod des Körpers aber immer noch weiterlebt, also unsterblich ist, kann folglich nur der Körper getötet werden.

Suizid ist bis heute ein Tabuthema, weil er im Christentum und in vielen anderen Religionen als *Todsünde* angesehen wird und somit angeblich eine *Bestrafung* im Jenseits nach sich zieht. Die Anmaßung, über suizidale Menschen ein Urteil zu fällen, ist leider noch weitverbreitet. Auf der Erde herrschen zurzeit viel Angst und eine gewisse Perspektivlosigkeit. Die emotionalen Überforderungen und die Gefühle, von anderen nicht verstanden und geliebt zu werden, üben einen permanenten Druck auf die jungen Erwachsenen aus, dem sie oft nicht mehr gewachsen sind. Die meisten jungen Menschen kennen ihren Weg, werden aber durch weltliche, religiöse und politische Vorschriften und Regeln eingeschränkt und können so ihr Leben nicht frei leben. Sie kommen von der anderen Seite, und fühlen sich hier auf der Erde wie Fremde, erfüllt mit einer großen Sehnsucht nach der Geborgenheit der Dimension, die sie verlassen haben.

Bevor wir einen Suizid zumindest ansatzweise verstehen könnten, müssten wir zuerst den Lebensplan dieses Menschen genauer betrachten und darin seinen großen, inneren Leidensdruck erkennen. Vielleicht wäre es dann für uns nachvollziehbarer, was ihn zum Entschluss geführt hat, seinem Leben ein Ende zu setzen. Jemand hat in einer tiefen Verzweiflung einfach keinen anderen Ausweg mehr gefunden und seine persönliche Entscheidung getroffen. Somit dürfen sich die Angehörigen und Freunde auch keine Vorwürfe machen und sich schon gar nicht dafür verantwortlich fühlen.

Trotz dieser Überlegungen möchte ich Sie aber darauf hinweisen, dass der Suizid keine Lösung für irgendwelche Probleme darstellt. Alles, was Sie hier auf der Erde nicht erfolgreich erledigen können, müssen Sie in der Geistigen Welt oder in einem Ihrer zukünftigen Leben aufarbeiten. Vor einem Suizid muss uns auch bewusst sein, dass der Tod ein nicht mehr rückgängig zu machender Zustand ist, da die Seele nicht mehr in den getöteten Körper zurückkehren kann.

Viele Eltern von Kindern, denen ein Suizidversuch gelungen ist, belasten sich mit den Gedanken, dass sie den veränderten Zustand und die leisen Hilfeschreie überhört haben. Dies kann zu ausgeprägten Schuldgefühlen führen. Ein Suizid liegt jedoch immer in der Verantwortung der Seele, egal in welchem Alter der Mensch ist. Nach dem Tod wird die Seele unmittelbar mit dem Leid der Hinterbliebenen konfrontiert.

Interessanterweise kann bei Nachtod-Kontakten oft wahrgenommen werden, dass viele Seelen unmittelbar nach dem Suizid erkannt haben, dass die Entscheidung, sich das Leben zu nehmen, falsch war. Viele geraten dadurch in regelrechte Panik, weil ihnen unmittelbar nach dem Sterben die Unumkehrbarkeit des Todes bewusst geworden ist. Die Lichtwesen lassen aber niemanden allein und unterstützen diese Seelen bei der Verarbeitung ihrer Lebensumstände. Für Suizid gibt es keine Bestrafung. Dies ist eine von Menschen und kirchlichen Institutionen ausgedachte Sache, um uns Angst einzuflößen. Auf der anderen Seite herrscht für alle Seelen Verständnis, und wir sind von bedingungsloser Liebe eingehüllt. Es gibt keine Bewertung oder Verurteilung. Durch die tiefe Auseinandersetzung mit dem eigenen Leben kann unsere Seele eine völlig neue Perspektive der Selbstbetrachtung erlangen.

Amokläufe und schwere Gewaltverbrechen

Diverse Konflikte am Arbeitsplatz, in der Familie oder mit Behörden veranlassen Menschen immer wieder, zu einer Waffe zu greifen und dadurch auch unbeteiligte Opfer in Kauf zu nehmen.

Wenn der seelische Schmerz beim Verlust eines geliebten Menschen durch fortgeschrittenes Alter, Krankheit oder einen Unfall schon sehr groß ist, kann die entstehende Ohnmacht und das Leid nach einem Gewaltverbrechen nicht in Worte gefasst werden. Hier ist ein Mensch buchstäblich ungewollt und mit Absicht aus seinem Leben gerissen worden. Die Trauer ist noch viel intensiver, dauert auch länger an und verändert die Hinterbliebenen dadurch, dass sie nicht nur den geliebten Menschen betrauern, sondern auch die Art und Weise, wie er starb. Meist stehen die Zurückgelassenen unter Schock und empfinden ein Gefühl der totalen Leere.

In einem solchen Fall ist es besonders wichtig, sich professionelle Unterstützung zu holen, damit aus der Trauer kein bleibender Hass auf den oder die Täter resultiert und sich kein persönliches Trauma entwickelt. Auch wenn es noch so schmerzt, kann der Verlust nicht mehr rückgängig gemacht werden. Es ist ja nicht nur der Verlust eines geliebten Menschen. Es geht um viel mehr. Die Zurückgebliebenen werden ihrer Träume, Wünsche und Hoffnungen beraubt, die jetzt alle nicht mehr zum Tragen kommen. Durch den verlorenen Menschen wird sich auch das eigene Leben komplett verändern. Nichts wird mehr sein, wie es einmal war. Wird der Täter nie gefasst, quälen die offenen Fragen die Hinterbliebenen oft jahrelang.

Jedes tödliche Gewaltverbrechen bedeutet einen Konflikt zwischen dem Täter auf der einen und den Trauernden auf der anderen Seite. Durch die Inhaftierung des Täters werden beide Seiten daran gehindert, den Konflikt auszutragen. Somit ist auch keine *Vergebung* möglich, um als indirekt Betroffener wieder in einen einigermaßen intakten Alltag zurückkehren zu können. Das reine Verurteilen und Wegsperren der Täter wird längerfristig wieder zum Problem, weil diese in den meisten Fällen irgendwann aus ihrer Haftstrafe entlassen und auf freien Fuß gesetzt werden. Die Angst der Hinterbliebenen wird dadurch lebenslang aufrechterhalten.

Das Wissen um die Hintergründe einer Bluttat aus der Sicht des Schuldigen könnte vielleicht in einigen Fällen dazu beitragen, den Angehörigen diese Angst zu nehmen. Die Zukunft wird zeigen, ob es individuelle und institutionell geförderte Wege gibt, auf ein Ziel in diesem sehr sensiblen Bereich zuzusteuern.

Auch in den dunkelsten Stunden
unseres Lebens steckt ein Sinn.

Aus unserer Froschperspektive
haben wir jedoch keine ausreichende Übersicht,
um diese Ereignisse im
Zusammenhang zu verstehen.

ryan ellis

kapitel fünf

der lange **weg nach hause**

Der Mensch weiß alles – und weiß doch nichts

Bereits in der ersten Minute nach unserer Geburt befinden wir uns schon wieder auf unserem Weg zurück nach Hause. Unser Lebensweg, mit all seinen Schicksalen, Hindernissen, Herausforderungen, aber auch seinen Chancen, seinen vielen unvergesslichen, glücklichen und wunderbaren Momenten, scheint von der menschlichen Perspektive aus betrachtet unendlich lang zu sein. Im Vergleich zu unserer wahren seelischen Existenz bedeutet er jedoch noch nicht einmal einen Wimpernschlag. Aus diesem Grund ist es sehr wichtig, während der uns zur Verfügung gestellten Lebenszeit bewusst und zielgerichtet voranzuschreiten. Wir glauben immer, wir hätten für alles ja noch genügend Zeit. Aber am Ende des Weges fragen sich viele, wo denn die Zeit geblieben ist und bedauern, dass ihr Leben nicht so verlaufen ist, wie sie es sich ursprünglich vorgestellt hatten.

Die Seele kann mit einer Pflanze verglichen werden. Sie ist nicht einfach in einem einzigen Augenblick aus dem

Nichts entstanden. Sie ist allmählich gewachsen, hat ihren eigenen Lebensrhythmus und ihre eigenen Wachstumsgesetze, denen sie unterworfen ist. Wachstum braucht Zeit. Deshalb kann das Wachstum der Seele nicht beschleunigt werden. Ein Erdenleben ist nur ein winziger Teil ihrer Gesamtentwicklung. Es braucht viele Inkarnationen, bis sie durch ihre gemachten Erfahrungen ihre Lektionen gelernt hat. Die Entwicklung der Seele vollzieht sich abwechselnd hier auf der Erde und in der Geistigen Welt – im Jenseits.

Unmittelbar nach der Geburt beginnt die Seele, das universelle Wissen zu vergessen. Spätestens ab dem siebten Lebensjahr können sich die allermeisten nur noch verschwommen daran erinnern, woher sie gekommen sind und was sie in ihren früheren Inkarnationen und den dazwischenliegenden Aufenthalten in der anderen Dimension erlebt und dazugelernt haben. Hätte sie das *komplette* Wissen aus allen bisherigen Inkarnationen, wäre die Seele während ihres Daseins in einem menschlichen Körper völlig überfordert. Jede Seele hat bereits unzählige Leben hinter sich, die nicht immer einfach waren und in denen sie zum Teil schwerwiegende und leidvolle Erfahrungen durchleben musste. All diese Erfahrungen ziehen auch Konsequenzen nach sich. Die Seele könnte sich in einem neuen Körper nicht mehr mit derselben Unbefangenheit und Intensität mit ihrer aktuellen Lebensaufgabe befassen und an ihren Lebenszielen arbeiten, wenn ihr das allumfassende Wissen ihrer vorangegangenen Inkarnationen vollumfänglich bis ins kleinste Detail zur Verfügung gestellt würde.

Der Mensch befindet sich während seiner Inkarnation in einer paradoxen Lage. Er weiß im Grunde genommen alles, und er weiß doch nichts. Da er jedoch während seiner gesamten Lebenszeit immer mit *allem universellen Wissen* verbunden bleibt, kann er alle bedeutsamen Dinge, die ihm für die Bewältigung des aktuellen Lebens hilfreich sind, jederzeit aus seinem Unbewussten abrufen. Bei den meisten Menschen regiert jedoch nur der Verstand, und sie lehnen alles ab, was für sie intellektuell nicht nachvollziehbar, respektive nachweisbar ist. Was nicht mit ihrem Verstand im Einklang steht, existiert für sie nicht. Sie ziehen es nicht einmal in Betracht, dass ein inneres Wissen über all die universellen Zusammenhänge existieren *könnte*, welches in ihrem Unbewussten aufbewahrt und in ihrer Seele gespeichert ist. Dieses Wissen braucht nur wieder aktiviert zu werden, indem wir uns erneut damit verbinden.

Der Mensch weiß viel mehr, als er in seinem Wachbewusstsein abrufen kann. Aus dem inneren, verborgenen Wissen seiner Seele steigen immer wieder – oft nur bruchstückhaft – bestimmte Inhalte auf. Dann weiß er plötzlich etwas, das ihm nicht durch seinen Verstand übermittelt wurde und was er vielleicht vernunftmäßig gar nicht nachvollziehen oder begreifen kann. Dieses verborgene Wissen wirkt in bestimmten Situationen sehr intensiv und veranlasst zu verschiedensten Reaktionen in Form von hochkommenden Emotionen oder bestimmten Verhaltens- und Handlungsweisen, die als eindeutige Signale aus seinem Unbewussten gedeutet werden können.

Das Hauptproblem unserer Zeit scheint der verloren gegangene Glaube an die Unsterblichkeit zu sein. Wir leben in einer materialistischen Kultur. Der Glaube an eine Seele, die den Tod des Körpers überlebt, ist für viele schlichtweg unvorstellbar.

In der Geschichte gab es immer wieder Zeiten, in denen das Wissen um die Unsterblichkeit der Seele für die Menschen während ihrer Inkarnation präsent war. Die Verbindung mit dem Wissen aus dem Leben danach konnte durch das Unbewusste hergestellt und für sämtliche Lebensbereiche abgerufen werden. Genau wie heute gab es auch in der Vergangenheit viele verschiedene, einander widersprechende Theorien über die Seele. Auch dazu, was nach dem Tod mit ihr geschieht. Schon Platon glaubte vor rund 2400 Jahren an eine duale Welt der Existenz. Er behauptete, dass es parallel zu dieser materiellen Welt eine Welt der Existenz gibt, die sich nur auf den Geist und die Psyche bezieht. Er glaubte, dass das, was die Griechen *Psyche* nannten und was wir heute als *Seele* kennen, ewig ist. Er war der Ansicht, dass der Tod nicht das Ende sein kann, weil der realere Bereich der Wirklichkeit nicht der Körper, sondern die Seele ist, die auch dann weiterbesteht, wenn wir gestorben sind. Vielen, die heute an die Vorstellung einer Seele glauben, die nach dem Tod im Jenseits weiterlebt, ist nicht bekannt, dass der Ursprung dieses Glaubens bereits in der griechischen Philosophie vorhanden war und sich insbesondere auf Platon zurückverfolgen lässt.

Der Glaube an eine Unsterblichkeit ist wichtig, damit der Mensch gesund und angstfrei leben kann. Nur wenn ihm bewusst wird, dass das Grenzenlose das Bedeutsamste ist, wird er den Fokus im Leben nicht auf Dinge legen, die nicht von entscheidender Bedeutung für ihn sind. Im 21. Jahrhundert scheint das Wissen um die Unsterblichkeit der Seele trotz oder vielleicht gerade wegen unseres hohen Wissensstandes verloren gegangen und nur noch für wenige zugänglich zu sein. Viele rasen mit den zur Verfügung stehenden materiellen Hilfsmitteln förmlich durchs Leben und klammern dabei alles aus, was für die Menschheit und vor allem für unsere Seele am wichtigsten wäre. Wir scheinen keine Zeit mehr dafür zu haben, uns an das unglaubliche Wissenspotenzial zu erinnern, das uns zur Verfügung stehen würde und mit dem wir die seelische Entwicklung der Menschheit in Lichtgeschwindigkeit vorantreiben könnten.

Unsere innere Entwicklung vollzieht sich in sämtlichen Phasen nach einem geregelten Plan. Die Planung des Inkarnationsverlaufs bedeutet aber keine sture Festlegung des Schicksals. Der Verlauf einer Inkarnation – und damit unseres Schicksals – hängt weitgehend mit unserem freien Willen zusammen. Ist der Mensch bereit, die Lektionen, die ihm in seinem aktuellen Leben vorgesetzt werden, zu lernen, veranlassen ihn seine Erfahrungen, seine Einstellung zu bestimmten Dingen zu ändern. Weigert er sich, werden ihm seine Lektionen so lange vorgesetzt, bis er die geforderte Wandlung vollzogen hat.

Dennoch gibt es in der Abfolge unserer Inkarnationen kein zufälliges Auf und Ab. Es gibt kein Zurück auf der Treppe nach oben ins Licht. Die innere Entwicklung geht ununterbrochen weiter und führt immer aufwärts. Nur verläuft sie nicht geradlinig, sondern wellenförmig. Was wir in unserer Inkarnation nicht gelernt haben, versuchen wir uns zwischen diesem und unserem nächsten Leben anzueignen. Wenn uns das auch nicht gelingt, werden die für die seelische Weiterentwicklung notwendigen Erfahrungen in die Lebensziele der nächsten Inkarnation eingebaut.

Die helle und die dunkle Seite der Seele

Jede Seele besitzt eine helle **und** eine dunkle Seite. Die Grenze zwischen Licht und Schatten ist jedoch nicht scharf gezogen, die Licht- und Schattenseite gehen fließend ineinander über.

Scharf gezogen scheint die Grenze dann, wenn der Mensch sich nur vorbehaltlos mit seiner Lichtseite identifiziert und die Existenz seiner Schattenseite leugnet. Damit verdrängt er alles, was die Seele noch zu lernen hat, ins Unbewusste. Man könnte dies als Blindheit gegenüber sich selbst, aber auch den Mitmenschen gegenüber bezeichnen. Diese Blindheit zeigt sich darin, dass ein Mensch das Negative auf andere projiziert und natürlich auch daran glaubt, es dort zu finden. Er behandelt diese Menschen dann auch dementsprechend, ist im Entweder-oder-Modus gefangen und verallgemeinert alles, was ihm begegnet. Er beurteilt die Welt um sich herum nur mit extremen Positionen, was sich in Worten wie »alle Männer«, »alle Ausländer« und so weiter spiegelt. Als Weißer fühlt er sich den dunkelhäutigen Menschen hoch überlegen, und mit Randgruppen kommt er sowieso nicht klar, weil er alles kategorisch ablehnt, was nicht zu seinen persönlichen Wertvorstellungen und Ansichten über das Leben passt.

Zur Lichtseite der Seele gehören Attribute wie Menschlichkeit, Liebesfähigkeit, Rücksichtnahme und Einfühlungsvermögen. Zur Schattenseite zählt die Anlage zu Bösartigkeit, Destruktivität und Aggressivität. Alle erwähnten positiven und negativen Anlagen haben ihre eigene Qualität und sind entwicklungsbedingt unterschiedlich weit ausgebildet. Sämtliche Anlagen der Seele sind an sich neutral, also weder gut noch böse, weder dunkel noch hell. Dies gilt für unsere Begierden und Emotionen genauso wie für unsere geistigen und seelischen Gaben wie Sensibilität oder Intelligenz. Die Qualität der Anlagen und wie der Mensch mit ihnen umgeht, zeigt sich erst, wenn er sie in bestimmten Lebenssituationen anwendet. Dann erkennt man den Helligkeitsgrad, der in diesem bestimmten Sektor vorherrscht, dem die Anlage angehört.

Aber weshalb weist die Seele auch eine dunklere Seite auf? Kein Mensch ist immer gut oder andauernd böse. Er ist im Laufe seiner Entwicklung verschiedenen, oft völlig gegensätzlichen Erfahrungen ausgeliefert. Diese ermöglichen es ihm, beide Seiten seiner Seele kennenzulernen und dadurch zu erfahren, dass er die Dunkelheit erhellen kann, indem er Korrekturen an seinem Verhalten vornimmt. Die äußerst reiche Nuancierung von hell bis dunkel bleibt so lange bestehen, bis es dem Menschen gelungen ist, sämtliche Facetten seiner Seele zu erhellen.

Herausforderungen und Rückfälle konfrontieren uns immer wieder mit unserer Schattenseite, bieten uns aber zugleich die Chance, diesen Anteil überhaupt erst wahrzunehmen und zu erkennen. In der Seele befindet sich das Bewusste neben dem Unbewussten, die Lichtseite neben der Schattenseite. Die Verteilung der Helligkeit und damit das Verhältnis der Licht- zur Schattenseite, ist entwicklungsbedingt bei jeder Seele anders. Die Schattenseite kann mit einem Feld verglichen werden, das brachliegt. Es muss vom Menschen neu bepflanzt werden. Die Bereinigung der Schattenseiten macht die Seele jedoch stark, weil sie sich dadurch weiterentwickeln kann. Entwicklung bedeutet immer Wachstum. Die Seele wird reifer und das Dunkle muss dem Licht weichen.

Wir wissen stets genau, was richtig oder falsch ist. Das echte Gewissen beruht auf unserem inneren Wissen – dem Wissen um die kosmische Ordnung und die kosmischen Gesetze und einem für uns ausgewählten Wissen aus unseren vergangenen Inkarnationen. Wenn wir etwas Schlechtes gemacht haben, meldet sich ein ungutes Gefühl. Wir haben *ein schlechtes Gewissen.*

Wir wissen, dass jede Handlung und jeder Gedanke eine Folge nach sich ziehen. Wir kennen auch das Gesetz, das dann in Kraft tritt: das Gesetz der ausgleichenden Gerechtigkeit – das Gesetz des Karmas. Dieses funktioniert aber nicht automatisch, es wird von höheren Lichtwesen gesteuert. Aus himmlischer Sicht sind die Auswirkungen des Karma-Gesetzes Lektionen innerhalb unseres gesamten Lernprozesses. Wir müssen durch Erfahrungen lernen, was es bedeutet, menschlich zu agieren. Wenn wir anderen etwas Böses zugefügt haben, werden wir dasselbe Leid und denselben Schmerz erleben müssen. Nur dadurch lernen wir, unseren Mitmenschen Verständnis entgegenzubringen. Es sind aber weder die Lichtwesen noch Gott, Allah, Buddha, Shiva oder wie auch immer Sie die göttliche Quelle bezeichnen möchten, die uns Menschen *verurteilen* und *bestrafen*. Wir allein sind verantwortlich. Der *strafende Gott* ist eine Erfindung des Menschen.

In diesem Zusammenhang möchte ich festhalten, dass ausgleichende Gerechtigkeit nicht bedeutet, dass *alles*, was wir als Menschen nicht gut gemacht haben, bis auf den letzten Cent abbezahlt werden muss. Eine bis ins kleinste Detail zurückfordernde Gerechtigkeit gehört weder auf die göttliche noch auf die weltliche Ebene. Gerechtigkeit bedeutet auch, dass jede einzelne Seele das Recht hat, Vergebung zu erhalten und Liebe zu erfahren.

Licht und Dunkelheit gehören zusammen.
Ohne die Dunkelheit
wäre es uns nicht möglich,
die Sterne zu sehen.

emily

Das Anderssein akzeptieren

Anderssein wird definiert
als »von der Norm abweichend«.

Nach Definition des Rechtssystems sind Randgruppen soziale Gruppen, die sich durch bestimmte Merkmale von der Mehrheit der Gesellschaft unterscheiden und dadurch oftmals benachteiligt oder diskriminiert werden. Zu den häufig diskriminierten Randgruppen zählen Menschen mit Migrationshintergrund, sexuelle Minderheiten wie lesbische, homosexuelle, bisexuelle, transsexuelle oder intersexuelle Personen, Menschen mit Behinderungen, Obdachlose, Arbeitslose und Suchtkranke. Zu den typischen Formen der Diskriminierung gehören verbale oder körperliche Belästigung und Ausgrenzung im sozialen Umfeld, Benachteiligung bei der Arbeitssuche oder ungerechte Behandlung am Arbeitsplatz.

Obwohl mittlerweile in vielen Ländern ein rechtlicher Schutz für Randgruppen existiert, der auf den zwei grundlegenden Prinzipien *Diskriminierungsverbot* und *Förderung der Chancengleichheit* basiert, haben die weltweiten Diskriminierungen erneut stark zugenommen. Es nützen alle Gleichbehandlungsgesetze und selbst die Charta der Grundrechte der europäischen Union wenig, wenn eine große Allgemeinheit nicht dazu fähig ist, das Anderssein von Menschen zu akzeptieren.

Unter den vielen positiven Rückmeldungen zu meinen bisher veröffentlichten Büchern »*sternenflüstern*« und »*anamon*« waren auch mehrere von Menschen aus den unterschiedlichsten Randgruppen dabei. Ich habe dankbar zur Kenntnis nehmen dürfen, dass sie durch das bessere Verständnis der universellen Zusammenhänge einen neuen Zugang zu ihrer Seele und ihrem Körper finden konnten. Immer wieder wurde ich darum gebeten, die Problematik des Andersseins in meinem neuen Buch noch einmal aufzugreifen, um dadurch möglichst viele Menschen für diese wichtige Thematik zu sensibilisieren. Dieser Bitte bin ich in diesem Kapitel gerne nachgekommen.

Jeder Mensch besteht aus *Körper, Geist und Seele*, eingebettet in ein *Umfeld*, in dem wir als lebendiges System alle miteinander verbunden sind. Alle vier Komponenten beeinflussen sich gegenseitig und machen als Ganzes den Menschen aus. Somit sollten wir begreifen und anerkennen, dass jeder Mensch *einzigartig* ist. Individualität bedeutet, dass jeder Mensch die Freiheit zur Wahl hat und somit selbstbestimmt entscheiden kann, wie und wo er lebt, welchen Beruf er ergreift oder welche Form der Sexualität er praktiziert. Niemand hat das Recht, einer Seele diese Freiheit zu nehmen, die sie für ihre Entwicklung benötigt.

Vielerorts sind staatliche Behörden an der Unterdrückung von Randgruppen beteiligt und verweigern ihnen jeglichen Schutz vor Anfeindungen und Gewalt. In vielen Fällen schüren religiöse und politische Machthaber ein Klima des Hasses gegenüber Menschen, die für sie nicht in die von ihnen bestimmte politische oder religiöse Normalität ihres Alltags passen. Menschen werden eingeschüchtert und in die Unsicherheit gedrängt. Die Ausgrenzung erfolgt teilweise bereits schon durch die eigene Familie und führt viele in ein Leben am Rande der Gesellschaft. Übergriffe bleiben vielfach ohne Konsequenzen für die Täter. In bestimmten Ländern verweigern die Polizei und andere Staatsorgane oftmals jede Hilfe oder sind sogar selbst an der Hetze, Erpressung und Gewalt beteiligt.

Weshalb fehlt es einem Teil der Menschheit an Empathie und Akzeptanz jenen Menschen gegenüber, die für sie nicht in eine von ihnen bestimmte Norm passen und oft ein Leben lang darum kämpfen müssen, gleichberechtigt behandelt zu werden? Wer gibt Menschen das Recht, über diejenigen zu urteilen, die nicht den Vorstellungen der Allgemeinheit entsprechen?

Hinter einer feindlichen Abwehrhaltung gegenüber einer bestimmten Personengruppe steckt meist ein persönlicher, psychologischer Abwehrmechanismus, der in die Außenwelt verlagert wird. Bei einer solchen Projektion werden eigene Emotionen, Wünsche oder Ängste, die man bei sich selbst nicht wahrhaben will oder für die man sich sogar schämt, auf andere projiziert. Man leugnet seine eigenen, ungeliebten Seiten und bekämpft sie dadurch, dass man sie auf andere überträgt.

Wenn jemand eine Randgruppe mit allen Mitteln bekämpft, steht das meist mit eigenen Ängsten und Emotionen in Verbindung. Andere Mitglieder der Gesellschaft werden zu etwas gemacht, was sie gar nicht sind, nur um von sich selbst abzulenken. All das, was uns an bestimmten Menschen aufregt und was wir vehement verachten oder sogar mit allen Mitteln bekämpfen, hat immer auch etwas mit uns selbst zu tun. Wir übertragen und verlagern dadurch persönliche Emotionen und Eigenschaften, die im Widerspruch zu unseren eigenen oder allgemeinen gesellschaftlichen Normen stehen, auf andere Personen oder Menschengruppen. Dadurch wird die persönliche Auseinandersetzung mit dem eigenen Problem vermieden und kann bei anderen bekämpft werden.

Rassismus

Die Mehrheit würde von sich behaupten, alles andere als rassistisch zu sein. Zumindest sieht das so aus, wenn man Menschen direkt befragt. Trotzdem werden viele Fälle von Rassismus im öffentlichen Raum und am Arbeitsplatz registriert. Oft genannt wird bei den Betroffenen die Nachbarschaft, die Schule oder die Verwaltung.

Im Jahr 2022 wurden in der Schweiz 708 rassistische Diskriminierungsfälle gemeldet. Rassistische Diskriminierung umfasst laut Quelle sämtliche Ungleichbehandlungen, Äußerungen oder Gewalttaten, die bewirken – oder mit denen beabsichtigt wird –, dass Menschen wegen ihrer äußeren Erscheinung oder ihrer Zugehörigkeit zu einer Ethnie, Nationalität oder Religion herabgesetzt werden. Es ist davon auszugehen, dass dies jedoch nur die Spitze des Eisbergs ist, denn die Mehrzahl der rassistischen Vorfälle in der Schweiz wird nicht gemeldet. Rassismus wird zwar in der Schweiz als ernstes gesellschaftliches Problem wahrgenommen, und die Mehrheit der Befragten unterstützt die Forderung, sich stärker im Kampf gegen Rassismus zu engagieren. Aber es gibt auch eine andere Seite. Bei einer Umfrage vor vier Jahren fühlten sich 34% der Bevölkerung durch die Anwesenheit von Personen, die aufgrund ihrer Nationalität, Religion oder Hautfarbe als anders empfunden werden, gestört.

Rassismus ist auch immer wieder ein Thema im Sport und bleibt dort oft ungestraft. Dies deshalb, weil die Welt des Sports sich als eine neutrale und gleichberechtigte Gesellschaft mit eigenen Regeln sieht. Verbale oder körperliche Angriffe gegen einen anderen Sportler oder eine Sportlerin müssen meist nur vor dem Verband verantwortet werden. Rassismus kommt gerade in Fußballstadien häufig vor. Es werden regelmäßig dunkelhäutige Spieler und Spielerinnen rassistisch beleidigt, mit Bananen beworfen oder mit Affenlauten zugedeckt. Als klassisches Beispiel dafür ist der Vorfall bei einem Match zwischen Basel und Vaduz vom April 2021, bei dem der Basler Spieler Aldo Kalulu von einem Kameramann als *Bananenpflücker* bezeichnet wurde. Die rassistische Beleidigung war über alle Außenmikrofone zu hören. In den anschließenden Diskussionen darüber wurde versucht, die Aussage zu rechtfertigen. Wie tief verankert rassistische Denkmuster in der Schweiz sind, zeigt in diesem Fall nicht in erster Linie die Bezeichnung des Spielers als Bananenpflücker, sondern vielmehr die Reaktion darauf.

Nach häufig wiederkehrenden Vorfällen hat sich das Bewusstsein für Rassismus verändert. Viele Vereine haben mittlerweile den Kampf dagegen aufgenommen. Als wichtige visuelle Kampagne kann die Kampagne der UEFA »Say NO to Racism« bezeichnet werden. Alleine mit Präventionsarbeit wird dieses Problem allerdings nicht gelöst werden können. Diskriminierung muss konsequenter gemeldet werden. Es braucht auch rechtliche Maßnahmen, basierend auf gesetzlichen Grundlagen, um rassistische Übergriffe zu sanktionieren und zu stoppen.

Rassismus ist, auch außerhalb des Sports, weltweit ein Thema, das bewegt und viele, zum Teil erheblich kontroverse Diskussionen auslöst. Es vergeht kaum ein Tag, an dem nicht wieder ein Rassismus-Vorfall in den Medien auftaucht. Wir haben ein Rassismus-Problem. Nur tut sich die Menschheit ungemein schwer darin, sich das einzugestehen. Noch immer erfahren Menschen weltweit Diskriminierung, Anfeindungen und Ausgrenzungen aus rassistischen Motiven. Wir alle sind dazu aufgefordert, diesem globalen Problem mit all seinen Ausprägungen vehement entgegenzutreten.

Andere Menschen sollten von uns genauso behandelt werden, wie wir uns das von ihnen auch wünschen.

Sexuelle Orientierung

Es besteht ein Unterschied zwischen *sexueller Identität* und *sexueller Orientierung.*

Die *sexuelle Identität* beschreibt, wie sich Personen selbst sehen, ob männlich, weiblich oder *non-binär,* was bedeutet, dass sich jemand nicht in das herkömmliche, streng zweigeteilte Geschlechtersystem einordnen kann oder will. *Agender* ist ein anderes Wort für geschlechtslos und bezeichnet Menschen, die sich keinem Geschlecht zugehörig fühlen. Die *sexuelle Orientierung* bezieht sich auf das Geschlecht, zu dem sich eine Person sexuell hingezogen fühlt.

Sehr viele Menschen leiden weltweit unter einer Diskriminierung, weil sich ihre sexuelle Orientierung nicht mit der der großen Masse deckt. Die EU-Grundrechteagentur FRA hat in Deutschland 2020 mehr als 16.000 queere Menschen nach ihren Erfahrungen befragt. Dazu gehören alle, die trans, intergeschlechtlich, non-binär oder nicht heterosexuell sind. 48% gaben an, dass sie während ihrer Schulzeit gemobbt worden sind. 46% bestätigten, dass sie während ihrer Schulzeit nie erlebt haben, dass sie jemand unterstützt oder verteidigt hätte. Internationale Studien zeigen zudem, dass queere Jugendliche ein deutlich höheres Suizidrisiko haben als nicht queere junge Menschen.

In den Schulen wird eindeutig zu wenig für die Akzeptanz queerer Menschen getan. Queer-Feindlichkeit, Homophobie, Transphobie und Diskriminierung sind leider in der Schule nach wie vor Alltag. Ein Teil des Problems liegt darin, dass queere Themen selbst im Sexualunterricht immer noch zu wenig behandelt werden. Der Fokus an den Schulen liegt immer noch stark auf traditionsgebundenen Rollenklischees, also auf der gegengeschlechtlichen, heterosexuellen Liebe. Die Jugendlichen bemängeln oft das fehlende Wissen und Verständnis bei Lehrkräften. Es ist lediglich eine Glückssache, auf engagierte Lehrpersonen zu treffen, die diese wichtigen Themen ansprechen und sich für die Vielfalt an Schulen einsetzen.

Wir leben in einer heteronormativen Gesellschaft, welche Heterosexualität und somit die binäre Geschlechterordnung als Norm voraussetzt, sie fördert und als wünschenswert ansieht. Sexualitäten, die sich von der Heterosexualität unterscheiden, werden gesellschaftlich nicht akzeptiert. Die Vereinfachung lautet, dass es nur Mann und Frau gibt und geben darf. Wer sich nicht in das klassische Mann-Frau-Schema einordnet oder andere Formen von Beziehungen bevorzugt, wird zur gesellschaftlichen Bedrohung und deshalb als *gegen die Natur* diffamiert. Jede non-binäre Person, jede trans Person und jede nicht heterosexuelle Person ist jedoch ein Beweis dafür, dass Andersartigkeit existiert.

Während Kinder aufwachsen, lernen sie genauer zu unterscheiden, was zu Männern und Frauen passt und was nicht. Sie werden geschlechtsspezifisch sozialisiert, das heißt, sie werden so erzogen und in die Gesellschaft eingegliedert, wie diese Frauen und Männer haben möchte.

Dabei lernen sie, dass eine Zweigeschlechtlichkeit, aufgeteilt in weiblich und männlich, das Normale und Selbstverständliche ist. Aber schränken wir unsere Möglichkeiten, uns selbst zu verwirklichen, nicht ein, indem wir eine Wesenshälfte überbetonen und uns zugleich die gegengeschlechtliche vorenthalten? Geschlechtsspezifische Sozialisation können wir uns als männliches oder weibliches Skript vorstellen, dem wir uns bereits nach unserer Geburt anpassen und welches unser Denken und Entscheiden lebenslang beeinflusst. Die Aufteilung in die beiden Kategorien weiblich und männlich ist auf unserem Planeten in sämtlichen Lebensbereichen anzutreffen. Nach unserem Tod ist die Seele jedoch weder weiblich noch männlich. Sie ist reine Energie, die sowohl weibliche als auch männliche Eigenschaften in sich trägt.

Es gibt immer noch Menschen, die andere Sexualitäten als Krankheitsbild deklarieren. Die Ablehnung von queeren Menschen reicht von Mobbing bis Mord. In einigen Fällen können LGBTQ-Personen zur Zielscheibe von Bürgerwehrgruppen oder Mobs werden, die sie ungestraft schlagen oder töten können. Wenn sie bei den Behörden und der Polizei um Hilfe bitten, werden ihre Beschwerden ignoriert oder sie werden sogar verhaftet. In 15 Ländern existiert immer noch die Todesstrafe für homosexuelle Menschen. Dass Heterosexualität die Norm ist und andere Sexualitäten nicht erwünscht sind, bedroht das Leben vieler. Deshalb sollten die Jugendlichen schon früh mit den Begrifflichkeiten in Kontakt kommen und lernen, dass Homo-, Bi- und Transsexualität absolut keine Anomalitäten sind. Damit, dass es neben der Heterosexualität noch weitere sexuelle Orientierungen und Identitäten gibt, sollten mittlerweile alle klarkommen.

Der androgyne Menschentyp, also jemand, der sich nicht scheut, als Mann seine weibliche und als Frau ihre männliche Seite zu zeigen, ist heute wieder im Trend. Dieses Phänomen ist aber schon seit der Antike bekannt. Personen, welche sich nicht in das klassische Mann-Frau-Schema einordnen, werden automatisch zu Außenseitern und sind damit der Verachtung ausgesetzt. Über sexuelle Andersartigkeit macht man sich gerne mal lustig, weil sie mit Scham belastet ist. Der abfällige Spott ist eine für viele wichtige Basis ihrer persönlichen Aggressionen und dient somit der eigenen Entlastung.

Kategorien wie weiblich oder männlich sind in der heutigen Zeit instabil und überholt. Was im Zusammenhang mit Andersartigkeit benötigt wird, ist Feingefühl, Verständnis und mehr Offenheit. Für unsere zukünftigen Generationen wäre eine daraus resultierende Akzeptanz eine lebensrettende Maßnahme.

Brian J. Smith

Der US-amerikanische Schauspieler Brian J. Smith, der unter anderem mit der Netflix-Serie »Sense8« weltweite Berühmtheit erlangte, ist einer von vielen, der seine sexuelle Orientierung so lange wie möglich unter Verschluss hielt und sich in der Öffentlichkeit erst mit 38 Jahren geoutet hat. Mit seinen prägenden Erlebnissen aus seiner Schulzeit will er anderen damit Mut machen, sich von der Gesellschaft nicht unterkriegen zu lassen.

Brian wuchs in der Nähe von Dallas, Texas, auf. Wie die meisten Jugendlichen, die in Kleinstädten groß werden, hatte er ein ausgeprägtes Bewusstsein dafür entwickelt, *anders* zu sein und einsam. Der Unterschied zwischen ihm und seinen Mitschülern war ihm stets sehr bewusst. Er konnte niemals so sein, wie er war. Er musste sich ständig selbst überprüfen und sicherstellen, dass er niemanden zu lange ansah oder dass sich jemand durch seine Blicke unwohl fühlte. Diese Vorsicht hallt bis heute noch in ihm nach. Er war verängstigt. In der Schule konnte er sich nirgendwo zugehörig fühlen, denn er war weder ein Sportler noch ein Nerd.

LGBTQ-Hilfsangebote gab es in Texas in der Zeit des aufkommenden US-Konservatismus der 1980er-Jahre nicht. Es gab also niemanden, an den er sich hätte wenden können. Er war völlig allein mit seinen Gefühlen und musste täglich die übelsten homophoben Schimpfwörter über sich ergehen lassen. Es gab nur einen Ort, an dem er diesen isolierenden Gefühlen entkommen konnte und der war auf der Bühne. Vor dem Publikum konnte er zu jemand anderem werden. Nur auf der Bühne konnte er sich frei und sicher fühlen und durch seine Rollen Aufmerksamkeit und Zustimmung erhalten. Sein zehnjähriges ICH von damals, diesen Jungen aus Texas, der sich verloren und isoliert fühlte, würde der heute 41-Jährige einfach umarmen und ihm sagen, dass es in Ordnung ist. Damals gab es nicht genug Menschen, die ihm hätten sagen können, dass er nicht jemand anders sein muss, dass er sich nicht ändern müsse und einfach so bleiben konnte, wie er war.

Auch wenn man versucht, sich in die während der Schulzeit erlebten Gefühle und Ängste von Brian hineinzuversetzen, kann man sich kaum vorstellen, wie isoliert, unverstanden und einsam er sich damals gefühlt haben muss. Von der menschlichen Perspektive aus gesehen scheint es absurd, dass seine Seele einem Leben zugestimmt haben soll, in dem er sich bereits als Kind dem willkürlichen Hass und der Verachtung von anderen Menschen aussetzen muss, nur weil er nicht dem entspricht, was sie für richtig halten.

Das irdische Dasein kann für Menschen, die nicht der gesellschaftlichen Norm entsprechen, mit viel Leid und Angst verbunden sein und durch einen tiefen inneren Schmerz überschattet werden. Wird jemandem seine Andersartigkeit bereits in der frühen Kindheit durch Herabsetzung, Beleidigung oder sogar körperliche Gewalt bewusst, prägen sich diese isolierenden Gefühle tief in seine Seele ein, und es fällt ihm sehr schwer, einen Sinn darin zu entdecken. Das, was der Mensch erlebt, versucht er mithilfe seiner weltlichen Perspektive zu analysieren und zu verstehen. Durch das Wissen, dass jedes einschneidende Ereignis, jedes Schicksal mit uns vor unserer Inkarnation besprochen worden und in einen tieferen Sinnzusammenhang eingebettet ist, wird es zwar nicht einfacher, aber wir haben zumindest eine Erklärung dafür.

Während unserer Lebenszeit können wir meistens nicht nachvollziehen, weshalb wir bestimmte Dinge erleben und erfahren müssen und fühlen uns dadurch gewissen Menschen und Situationen um uns herum ausgeliefert.

Wir erkennen meist erst viel später, warum wir dieses oder jenes erleben oder über uns ergehen lassen mussten. Manchmal sogar erst nach unserer Rückkehr in die geistigen Dimensionen.

Eine bereitwillige Annahme einer Andersartigkeit, die den betroffenen Menschen während seiner Inkarnation einer Randgruppe zugehörig macht, geschieht jedoch niemals ohne Grund. Vielleicht hat jemand in einem vorhergehenden Leben Menschen mit Hang zu einer bestimmten Sexualität als moralisch minderwertig betrachtet und verurteilt und findet sich selbst in der jetzigen Inkarnation mit derselben Neigung konfrontiert. Jeder, der über jemanden ein Urteil fällt, disponiert sich sogleich dazu, einmal genau so zu werden wie derjenige, den er heute verurteilt.

Ausschlaggebend für die Wahl einer gleichgeschlechtlichen Sexualität könnte auch sein, dass zwei Seelen in einer langen, gemeinsamen Vergangenheit während mehreren Inkarnationen in einer heterosexuellen Liebesbeziehung standen. Weil das Gefühl der Zusammengehörigkeit in diesem Fall stark dominiert, dürfte es nicht erstaunen, wenn sie versuchten, ihre intime Beziehung auch dann noch aufrechtzuerhalten, wenn eine von ihnen in der jetzigen Inkarnation das Geschlecht wechseln musste.

Es gibt aber noch einen einfacheren und plausibleren Grund, warum sich jemand eine Andersartigkeit für sein Leben aussucht. Die Seele entscheidet sich für diese Erfahrung, weil sie dadurch die Weiterentwicklung anderer Menschen beeinflussen und beschleunigen kann. So kann ein Mensch durch die Begegnung oder Konfrontation mit jemandem aus einer Randgruppe lernen, wie dieser sich in seiner Situation fühlt und wie er sich ihm gegenüber angemessen zu verhalten hat. In diesem Fall liegt der Sinn darin, anderen Seelen aus dem sozialen Umfeld unter erschwerten Bedingungen beizubringen, was Liebe, Einfühlungsvermögen, Toleranz und Akzeptanz bedeuten und wie sie funktionieren.

Ein innerlich reifer Mensch, eine reife Seele, wird im Anderen in erster Linie nicht die Hautfarbe, die Religions- oder Nationalitätszugehörigkeit oder den Geschlechtsträger sehen, sondern ausschließlich *den Menschen* und diesen auch dementsprechend behandeln.

Hassverbrechen
sind die beängstigendsten Dinge auf der Welt,
weil diese Menschen tatsächlich glauben,
dass das, was sie tun, das Richtige ist.

Cher

Karriere – wofür es sich lohnt, morgens aufzustehen

Hand aufs Herz: Lieben Sie Ihre Arbeit? Sind Ihre Karriereziele das, wofür es sich lohnt, morgens aufzustehen?

In meiner Kindheit waren es noch vorwiegend die Männer und Väter, die für ihre beruflichen und sozialen Aufstiegsmöglichkeiten das Wichtigste opferten, was den Menschen ausmacht. Zeit für liebevolle Beziehungen zu Familie und Freunden, Zeit für die Menschen, die wichtig sind und einem etwas bedeuten. Die Männer, die sich auf dem Karrieretrip befanden, wurden zwar für ihre Leistungen von ihrer Familie, ihren Partnern und Partnerinnen sowie ihren Freunden anerkannt und geschätzt. Dies ist nicht weiter verwunderlich, denn durch ihre berufliche Karriere boten sie allen in ihrem Umfeld ein finanziell sorgenfreies Leben. Trotzdem blieben sie für ihr privates Umfeld oft *Fremde*, weil sie selten oder nie zu Hause waren.

Seit einigen Jahren holen die Frauen in der Öffentlichkeit und im Beruf auf. In den Chefetagen großer Konzerne und in politisch wichtigen Positionen halten immer mehr Frauen Einzug, da sie bestens ausgebildet sind und ihre Chancen nutzen. Jedoch haben die Frauen aus der Karrieregeschichte der Männer etwas gelernt. Karriere bedeutet auch Verzicht. So quälen sich viele mit der Frage, ob der Wunsch nach Kindern, nach einer Familie dadurch noch realisierbar ist. Beim Anstreben einer Karriere stellen sich Männer und Frauen heute dieselbe Frage: Welchen Preis im Privatleben ist mir meine Karriere wert, respektive bringt sie mir, außer Reichtum und Anerkennung, auch eine persönliche Bereicherung und Zufriedenheit? In Verbindung mit dieser Frage geht bei beiden Geschlechtern der Trend hin zu weniger Wochenstunden und dadurch zu mehr Freizeit.

Karriere hat viel mit unseren persönlichen Einstellungen und Werten zu tun. Werte bestehen aus dem, was wir denken und glauben. Sie sind für die Art und Weise, wie jemand arbeitet und sein Leben führt, wesentlich. Werte helfen uns, sowohl in unserem Job als auch in unserem Privatleben Prioritäten zu setzen. Sie werden Ihr Leben als positiv empfinden, wenn Ihr Lebensstil Ihren Werten entspricht und mit ihnen übereinstimmt. Tun Sie das nicht, werden Sie mit dem unguten Gefühl konfrontiert, dass etwas Wichtiges fehlt. Bevor Sie sich vorbehaltlos in Ihre Karrierelaufbahn stürzen, sollten Sie sich erst einmal klarmachen, welches Ihre persönlichen Werte sind. Bestimmte Werte lassen sich mit dem Privat- oder dem Berufsleben schlecht vereinbaren. Ein Wertekonflikt kann darin bestehen, dass Sie unbedingt erfolgreich sein möchten und sich dadurch finanzielle Sicherheit versprechen. Erfolg bedeutet aber lange Arbeitszeiten, die auf Kosten Ihres Familienlebens gehen. So werden Sie einen Weg finden müssen, wie Sie mit dieser Diskrepanz umgehen.

Innerhalb der kurzen Zeitspanne, die uns während einer Inkarnation zur Verfügung steht, um unsere angestrebten Lebensziele zu erreichen, nehmen unsere Arbeitszeit und unser Streben nach Erfolg und Karriere einen immensen Platz ein. Wir verbringen rund ein Drittel unserer kompletten Lebenszeit an unserem Arbeitsplatz. Das ist nach dem Schlafen die zweithäufigste Beschäftigung und damit viel mehr Zeit, als wir üblicherweise mit unserem Partner, unserer Familie oder mit unseren Freunden zusammen sind. Innerhalb dieser Zeit konzentrieren wir uns größtenteils auf die Anhäufung materieller Dinge, und es fehlt die Zeit und Energie, uns mit unserer seelischen Weiterentwicklung zu beschäftigen. Die zwei am häufigsten genannten Faktoren für eine geringe Lebensqualität und

Stress sind die ständige Erreichbarkeit und die meist fehlende Zeit für sich selbst.

Nur in der Freizeit können wir unser wahres Menschsein gestalten und fördern. In der Freizeit können wir wieder schöpferisch wirken und alles tun, was uns in unserem wirklichen Dasein berührt. Wenn sich Körper und Geist entspannen, können sich auch die seelischen Bedürfnisse melden. Eine hohe Arbeitsbelastung mit zu wenig Freizeit kann Stress und Unzufriedenheit auslösen. Dasselbe kann jedoch auch für den umgekehrten Fall von wenig Arbeit und viel Freizeit gelten. In einer Analyse von Umfragedaten von über 35.000 US-Amerikanerinnen und US-Amerikanern kamen Forschende der *University of Pennsylvania* zu dem Schluss, dass zu viel Freizeit einen ähnlich negativen Einfluss auf das Wohlbefinden der Menschen hat wie zu wenig. Es ist deshalb wichtig, sich immer wieder Zeit zu nehmen, die eigenen Prioritäten zu überprüfen, um den Blick für das Wesentliche nicht zu verlieren.

Auf der japanischen Insel Okinawa leben nicht nur sehr glückliche, sondern auch besonders gesunde und alte Menschen. Auf der Insel findet sich im sprachlichen Vokabular interessanterweise kein Wort für *Rente* oder *Rentner.* Dafür existiert der Begriff *Ikigai,* der so viel bedeutet wie *das, wofür es sich lohnt aufzustehen. Ikigai* steigert die Lebensqualität und die Lebenserwartung, bedeutet aber für jeden Menschen etwas anderes. In Japan ist die ausgiebige Selbstreflexion fest in der Kultur verankert. Um den eigenen, individuellen *Ikigai*-Zustand zu finden und zu erreichen, braucht es einen persönlichen Prozess der Selbstreflexion. *Ikigai* bedeutet im Prinzip nichts anderes, als dem Leben einen Sinn zu geben. Etwas zu finden, für das es sich lohnt, morgens aufzustehen und damit der Selbstverwirklichung näher zu kommen. Konkret umfasst diese japanische Lebensphilosophie die vier Teilbereiche Berufung, Beruf, Mission und Leidenschaft. Diese vier Themen sind laut *Ikigai* der Schlüssel für ein lebenswertes, sinnreiches und erfülltes Leben. Wenn Sie herausfinden, was Sie und die Welt benötigen, worin Sie gut sind und was Sie wirklich lieben, können Sie das Gefühl der Nutzlosigkeit, Unsicherheit, Armut und inneren Leere hinter sich lassen. Sobald Ihre individuellen Talente und Bedürfnisse, mit dem, was die Welt von Ihnen benötigt und womit Sie Ihr Geld verdienen können, in einem ausgewogenen Verhältnis zueinanderstehen, haben Sie Ihr *Ikigai* erreicht.

Wenn Sie bereit sind, Selbstreflexion in Ihren Alltag einzubauen und dadurch an sich zu arbeiten, werden Sie auch in Ihrem Beruf Ihre eigenen seelischen Bedürfnisse und die Ihrer Mitmenschen nie aus den Augen verlieren.

Körperkult versus Seelenkult

Sich mit dem Thema Schönheit zu befassen, ist nichts Negatives und kann zum individuellen Wohlbefinden beitragen. Der Schönheitskult und die durch ihn vermittelten Schönheitsideale sind Teil unserer Gesellschaft. Das Streben nach körperlicher Attraktivität ist heute ausgeprägter als jemals zuvor.

Wir werden täglich mit stereotypen Körperbildern konfrontiert. Obwohl wir wissen, dass die aufwendig inszenierten Ideale meist kaum erreichbar sind, dienen sie uns als Kompass für unsere eigene Körperwahrnehmung. Der Druck zur perfekten Selbstdarstellung hat sich durch die neuen Medien und den ständigen Zugriff darauf extrem verstärkt. Auf Netzwerken wie Instagram werden laufend Fotos zu verschiedenen Körpertrends gepostet. Diese sind nicht zwangsläufig realitätsgetreu. Die Bildauswahl verläuft selektiv und der Einsatz von Bildbearbeitungsprogrammen vermittelt uns eine verzerrte Konstruktion von Körperidealen. Wir sehen meist keine Schnappschüsse, sondern professionell inszenierte Fotos, mit diversen Filtern überlagert. Es werden Körperproportionen angepasst und das Gesicht wird so lange retuschiert, bis es ideal erscheint. Das fixe Repertoire an bestimmten Posen und Gesten wird von Tausenden auf eigenen Bildern nachgeahmt. Die Schönheitsindustrie boomt, denn häufig wird dem angestrebten Aussehen auch mithilfe des Skalpells nachgeholfen.

Einer repräsentativen Umfrage von Kantar Deutschland zum Thema »*Was ist schön?*« zufolge fühlen sich die Hälfte der 517 befragten deutschen Heranwachsenden vom Schönheitskult in sozialen Netzwerken nur wenig bis gar nicht beeinflusst. Gerade einmal 38% der befragten Jugendlichen gaben an, sich dadurch steuern zu lassen. Für die Mehrheit der jungen Leute waren Aussehen und Wesen gleichermaßen bedeutsam. Lediglich 8% sagten, nur das Äußere sei für die Schönheit eines Menschen maßgebend. Demgegenüber stehen jedoch aktuelle Zahlen aus der Fitnessbranche, mit denen die gemachten Aussagen der Jugendlichen an Glaubwürdigkeit verlieren. In Deutschland trainieren rund zwölf Millionen in einem Fitnessstudio. Somit ist Fitness nach Fußball – mit über sieben Millionen Sportler und Sportlerinnen – die mitgliedstärkste Trainingsform. Fitness steht nicht nur für Freude an Bewegung, sondern vor allem für den Willen, sich selbst zu optimieren, mit dem sichtbaren Ergebnis eines ästhetischen Körpers.

Bis vor ein paar Jahren sprach man fast ausschließlich nur von Mädchen, die sich zu dick fanden und dadurch ein gestörtes Verhältnis zu ihrem Körper entwickelten. Nun liegt der Fokus vermehrt auf Jungen. 77% der männlichen Jugendlichen in der Schweiz wollen mehr Muskeln. Viele junge Männer verfallen einer Sportsucht und sind beinahe jeden Tag im Fitnessstudio anzutreffen. Sie entwickeln eine unrealistische Vorstellung, wie ihr Körper aussehen sollte, und das endet damit, dass Jugendliche sogar Steroide zu sich nehmen, um ihren Wunschkörper zu erreichen. Im Fachjargon spricht man von einem *Adonis-Komplex* oder einer *Muskeldysmorphie*, die eine Störung des Selbstbilds bezeichnet, bei der sich sogar durchtrainierte Bodybuilder als zu schmächtig empfinden.

An einem gesunden Körperkult in Maßen ist nichts falsch, vor allem dann nicht, wenn er dem Körper Ausgleich und Gesundheit bringt. Ähnlich wie bei Medikamenten hängt die optimale Wirkung aber von der Dosis ab. Zu viele Trainingseinheiten, mit zu wenig Erholung, können dem Körper langfristig schaden. Besonders gefährdet sind

Menschen, die ihren ganzen Lebensinhalt dem Sport unterordnen.

Es ist deshalb wichtig, neben perfekt zusammengestellten Trainingseinheiten immer auch die psychische Gesundheit im Auge zu behalten. Einigen bedeutsamen Studien zufolge kann übermäßiges Training das Risiko für Depressionen erhöhen, den Schlafrhythmus und das Hungergefühl beeinträchtigen und sich sogar auf Beziehungen auswirken. Wenn jemand wegen seines Trainings bereits fixierte Pläne absetzt oder ein Treffen mit Freunden absagt, nur um trainieren zu können, hat er möglicherweise ein Problem. Wenn man sich ängstlich oder schuldig fühlt, wenn man einen Tag nicht trainiert hat, könnte es sich um einen Zwang handeln.

Der Legende nach soll der griechische Bote Pheidippides 490 v. Chr. die circa 40 Kilometer von Marathon nach Athen gelaufen sein, um die Nachricht vom Sieg über die Perser zu überbringen. Danach brach er vor Erschöpfung zusammen und starb.

Diese überlieferte Legende soll uns daran erinnern, dass *weniger* oft *mehr* bedeutet. Das gilt auch für den Sport. Nach Jahren und Jahrzehnten extremen Trainings können sich Gewebeschäden manifestieren. Die Folgen sind Verkalkung der Gefäße, Verdickungen der Gefäßwände und Herzrhythmusstörungen. Die Lösung liegt, wie meist, in der goldenen Mitte. Regelmäßige moderate Bewegung kann unser Leben verlängern, Stillstand oder Höchstgeschwindigkeit hingegen verkürzen es.

Körper, Geist und Seele bilden eine Einheit. Aus diesem Bewusstsein heraus sollten wir uns bemühen, nicht nur dem Körper, sondern allen drei Komponenten unsere volle Aufmerksamkeit zu schenken. Im Verlauf unserer Lebenszeit kümmern sich viele jedoch hauptsächlich nur um ihren Körper. Der Körper ist das physische Instrument des Menschen, das ihm ermöglicht, in der Welt zu handeln und zu interagieren und steht deshalb für viele im Mittelpunkt ihres Daseins. Aber auch der Geist steht in unmittelbarem Zusammenhang mit dem körperlichen Wohlbefinden und hat sogar einen erheblichen Einfluss darauf. Er ist das intellektuelle und spirituelle Element, welches uns ermöglicht zu denken, zu lernen und zu verstehen. Woran wir denken und wie wir uns fühlen, beeinflusst unsere Psyche und sämtliche Zellen und Organe unseres Körpers.

Und die Seele? Was hat *sie* für eine Funktion? Sie scheint am wenigsten greifbar zu sein und existiert deshalb für viele gar nicht. Aber nur durch die Seele ist es uns möglich zu fühlen, zu lieben und Beziehungen zu anderen aufzubauen. Es ist die Seele, die alles in sich trägt, was wir je waren und jemals sein werden. Wenn wir sterben, müssen wir unseren Körper, dem wir zeitlebens so viel Beachtung geschenkt haben, auf der Erde zurücklassen. Wir können nur mitnehmen, was wir uns in diesem Leben geistig und seelisch angeeignet haben. Das beinhaltet unser dazugelerntes Wissen und all unsere gemachten, wertvollen positiven und negativen Erfahrungen, die unsere Seele nach ihrem Tod in einem Rückblick auswerten muss. Unser Körper dient in unserem Leben lediglich als Instrument, um der Seele diese für sie wichtigen Erfahrungen in diesem Leben überhaupt zu ermöglichen.

Die meisten Menschen haben vergessen, dass wir eine Einheit aus Körper, Geist und Seele bilden. Wir treiben Sport und achten auf eine ausgewogene und gesunde Ernährung. Wir besuchen Schulen, Universitäten, bilden uns laufend weiter und lesen kluge Bücher, um unseren Verstand zu nähren. Und wann kümmern wir uns um die Bedürfnisse und Ziele unserer Seele?

Unsere Seele kann sich nur durch unser Zusammentreffen, nur durch unsere Verbindungen mit anderen Seelen weiterentwickeln. Sämtliche Entscheidungen und alle daraus resultierenden Erfahrungen, die wir in ganz bestimmten Lebenssituationen mit unseren Mitmenschen machen dürfen oder müssen, wirken sich positiv oder negativ auf die Weiterentwicklung unserer Seele aus.

Ein seelenbewusster Mensch ist bestrebt, respektvoll und empathisch mit anderen Menschen umzugehen. Er versucht, seine Beziehungen möglichst harmonisch zu gestalten, ist einfühlsam, hilfsbereit und unterstützt andere überall da, wo es ihm möglich ist. Es ist für unsere Seele bedeutsam, unsere Gedanken immer wieder zu kontrollieren, um dadurch unsere Worte und Handlungen gut abzuwägen. Was einmal gesagt oder getan wurde, kann nicht wieder zurückgenommen werden. Genauso wie unsere Seele durch andere nicht verletzt werden möchte, sollten auch wir versuchen, den Seelen Anderer keinen Schaden zuzufügen. Das einfache Geheimnis lautet, in allem und jedem Licht und Liebe zu sehen, was sehr einfach gesagt, aber für uns oft sehr schwierig umzusetzen ist.

Wenn die Seele wieder nach Hause zurückkehrt, wird eine der ersten Fragen an Sie sein: »Hast du in deinem Leben geliebt?« Damit ist nicht Verliebtsein gemeint, sondern das starke Gefühl inniger und tiefer Verbundenheit zu einer Person oder einer Personengruppe, die den Nutzen einer zwischenmenschlichen Beziehung übersteigt. Sie bedeutet bedingungslose Zuneigung, Wertschätzung, Respekt, Ehrlichkeit, Toleranz, Loyalität und vor allem tiefgreifendes Verständnis für eine andere Seele. Liebe bedeutet, sich selbst in einer anderen Seele wiederzufinden und sich dort rundum geborgen zu fühlen. Die Summe all unserer Erfahrungen in unseren bisherigen Inkarnationen bestimmt unsere persönliche Interpretation von Liebe.

Wenn Ihnen die Frage »Hast du in deinem Leben geliebt?« zum jetzigen Zeitpunkt gestellt würde, was würden Sie darauf antworten?

Mit nichts sind wir gekommen,
mit nichts werden wir wieder gehen.

Nur das Wissen
und die Erfahrungen unserer Seele
werden wir in die jenseitige Welt und
in unsere weiteren Inkarnationen mitnehmen können.

Deshalb sollten wir gut darauf achten,
was in diesem Leben Neues dazukommt.

ryan ellis

kapitel sechs

die **angst** vor dem tod

Langsamer Abschied vom Leben

In der zweiten Hälfte des 19. Jahrhunderts pflegte man in einzelnen Dörfern des Kantons Appenzell Innerrhoden in der Schweiz einen Totenbrauch, der heute nicht mehr praktiziert wird.

Wenn jemand starb, dauerte es eine bestimmte Zeit, bis die bestellten Särge vom Sargschreiner fertiggestellt waren. So lange konnte man aber die Toten nicht zu Hause in ihren Betten aufbahren, weil die damals extrem erhöhten Kopfteile sie in eine Stellung gebracht hätten, die ein Umbetten in den Sarg unmöglich gemacht hätten. In Anlehnung an alemannische Zeiten, als Tote in einem gehöhlten Baumstamm zur Ruhe gebettet wurden, legte man den Leichnam auf ein Holzbrett und brachte ihn dadurch in eine gerade Stellung. Dieses Brett wurde damals Reebrett genannt. *Rê* entspricht dem althochdeutschen Wort für Leiche, also *Leichenbrett*. Auf diesem Reebrett bahrte man die Verstorbenen zu Hause auf. Erst am Tag der Beerdigung – es musste immer eine Erdbestattung stattfinden, denn eine Kremation war den Katholiken bis

1964 verboten – wurden sie dann in den Sarg umgebettet. Nach der Beerdigung wurde das Reebrett der Familie zurückgegeben. Je nach finanzieller Möglichkeit der Angehörigen wurde es einfach oder aufwendig bemalt und beschriftet. Auf jedem Brett war neben verschiedenen Ornamenten und Gebeten immer auch der Name und das Sterbejahr zu finden. Das Reebrett wurde dann an der Hausfassade des Sterbehauses angebracht, wo man es der Witterung überließ.

Zu dieser Zeit war alles, was mit dem Tod zusammenhing, mit Angst und Aberglauben verbunden. So war man überzeugt, dass die Menschen nach ihrem Tod ins Reich der Geister übergingen. Die Reebretter an den Hausfassaden sollten verhindern, dass die Toten als Geister wieder ins Haus zurückkehrten. Durch den Namen und das Sterbejahr auf dem Brett sollte ihnen vermittelt werden, dass sie gestorben waren und im Haus der noch Lebenden nichts mehr zu suchen hatten. Es wurde angenommen, dass die Toten erst ihre Ruhe gefunden hätten, wenn das Brett von der Witterung gänzlich zerstört worden war. Die Totenbretter sollten die Vorübergehenden aber auch an die eigene Sterblichkeit erinnern und sie dazu auffordern, ein Gebet zu sprechen. Die Angst vor Geistern und Dämonen wandelte sich mit der Zeit in liebevolle Erinnerung um. So wurde das Reebrett zum Gedenkbrett. Einige wenige der noch vorhandenen Reebretter befinden sich heute in Privatbesitz und im Museum Appenzell. Das Älteste stammt aus dem Jahr 1846, das Jüngste ist von 1901. Die Reebretter erinnern uns an die Zeiten, in denen der Tod des Menschen mit viel Angst vor dem Ungewissen verbunden war.

Das schlimmste Gift für unsere Seele ist die Angst vor dem Tod. Diese sowie die Ungewissheit, was danach kommen wird, begleitet die Menschheit schon seit jeher. Sie belastet – offensichtlich oder sehr subtil – fast alle Menschen. Sie lässt unser Leben als begrenzt erscheinen und vermittelt uns dadurch ein Gefühl von Trennung und Ausgeliefertsein. Die Angst ist oft so tiefgreifend, dass viele Menschen möglichst zu vermeiden versuchen, über das Sterben und den Tod zu sprechen. Dadurch ist der Tod in unserer heutigen Gesellschaft immer noch ein Tabuthema. Wir wissen, dass wir dem Tod nicht ausweichen können und sollten uns der Tatsache stellen, dass wir alle, uns eingeschlossen, einmal sterben müssen. Wir haben in unserer Kultur perfekt funktionierende Mechanismen entwickelt, die Angst vor dem Tod und die dazugehörenden Fragen zu verdrängen.

Das liegt auch daran, dass wir während einer Inkarnation eine Art *automatische Amnesie* in Bezug auf unsere seelische Identität erfahren. Diese dient der Seele als Schutz, damit sie auf ihrer Lebensreise nicht mit zu vielen, noch unverarbeiteten Ereignissen aus ihren Vorleben konfrontiert wird. In der Seele sind alle unsere Erlebnisse, genauso wie das Wissen und die Weisheit, die daraus entstanden sind, gespeichert. Doch als Mensch kann man nur bedingt auf die zuvor gemachten Erfahrungen seiner Seele zurückgreifen. Uns steht auf der Erde jeweils nur das zur Verfügung, was wir im Rahmen unserer Inkarnation für unsere Aufgaben und Lebensziele benötigen.

Die wahren Antworten auf das Geheimnis des Lebens nach dem Tod liegen für viele Menschen hinter verschlossenen Türen, weil sie sich nicht bewusst damit auseinandersetzen wollen. Wäre der Tod unser definitives Ende, hätte unser Leben keinen Sinn. Das Wissen um die Unsterblichkeit der Seele und um unsere Verbindung zu einer höheren Macht weckt in uns die Erinnerung an das Jenseits und kann uns infolgedessen das Tor zur Geistigen Welt öffnen. Wir erkennen, dass unser Leben in einen größeren Sinnzusammenhang, in ein höheres Ganzes voller Liebe und Mitgefühl eingebettet ist. Insgesamt geht es für die in einem Menschen inkarnierte Seele darum zu erkennen, dass alles, wirklich ALLES in ihm selbst als Essenz bereits vorhanden ist. Je mehr der Mensch diese Ahnung in sein Bewusstsein aufnehmen kann, desto mehr wird sich in ihm das Gefühl des Getrenntseins verringern.

Die Mehrheit befasst sich meist erst dann mit all den Fragen, die mit dem Sterben und dem Tod zusammenhängen, wenn sie unmittelbar damit konfrontiert sind und keine große Wahl mehr haben. Viele kreieren sich zu diesem Zeitpunkt ihre individuelle Vorstellung. Es wird einem schmerzhaft bewusst, dass man seine Liebsten zurücklassen und selbst eine ungewisse Reise an einen unbekannten Ort antreten muss. Obwohl wir diese Reise alle schon viele Male gemacht haben, löst der Gedanke daran Angstgefühle aus, weil wir uns ja nicht mehr bewusst daran erinnern können, diesen Weg schon mehrmals gegangen zu sein.

In den letzten Jahrzehnten haben sich die Möglichkeiten einer langen, behinderungsfreien Lebenserwartung jenseits des Alters von 65 Jahren erweitert. Studien weisen nach, dass man auch im höheren Lebensalter seine kognitiven Fähigkeiten ausweiten und seine Muskelkraft stärken kann. Alterungsprozesse werden dadurch vermehrt als beeinflussbar wahrgenommen. Die neue Generation älterer Menschen pflegt, im Gegensatz zu früher, häufiger einen aktiven Lebensstil. Mitverantwortlich dafür ist sicher die schulische und berufliche professionellere Ausbildung und die dadurch bedingte Auseinandersetzung mit digitalen Kommunikationsformen. Seit Jahren lässt sich feststellen, dass ältere Menschen sich vermehrt jünger fühlen, als es ihrem chronologischen Alter entspricht. Die Pensionierung bedeutet nicht mehr Rückzug und Stillstand, sondern eine Phase, in der sich neue Möglichkeiten eröffnen.

Wer lange lebt, wird allerdings unwillkürlich früher oder später an seine Grenzen stoßen, weil sich im hohen Alter die Abbauprozesse verstärken. Ein hohes Alter muss deswegen aber nicht automatisch eine Pflegebedürftigkeit voraussetzen.

Auch in der psychischen Befindlichkeit gibt es nur wenig Hinweise darauf, dass ältere Menschen ein psychisch negativeres Wohlbefinden aufweisen als jüngere. Ausgenommen davon sind sicherlich die massiven Veränderungen des psychischen Befindens am Lebensende, was aber nicht unbedingt auf das hohe Lebensalter, sondern vor allem auf die funktionalen Einschränkungen zurückzuführen ist. Das Leben kann gegen Lebensende mühsamer und beschwerlicher werden. Tägliche Sorgen und Traurigkeit werden bei negativen Gefühlen häufig genannt. Oft wird der Alltag von sehr alten Menschen von Ängstlichkeit und depressiven Stimmungen überschattet.

Wenn sich eine Seele langsam von der Welt verabschieden muss, weiß sie das innerlich. Achtet ein Mensch auf seine Intuitionen, spürt er das bereits bis ein Jahr vor seinem Tod. Eine vage Vorahnung in ihm veranlasst ihn dazu, sich für seinen Aufbruch nach Hause vorzubereiten. Dies zeigt sich oft darin, dass er möglichst noch alles in Ordnung bringen möchte.

In seiner letzten Lebenszeit zieht sich der Mensch mehr und mehr von seiner Außenwelt zurück. Er schläft sehr viel und möchte am liebsten nur noch wenige, ihm vertraute Menschen um sich haben oder allein sein, was von den Angehörigen meist nicht verstanden oder nicht akzeptiert wird. Das Interesse an für ihn unwichtig gewordenen Themen wie Umwelt, Fernsehen oder oberflächliche Gespräche mit Bekannten und Familienmitgliedern, die während ihres Besuches meist nur über sich selbst und über ihre eigenen Alltagsangelegenheiten sprechen, lässt nach. In dieser Zeit zieht sich der Mensch vom Leben zurück und wendet sich nach innen, wo er sich mit seinen Sorgen und Ängsten konfrontiert sieht. Worte verlieren ihre Bedeutung. Der am Ende seines Lebens angekommene Mensch hat immer weniger das Bedürfnis zu sprechen und ist am liebsten nur noch mit jemandem zusammen, der seinen Wunsch nach Stille versteht.

Auch kann sich der Blick auf das gelebte Leben noch einmal verändern. Viele Zusammenhänge können anders und klarer als bisher erkannt werden. Es kommen Enttäuschungen über Menschen hoch, von denen man sich nicht richtig behandelt fühlte oder die einem in wichtigen Lebenssituationen im Stich gelassen haben. Viele halten in dieser Phase ihrer Rückschau und Verarbeitung oft die Augen geschlossen. Es scheint so, als ob sie schliefen. Jedes Wort oder schon eine leichte Berührung kann dann für sie unangenehm sein und sie stören. Dies sollten die Angehörigen und Besucher respektieren. Manche Menschen scheinen im Schlaf oder Halbschlaf schon weit fort zu sein. Beim Erwachen erkennen sie ihre Umgebung nicht sofort und wissen oft nicht, welche Tageszeit es ist oder wo sie sich gerade befinden. Die Augen blicken in die Ferne, und der Blick wirkt getrübt. Das Erleben stimmt manchmal objektiv nicht mit dem aktuellen Geschehen überein. Hier ist es wichtig, die Person nicht abrupt aus dieser Welt herauszureißen, sondern ihr einfach nur zuzuhören und versuchen, auf sie einzugehen.

Alle diese Veränderungen im zwischenmenschlichen Bereich deuten auf einen langsamen Abschied einer Seele hin. Dies bedingt für nahestehende Menschen viel Einfühlungsvermögen, aber vor allem auch Verständnis für alles, was im Alltag der oder des Betroffenen nicht so abläuft, wie man es selbst gerne hätte.

In Würde altern – Respekt, Toleranz und Verständnis für ältere Menschen

Das Altern in einer Großstadt unterscheidet sich vom Altern in kleineren Städten oder Gemeinden. Großstädte sind bewegte Orte, wo sich ständig etwas wandelt. Eine Stadt kann im Alter zwar eine stimulierende Umgebung sein, aber auch zu Anonymität und Isolation beitragen. Deshalb ist es wichtig, die Lebensqualität älterer Menschen im Hinblick auf eine derzeit dynamische, jugendorientierte Lebenswelt zu schützen.

Innerhalb des Programms »Socius« der *Age-Stiftung Zürich* (www.age-stiftung.ch) beschäftigte sich Prof. Dr. François Höpflinger, Titularprofessor für Soziologie an der Universität in Zürich, mit unterschiedlichen Themen der Alterspolitik. Aufgrund des demographischen Wandels und der veränderten Bedürfnisse älterer Menschen in vielen Gemeinden, Regionen und Städten ist die Alterspolitik in der Agenda nach oben gerückt. Dr. Höpflinger ist in seiner interessanten, umfassenden und neutral gehaltenen Untersuchung vielen Fragestellungen auf den Grund gegangen.

Seinen Ausführungen zufolge wurde zwischen 1970 und 1990 in der Schweiz die stationäre Alterspflege ausgebaut, wodurch in dieser Zeitspanne der Anteil an Menschen zunahm, die in einem Alters- und Pflegeheim wohnten. Nach 1990, vor allem aber nach 2000, wurden ambulante Pflegestrukturen (Spitex; Pflege zu Hause) gefördert.

Gleichzeitig bemühte man sich darum, mehr altersgerechte Wohnungen zu bauen, wodurch ein längeres Verbleiben in privaten Haushaltungen erreicht wurde. Gekoppelt mit dem Trend zu einer längeren Lebenserwartung führte dies in den letzten Jahren zu einem Rückgang an stationär gepflegten alten Menschen.

Heute leben selbst 80- bis 94-jährige Menschen öfter zu Hause als früher. Die Gruppe, bei der sich der Heimanteil erhöht hat, sind die Menschen über 94, was darauf hinweisen könnte, dass in einem sehr hohen Alter in schwerwiegenderen, komplexen Fällen eine ambulante Pflege an Grenzen stößt.

Das selbstständige Leben und Wohnen älterer Menschen hat sich in den vergangenen Jahrzehnten deutlich erhöht und dürfte in den nächsten Jahren weiter ansteigen. Ältere Menschen begeben sich oft nur vorübergehend, etwa nach einem Spitalaufenthalt, in ein Pflegeheim. Dr. Höpflinger zufolge geht der Trend in die Richtung, dass nur noch klar pflegebedürftige alte Menschen in Pflegeheimen betreut werden. Festzustellen ist zudem ebenfalls ein Trend in Richtung einer verstärkten Auflösung der klassischen Zweiteilung *Zuhause oder Heim*. Eine dadurch entstandene Zwischenform ermöglicht eine Übergangspflege im Pflegeheim nach Operationen, um danach wieder in die private Wohnung zurückzukehren.

Zur Lebens- und Pflegequalität in Alters- und Pflegeheimen möchte ich anmerken, dass diese in der heutigen Zeit infolge starken Personalmangels und der dadurch bedingten Überforderung des Pflegepersonals vielerorts nicht mehr gewährleistet werden kann. In diesem Zusammenhang ist auch eine weitere Untersuchung interessant. Gut ein Viertel der älteren Heimbewohner und Heimbewohnerinnen leiden an ausgeprägten Depressionen, die oft erst bei einem Umzug in ein Altersheim auftreten und sich im Laufe der Zeit im Heim verstärken.

Neben Höflichkeit und Respekt den Menschen gegenüber sollten unter die Rahmenbedingungen für eine gute Pflege- und Betreuungsqualität im Alter auch der Schutz der Würde und die Wahrung der Privat- und Intimsphäre gehören – sei dies im Zuhause oder in einem Heim. Viele ältere Menschen vermissen ihre Autonomie. Sie werden in diversen Lebens- und Entscheidungsbereichen durch Familienmitglieder oder Pflegepersonal fremdbestimmt, fühlen sich dadurch nicht mehr ernst genommen und förmlich ausgeliefert. Oft hört man die Aussage von Betroffenen, dass sie wie Babys behandelt und ihre persönlichen Wünsche ignoriert werden. In Heimen kommt noch dazu, dass alltägliche und vertrauensvolle Kontakte zum Personal nur gering vorhanden sind. So gaben in einer Umfrage lediglich 30% der Befragten an, dass das Personal ab und zu bei ihnen vorbeischaut, um mit ihnen zu reden und sich die wenigsten wirklich für ihre Lebensgeschichte interessieren. Die meisten älteren Menschen fühlen sich dadurch in den Heimen allein gelassen und leiden seelisch sehr darunter. Was der immer wieder angeführten Aussage »In einem Heim ist sie oder er bestens aufgehoben« widerspricht. Im Rahmen einer Pflege- und Betreuungssituation zählt ja nicht nur der technischmedizinische Aspekt. Der seelische Bereich des sich Verstanden- und Geborgenfühlens ist gerade in der letzten Lebensphase für die Betroffenen das Allerwichtigste. Alterspolitische Maßnahmen sollten diesem wichtigen seelischen Bedürfnis unbedingt vermehrt Aufmerksamkeit schenken.

Ageing in Place – in der gewohnten Wohnung alt werden

Die Grundidee von »Ageing in Place« ist, dass alternde Menschen, auch bei sich verschlechternder funktionaler Gesundheit, in ihrer Wohnung und Wohnumgebung verbleiben können. Dies soll mit einer Trendwende von stationärer zu ambulanter Pflege erreicht werden. Dafür müssten mehr altersgerechte Wohnwelten geschaffen werden, damit Menschen auch bei Pflegebedürftigkeit so lange wie möglich in ihrem Zuhause verbleiben können (Dr. Höpflinger 2019). Sich im Alter rechtzeitig nach neuen Wohnmöglichkeiten umzusehen, kann eine angebrachte Strategie sein, um spätere Problemsituationen zu vermeiden. Dies ist aber aus den verschiedensten Gründen längst nicht für alle älteren Menschen umsetzbar.

Langlebigkeit und Wünsche nach Selbstbestimmung haben auch das Lebensende und das Sterben verändert. Für Menschen im hohen Alter stehen am Lebensende vor allem Fragen der biographischen Aufarbeitung im Mittelpunkt. Teilweise dadurch bedingt, dass das Langzeitgedächtnis besser funktioniert als das Kurzzeitgedächtnis. In diesem Zusammenhang wird von ihnen das Gefühl, eine Belastung für andere zu sein, vermehrt angesprochen. Obwohl die Mehrheit der schweizerischen Bevölkerung wünscht, zu Hause zu sterben, ist das nur für einen verschwindend kleinen Teil möglich.

Begleitung auf dem Weg zurück ins Licht

In der letzten Phase des Lebens braucht die menschliche Seele vor allem eines – LIEBE. Nötiger und mehr als jemals zuvor. Diese Liebe beinhaltet *Verständnis* für die spezielle Lebenssituation, in der sich der Abschied nehmende Mensch befindet, *Einfühlungsvermögen* und *Anteilnahme*. Kurz vor seinem Ableben ist der Mensch meist sehr dünnhäutig und dadurch ist seine Seele überaus verletzlich. Unsere Worte sollten deshalb gut gewählt werden. Es ist oft besser, wenn wir durch unser bewusstes Schweigen der betroffenen Person die Möglichkeit geben, von sich selbst zu erzählen, oder einfach mit ihr zusammen die Stille zu genießen und sie unsere Wärme und menschliche Nähe spüren zu lassen. Akzeptanz, Respekt und Höflichkeit im Alltag sollten im Umgang mit einer älteren Person selbstverständlich sein. Es ist auch von Vorteil, ihre persönlichen Interessen zu kennen und sie vielleicht mit ihr zu teilen. Gemeinsam einen Film anzuschauen, zusammen Musik zu hören, ein Kreuzworträtsel zu lösen oder aus einem Buch vorzulesen, schenkt Vertrauen und Zuversicht.

Denken Sie immer daran: Ältere Menschen gehören ebenso wie Kinder zu den schwächsten Mitgliedern unserer Gesellschaft. Sie brauchen oft Hilfe und vermehrt

Unterstützung. Das Wichtigste, das Sie ihnen schenken können, ist Ihre Zeit. Das beinhaltet aber nicht nur ein kurzfristiges Absitzen bei einem Besuch. Es bedeutet, sich während einer bestimmten Zeit *bewusst* um die Bedürfnisse des älteren Menschen zu kümmern, sich Zeit für das Wohlergehen dieses Menschen zu nehmen.

Wenn ältere Menschen ihre Bedürfnisse im Alltag aufgrund ihrer Lebenssituation oder wegen ihrer physischen, psychischen oder kognitiven Beeinträchtigungen nicht mehr nach ihren Vorstellungen erfüllen können, stehen vor allem die sozialen Aspekte der Unterstützung im Vordergrund. Auch wenn noch keine Pflegebedürftigkeit besteht, erleichtert eine Mithilfe und Unterstützung im Haushalt, beim Waschen, Bügeln, Einkaufen, Fensterreinigen, Betten beziehen, Gartenarbeiten und so weiter die betagte Person sehr und ermöglicht ihr dadurch noch möglichst lange eine selbstbestimmte Lebensführung. Diese Unterstützung trägt dazu auch noch wesentlich zum psychosozialen Wohlbefinden bei und schenkt der älteren Person mehr Sicherheit im Alltag.

Während eines kurzen Höflichkeitsbesuches werden Sie nie erfahren, was in einem älteren Menschen wirklich vor sich geht, was ihn bedrückt oder sogar belastet. Er wird sich während Ihrer Anwesenheit zusammenreißen und sich von der Seite zeigen, die Sie unbewusst von ihm erwarten. Je mehr Zeit Sie für die Unterstützung aufbringen können und je mehr gemeinsame Zeit Sie dadurch miteinander verbringen, desto eher werden Sie spüren, wie die betroffene Person auf physische, soziale und psychische

Belastungen wie Trauer, Ängste und Hoffnungslosigkeit reagiert und damit umgeht. Hier sind vor allem die Stunden vor dem Zubettgehen sehr aufschlussreich. Viele alte Menschen haben Angst vor der Nacht, weil sie stundenlang wach liegen und über ihr Leben und den bevorstehenden Tod nachdenken.

Ein Bericht der sozialen Sicherheit Schweiz (CHSS) – *Gute Betreuung im Alter – eine Orientierungshilfe* (Knöpfel/Pardini, Dezember 2020) – basiert auf einer breit angelegten Dokumentenanalyse und Dialogen mit Vertreterinnen und Vertretern der Wissenschaft und der Praxis, Angehörigen und Bewohnerinnen eines Pflegeheims sowie einem Einbezug von leitenden Angestellten stationärer Einrichtungen und ambulanter Organisationen in der Schweiz. Um Antworten auf die entscheidende Frage »Was bedeutet und umfasst eine gute Betreuung im Alter« zu finden, bieten die folgenden, knapp zusammengefassten Schwerpunkte eine Orientierungshilfe an.

- *Gute Betreuung anerkennt die Menschenwürde der Seniorinnen und Senioren. Auch im hohen Alter haben sie das Recht, als eigenständige Persönlichkeiten anerkannt und respektiert zu werden. Eine Isolation zu Hause oder in einem Heim kann zu hohen psychischen Belastungen führen.*

- *Gute Betreuung orientiert sich an der Persönlichkeit und am Lebensalltag der betroffenen Person und stellt die alltäglichen Bedürfnisse älterer Menschen für eine selbstbestimmte Lebensführung ins Zentrum. Wer die-*

sem Anspruch gerecht werden will, muss sich bewusst sein, dass dies für die Betreuenden oft eine große Herausforderung darstellt.

- *Gute Betreuung ist Beziehungsarbeit, die auf Vertrauen und Schutz aufbaut. Hier zeigt sich die große Bedeutung der betreuenden Angehörigen oder der Pflegefachkräfte, welche bereit sind, dieses Betreuungsverhältnis zu gewährleisten.*

- *Gute Betreuung besitzt eine eigene Zeitdimension. Betreuungsaufgaben lassen sich nicht auf eine verlässliche Zeitdauer festlegen. Den Takt der Betreuung geben die Lebenssituation und die Bedürfnisse der älteren Menschen an. Betreuende müssen sich auf Unvorhersehbares und Ungeplantes einlassen können.*

- *Betreuung ist eine notwendige Form der Unterstützung älterer Menschen. Es mag erstaunen, dass über die Ausgestaltung einer guten Betreuung für Betagte bis heute kaum gesprochen wird. Dies hängt maßgeblich damit zusammen, dass Betreuungsaufgaben in vielen Fällen von pflichtbewussten und hilfsbereiten Angehörigen übernommen und unentgeltlich erbracht werden. Betreuung im Alter muss als gesellschaftliche Aufgabe neugestaltet werden.*

In der Alltagsbetreuung eines Menschen nimmt vor allem die psychosoziale Unterstützung einen hohen Stellenwert ein. In diesem Zusammenhang ist es von Bedeutung, mit den Menschen in der letzten Lebensphase auch über das bevorstehende Ende zu sprechen. Hier sollten Sie sehr taktvoll und behutsam vorgehen, vor allem wenn Sie die Person nicht schon sehr lange und gut kennen. Wenn Sie jedoch wissen, dass sich der Abschied nehmende Mensch bereits sein Leben lang mit den spirituellen Fragen *woher – wohin* und mit seiner eigenen Seele befasst und auseinandergesetzt hat, können Sie tiefgründigere Gespräche führen. Mit dem Ziel, dadurch ihre Angst vor dem Tod zu reduzieren.

Viele ältere Menschen werden sich vielleicht mit einer großen Sturheit weigern, über den Tod und ihre eigene Vergänglichkeit zu sprechen und alles, was mit diesem Thema zusammenhängt, als Hirngespenst abtun. Sie sollten das Wissen über die Unsterblichkeit der Seele niemandem aufdrängen. Wenn eine Person nicht an ein Weiterleben nach dem Tod glaubt, dann ist das ihre Sache. Sie wird noch einige weitere Inkarnationen dafür aufwenden müssen, bis sie sich mit diesem Thema ausführlicher befassen kann.

In den Krankenhäusern gehen die Ärzte im Allgemeinen sehr technisch mit dem Tod um, insbesondere, wenn es darum geht festzustellen, ob und wann der Hirntod eingetreten ist. Ärzte müssen sich an ein vorgegebenes, komplexes Regelwerk halten. Stellt der Arzt fest, dass die Gehirnaktivität eines Patienten nicht mehr vorhanden ist, bestimmt er dadurch auch den Todeszeitpunkt, der natürlich auch mit rechtlichen Folgen im Zusammenhang steht. Die Feststellung des Todes geschieht gemäß ärztlicher Aussage meist ohne große Emotionalität. Der Tod ist jedoch nicht einfach ein Punkt. Etwas, das in einer Sekunde eintritt. Es ist viel eher ein Prozess, der sich über mehrere Tage erstrecken kann.

Nichts Irdisches ist für ewig, nichts ist von Dauer, und alles ist vergänglich. Nur die Seele existiert ewig. Vielleicht können wir mit alten Menschen zuerst über Nahtod-Erlebnisse und was dort vor sich geht, sprechen, und die Thematik zu einem späteren Zeitpunkt vertiefen.

Spätestens seit den unzähligen Berichten über außerkörperliche Nahtod-Erfahrungen wissen wir, dass unsere Seele in lebensbedrohlichen Situationen, das heißt, wenn der Körper im Sterben liegt, unseren *Gastkörper* verlassen und auch wieder in ihn zurückkehren kann. Die Ärzte verwenden für diesen Zustand den Begriff *klinisch tot*. Beim klinischen Tod kommt es zu einem Kreislaufstillstand. Die Atmung setzt aus, der Puls ist nicht mehr fühlbar, die Sinne fallen aus. Die klinisch Toten, die man wieder ins Leben zurückholen kann, schildern dabei bis ins Detail, was sie außerhalb ihres Körpers erlebt haben. Die Erzählungen sind in den wichtigsten Punkten in fast allen Fällen identisch, und dennoch erlebt jeder seinen Tod anders.

Tritt der Tod ein, verlässt die Seele den Körper. Oft geschieht das durch den Scheitel des Kopfes oder durch die Brust. Andere haben das Gefühl, sie stehen einfach auf und gehen weg, obwohl der physische Körper neben ihnen liegen bleibt. Viele sehen sich selbst aus einer bestimmten Distanz über ihrem Körper schwebend, der leblos daliegt.

Sie hören und sehen, wie die Umstehenden weinen, weil sie glauben, dass sie gestorben sind. Deshalb versuchen Sie verzweifelt, den Anwesenden mitzuteilen, dass sie gar nicht tot sind. Sie sind frustriert über die Vergeblichkeit ihrer Bemühungen, mit den Anwesenden zu sprechen, die darauf nicht reagieren. Dabei versuchen viele auch feste Gegenstände zu berühren, die sich vor ihnen aufzulösen scheinen.

Weiter wird von dem Gefühl berichtet, vom Sterbeort weggezogen zu werden. Dieser Vorgang wird eher als ein Gefühl der Entspannung bezeichnet und ist weniger mit Angst verbunden. Viele beschreiben sich als durchsichtig oder wie einen Lichtpunkt, der sich ausdehnt. Keinen Körper und dadurch auch keine Schmerzen mehr zu haben, wird als sehr befreiend empfunden. Dann bewegt sich die Seele durch eine Art Tunnel, an dessen Ende sie ein unglaublich helles Licht wahrnehmen kann, von dem sie magnetisch angezogen wird. Die Beschreibung der klinisch Toten vermittelt eine umso stärkere Liebe sowie ein unglaubliches Glücksgefühl, je mehr sich die Seele diesem Licht nähert. Dieser Zustand wird als Gefühl beschrieben, endlich wieder zu Hause zu sein. Das Gleiten durch den Tunnel, das die Sterbenden beim Verlassen der Seele aus dem Körper erleben, scheint das Tor in die Geistige Welt zu sein. Das bedeutet jedoch nicht, dass alle Seelen diesen Tunneleffekt erleben. Manche Nahtod-Erfahrende erzählen von einem Weg über eine Brücke oder der Überquerung eines Flusses. Der Durchgang in die nächste Dimension kann sich also durchaus unterschiedlich gestalten.

Meine Mama übermittelte mir aus der Geistigen Welt, dass sie direkt auf einer wunderschönen Blumenwiese voller Schmetterlinge ankam. Sie fand keine passenden Worte, um die Art dieser Wiese mit all den wunderschönen Blumen und spektakulären Farben zu beschreiben. Dort traf sie ihre Mutter, die bereits auf sie wartete und sie begrüßte. Nach und nach kamen dann immer mehr bereits Verstorbene dazu, um sie ebenfalls willkommen zu heißen. Dann sah sie ihren Geistführer, ein Lichtwesen, das sie bei der Hand nahm und mit ihr wegging.

Bevor unsere Mama starb, waren wir nicht sicher, ob sie infolge des verabreichten Morphins in ihren letzten Stunden noch bewusst bei uns war. Wir hofften aber sehr, dass sie uns immer noch hören konnte und haben ihr deshalb immer wieder gesagt, dass sie keine Angst zu haben braucht und einfach loslassen darf. Es wäre ganz leicht, in die andere Welt zu wechseln. Da sei nur eine Tür, durch sie einfach hindurchgehen könne.

Ihre Ankunft auf einer Blumenwiese passt sehr zu ihr, weil diese in ihrem Leben immer wieder in ihren Träumen auftauchte. Ihrer Erzählung zufolge befand sie sich dann jeweils auf einer wunderschönen Blumenwiese, inmitten einer lichtdurchfluteten Waldlichtung. Außer dem beruhigenden Rauschen eines Baches war sie von absoluter Stille umgeben. Auf dieser Wiese hat sie jeweils bereits Verstorbene angetroffen, die mit ihr ohne Worte kommunizierten. Unter anderem traf sie dort auch meine Großmutter. Je nach Lichtintensität, die die verstorbene Person im Traum ausstrahlte, wusste sie, wie es um ihre seelische

Entwicklung stand und wie sie sich fühlte. Ich kann mich noch genau daran erinnern, wie sie mir an einem Morgen davon erzählte, wie sie das intensive, strahlende Leuchten um ihre verstorbene Mutter wahrnehmen und dabei ihr Gefühl eines tiefen inneren Friedens nachempfinden konnte.

Die meisten Betroffenen einer Nahtod-Erfahrung sprechen auch von einem Lebensfilm, der ihnen gezeigt wird und in dem alles, jede gemachte Erfahrung und sämtliche erlebten Gefühle aufgezeichnet sind, um der Seele ihr letztes Leben noch einmal vor Augen zu führen. Dieser Film läuft sekundenschnell rückwärts ab. Das heißt, die Bilder erscheinen vom Zeitpunkt des Todes retour bis zur Geburt. Anhand dieses Lebensfilms wird die Seele nach ihrem wirklichen Tod die soeben beendete Inkarnation mit ihrem Lichtwesen ausführlich besprechen.

Die Seelen von klinisch Toten können nur bis zum Licht gehen, aber noch nicht ins Licht eintauchen, sich noch nicht mit ihm verbinden. Sie werden aufgefordert, wieder auf die Erde zurückzukehren, weil ihre Zeit noch nicht gekommen ist oder weil sie hier auf der Erde noch gebraucht werden. Alle diese Seelen kehren dann sehr ungern und oft mit großer Mühe wieder in ihren Körper zurück.

Ein weibliches Medium erzählt im Schweizer *DOK-Film (Im)mortels* von Lila Ribi:

»Mit acht Jahren erlebte ich zusammen mit meiner Großmutter einen Autounfall. Mein Kopf knallte gegen das Ar-

maturenbrett und ich wurde bewusstlos. Während dieses Erlebnisses fand ich mich auf einer großen Wiese wieder. Sie war übersät von winzigen, unglaublich lebendigen Blumen. Sie pulsierten und hatten funkelnde Farben. Dann tauchte vor mir ein Rinnsal auf, über das ich springen wollte. Aber ich konnte nicht. Es war, als ob meine Füße am Boden festklebten. Ich konnte einfach nicht abheben. In dem Moment fand ich mich im Auto wieder. Ich hatte Schmerzen, spürte meine Verletzungen und hörte von Weitem die Sirenen des Krankenwagens.«

Nachfolgend ein weiteres, für mich sehr beeindruckendes und bewegendes Nahtod-Erlebnis einer Mutter aus der gleichen *DOK*, welches sehr genau dem Ablauf entspricht, den Tausende klinisch Tote nach ihrem Nahtod-Erlebnis schildern.

»Ich hatte gerade meine Tochter entbunden und war noch sehr entkräftet. Ich stand auf, um mich im Bad frisch zu machen. Dann kippte ich um. Ich fand mich etwa 80 cm über meinem Körper wieder. Ich konnte meinen Körper sehen. Er war am Boden, an die Wand gelehnt. Die Pflegefachfrau kam sofort und verarztete mich. Mein Freund kam hinzu. Ich sah, wie sie um meinen Körper herum beschäftigt waren. Keiner konnte mich sehen.

Ich hatte keine Zeit, etwas zu tun. Ich wurde plötzlich weggezogen. Etwas zog mich am Nacken fort, in einem unglaublichen Tempo. Ich gelangte an einen außerordentlich strahlenden und hellen Ort. Mir wurde bewusst, dass ich mich nicht mehr in einem Körper aus Fleisch befand, son-

dern in einem Körper aus Licht, der aus winzigen Lichtpartikeln bestand. Zu meiner Linken nahm ich ein Wesen wahr und bemerkte, dass es mein Bruder war, den ich ein Jahr zuvor verloren hatte.

Er projizierte dann in meinem geistigen Raum eine Ansammlung von Zahnrädern. Es war ein Teil, der die Menschheit darstellte. Und er zeigte mir ein bestimmtes Rädchen, nämlich seines. Er erklärte mir, dass es notwendig gewesen war, dass es genau in jenem bestimmten Augenblick anhalten musste, um auf die anderen Rädchen eine Wirkung zu haben. Nicht eine Sekunde früher und nicht eine Sekunde später.

Dann sah ich zu meiner Rechten ein zweites Wesen. Und als mein Blick auf Höhe seines Gesichts wanderte, sah es unglaublich tief in mich hinein. Es kannte mich wie niemand anders. Besser als ich mich selbst kenne. Wirklich, das war eine Anziehung, eine Verbindung von Seele zu Seele, von Herz zu Herz. Das Wesen fragte mich sofort, »Hast du genügend geliebt?« Und mir wurde klar: Nein, ich hatte nicht genügend geliebt. Ich begriff, in welchem Maße ich auf dem Holzweg war.

Damals war ich professionelle Reiterin. Ich dachte nur an Erfolg, Ruhm und Geld. Mir wurde bewusst, dass es etwas sehr viel Tiefgreifenderes im Menschen gibt, nämlich die Liebe, die wir von Natur aus für andere Menschen empfinden. Wir wollen andere lieben. Unsere eigentliche Aufgabe ist es, uns nach dem auszurichten, was wir wirklich sind. Das ist nicht nur für uns wichtig, sondern für das Ganze.

Ich hatte große Schwierigkeiten, in meinen Körper zurückzukehren. Dieser Körper war viel zu klein für mich. Ich musste alles in diesen winzigen Raum quetschen. Mein 360- Grad-Bewusstsein war verschwunden. Ich musste geradeaus schauen und fühlte mich mumifiziert und eingeschränkt. Langsam kehrten meine Erinnerungen zurück, und ich merkte, dass die Pflanzen vor mir einen Lichtkreis verbreiteten, den ich sehen konnte. Und dieser Lichtkreis ist das Leben. Ich bin damit verbunden, wie die anderen damit verbunden sind. Wir sind über Schwingungen miteinander verbunden, sind aber doch einzigartig. Einzigartig, aber verbunden.«

Je nach den vorherrschenden Umständen kann der Sterbeprozess unterschiedlich erlebt werden, als schlimm oder als angenehm. Oft überfluten die Sterbenden die Sorgen um die Hinterbliebenen und ob sie ohne sie zurechtkommen werden. Dadurch kann das Loslassen des Erdendaseins bedeutend schwieriger werden. Sobald aber die Seele den Körper verlassen hat, wird ihr bewusst, dass der Ort, an den sie geht, ihr Zuhause ist. Auf diesem Planeten war sie nur zu Gast. Ihr wirkliches Zuhause befindet sich in der spirituellen Welt.

Entgegen der Überzeugung vieler Menschen, haben Seelen oft wenig Interesse an dem, was mit ihrem Körper geschieht, sobald sie physisch tot sind. Für die Seele bedeutet das, dass sie dadurch die Endgültigkeit ihres Todes anerkennt.

Als ich meiner Mama kurze Zeit nach ihrem Tod die Frage stellte, ob sie wieder zurückkommen würde, wenn sie die Möglichkeit dazu hätte, gab sie mir folgende Antwort: »*Nein, auf gar keinen Fall. Ich müsste so vieles wieder aufgeben. Ich könnte mir in meiner jetzigen Situation nicht vorstellen, noch einmal in meinen geschundenen Körper zurückzukehren. Zudem wäre dies auch gar nicht möglich, weil mein Körper verbrannt wurde und gar nicht mehr existiert.*«

Emily hatte auch oft gesagt, dass wir sie nach ihrem Tod nicht auf dem Friedhof, sondern draußen in der Natur finden würden. Zum Beispiel am Seerosenteich in ihrem geliebten *Giessenpark*, in dem sie sich gerne aufgehalten und sich immer sehr wohl gefühlt hat, oder an einem Herbsttag im Wald, wenn der Wind bläst und dabei all die bunten Blätter herumwirbelt.

Es gibt Seelen, die sich schnell auf den Weg in die Geistige Welt machen wollen. Viele möchten jedoch noch einige Erdentage an dem Ort bleiben, wo sie gestorben sind, gewöhnlich bis nach der Beerdigung. Die Seele benutzt diese Tage, um ihr irdisches Leben abzuschließen. Sie benötigt diese Zeit für eine Art *Rückbesinnung* auf ihren Körper und ihre Beziehung zu den noch lebenden Menschen.

Es gibt aber noch einen weiteren Grund für das Zögern der Seele. Eine überaus große Trauer der Hinterbliebenen und der Wunsch, den verstorbenen Menschen nicht gehen lassen zu wollen, macht es der Seele sehr schwer, sich von der Erde zu lösen. In diesem Fall versucht sie, mental in

Kontakt mit den zurückgebliebenen, geliebten Menschen zu treten, um sie zu trösten, bevor sie in die Geistige Welt übergeht. Insbesondere während oder gerade bei der Beerdigung ist unsere Empfänglichkeit für paranormale Erfahrungen und positive Mitteilungen der Liebe, Hoffnung und Ermutigung größer. Da die Zurückgebliebenen sich während dieser Zeit jedoch oft nur mit sich selbst und ihrer Trauer beschäftigen, sind die meisten von ihnen leider nicht für diese Art von Botschaften empfänglich. Zeichen in der Natur oder in Träumen werden nicht gesehen oder nicht als solche erkannt.

Irgendwann löst sich aber die Seele von der Erde, um in die spirituelle Welt einzutauchen. Sie hat begriffen, dass das weitere Leben auf dieser Erde alleinige Sache der zurückgelassenen Menschen ist und sie keine Verantwortung mehr dafür zu tragen hat.

Das plötzliche Loslösen von einer menschlichen Gestalt, auch wenn dies nach einer langen Krankheit geschieht, ist für die Seele eine Art Schock. Für sie liegt auch etwas Symbolisches in den üblichen drei bis fünf Tagen bis zur Beerdigung. Sie schätzt die Anwesenheit von überlebenden Verwandten und Freunden, die ihr an diesem Tag in Erinnerung an ihre physische Existenz die letzte Ehre erweisen.

Die soeben Verstorbenen sind über ihren Tod nicht verzweifelt, weil sie *wissen*, dass sie die auf der Erde zurückgelassenen Menschen in der Geistigen Welt, und vermutlich auch in späteren Leben, wiedersehen werden. Auf der anderen Seite haben die Trauernden bei einer Beerdigung das Gefühl, den geliebten Menschen nun für immer verloren zu haben.

Es liegt eine tragische Komik
in unserem Festhalten.

Es ist nicht nur vergeblich,
sondern es beschert uns genau den Schmerz,
den wir um jeden Preis vermeiden wollten.

Sogyal Rinpoche
Das tibetische Buch vom Leben und Sterben

Nichts ist mehr wie es einmal war

Jeden Tag werden auf der Erde pro Sekunde 4,3 Menschen geboren und 1,8 Menschen sterben. Es ist ein endloses Kommen und Gehen. Im Gegensatz zur Geburt ist der Tod für die Zurückgebliebenen keine erfreuliche, sondern eine schmerzhafte Erfahrung.

Wie bereits erwähnt, ist der Tod nicht einfach ein Punkt. Etwas, das innerhalb einer Sekunde passiert. Er ist viel eher ein Prozess, der sich über einen bestimmten Zeitraum hinweg erstreckt. Diesen Prozess bezeichnet man auch als *Sterbephase*. Das Sterben kann zwei Sekunden dauern, sich aber auch mehrere Wochen oder sogar Monate hinziehen und ist sowohl für den Sterbenden als auch für die ihr nahestehenden Betreuungspersonen mit Unannehmlichkeiten, vielen Unsicherheiten, starken Emotionen und Angst vor Verlust verbunden. Sterbende zu betreuen, ist eine anspruchsvolle und zugleich wertvolle Aufgabe, beinahe identisch mit der eines Geburtshelfers. Nur hilft man dabei nicht jemandem, auf die Welt zu kommen, sondern diese zu verlassen. Da wir den Zeitpunkt des Todes nicht kennen, ist eine längere, intensive Begleitung eine große Herausforderung. Der Tod kann trotz Vorbereitung völlig unerwartet eintreten und uns innerhalb weniger Sekunden jemanden, den wir über alles geliebt haben und der in unserem Leben eine bedeutsame Rolle gespielt hat, nehmen.

Auch wenn wir mittlerweile schon viel über das Sterben, den Tod und das Leben danach wissen, bedeutet der Tod eines geliebten Menschen immer einen einschneidenden Eingriff in unsere Gefühlswelt. Für die Zurückgebliebenen beginnt das Wahrnehmen des Verlusts meistens erst, wenn die Trauerzeremonie vorbei ist und alle Angelegenheiten der verstorbenen Person geregelt sind. Dann aber kann der Schmerz mit großer Wucht auftreten. Die geliebte Person ist nicht mehr da, nicht mehr sichtbar, greifbar und spürbar. Wir werden nie mehr ihre Stimme und ihr Lachen hören, nie mehr etwas mit ihr zusammen unternehmen und nie mehr ihre Anwesenheit genießen können. Konfrontiert mit diesen Tatsachen, bricht unsere bisher mit Sorglosigkeit und Sicherheit besetzte Welt in sich zusammen. Ein Hauptdarsteller unseres Lebensfilms hat sich verabschiedet, und das Drehbuch muss geändert werden. Der Versuch, die Lücke zu füllen, die durch das Ausscheiden des Hauptdarstellers entstanden ist, wird sich auf die zukünftigen Rollen aller Beteiligten auswirken.

Viele Trauernde können ihren Tagesrhythmus nicht mehr einhalten, möchten am liebsten den ganzen Tag im Bett bleiben oder einfach niemanden treffen, mit dem sie darüber reden müssen. Obwohl es ein großes Privileg ist, beim Sterben eines geliebten Menschen mit dabei sein zu können, braucht es im Anschluss danach viel Zeit, diese schmerzliche Erfahrung zu verarbeiten. Es sind viele emotionale Sequenzen, die immer wieder ins Bewusstsein vordringen. Dadurch wird es kaum möglich, abzuschalten und loszulassen. Die betroffenen Personen wachen in der Nacht öfter auf und erleben alles, was mit dem Sterben und dem Tod im Zusammenhang stand, in einer immer wiederkehrenden Endlosschlaufe. Es wird schwierig, etwas von der geliebten Person zu entsorgen, weil so viele Erinnerungen damit verbunden sind. Es fließen Tränen, wenn man Fotos anschaut oder man ein bestimmtes Lied hört, das mit dem verstorbenen Menschen in Verbindung gebracht wird. Es ist kaum möglich zu akzeptieren, dass man nie mehr eine Antwort erhalten wird auf all die vielen Fragen, die man der verstorbenen Person noch stellen möchte. Fragen wie: »Wo bist du jetzt? Was machst du? Gibt es dort auch Tag und Nacht? Schläft man da auch?« und so weiter. Wenn man etwas Schönes erlebt oder sieht, denkt man sich: »Schade, dass sie das nicht mehr sehen kann. Das hätte ihr bestimmt gefallen.«

Manchmal hat man die Gewissheit, dass der oder die Verstorbene unmittelbar bei einem ist. Man nimmt Zeichen wahr, die eindeutig nur von diesem Wesen stammen können. Viele glauben, sie wären verrückt, aber das sind sie nicht. Man hört mehrmals am Tag an unterschiedlichen

Orten ihr Lieblingslied oder man riecht überall ihr Parfum. Die Menschen, die das erleben, sind diejenigen, welche intuitiv begriffen haben, dass das Universum durchlässig ist und man von hier nach da gehen kann. Es gibt kein in unseren Vorstellungen verankertes Modell von *oben* und *unten*, sondern es existieren zwei durchlässige Parallelwelten nebeneinander. Die Verstorbenen können jeden unserer Gedanken sehen und bekommen alles mit, wenn sie das möchten, weil sie immer noch mit uns verbunden sind. Wenn ihr Geburtstag, Todestag oder ein anderer in unseren Erinnerungen bedeutsamer Tag ansteht, wissen sie anhand unserer Handlungen, dass wir jetzt an sie denken. Das Band, das uns verbindet, geht weit über das Sterben hinaus, denn die Liebe überdauert den Tod.

Aber trotz dieses beruhigenden Wissens müssen wir lernen zu akzeptieren, dass nichts mehr so ist, wie es einmal war. Wir müssen uns damit vertraut machen, dass nichts unseren geliebten Menschen zurückbringen wird. Dass immer ein leerer Raum vorhanden sein wird, der mit nichts Gleichwertigem gefüllt werden kann. Wir fühlen uns dieser Ausnahmesituation hilflos ausgesetzt und werden viel Zeit benötigen, um über den Verlust einigermaßen hinwegzukommen.

Wie intensiv die Trauer in uns nachwirken kann, hängt maßgeblich von der Todessituation und der gefühlsmäßigen Beziehung zum Verstorbenen ab. Für Menschen, die eine ihnen nahestehende Person über einen längeren Zeitraum bis an die Schwelle des Todes begleitet und ihren Tod miterlebt haben, kann der Verlust sehr intensiv sein. Untersuchungen zeigen, dass es für diese Zurückgelassenen schwieriger ist, die während der Sterbephase gemeinsam durchgestandenen Erlebnisse und die damit verbundenen starken Emotionen zu verarbeiten. Je intensiver die gefühlsmäßige Beziehung zu der verstorbenen Person war, desto mehr Zeit wird für die Aufarbeitung benötigt. Der Schmerz wird durch viele Erinnerungen immer wieder hochkommen und spürbar sein, bis er irgendwann an Intensität verlieren wird.

»Der Schmerz in der Trauer ist eine natürliche Antwort darauf, dass man jemanden oder etwas verloren hat, das man liebt. Das ist unangenehm. Das ist schmerzhaft, aber man macht nichts falsch. Was wir tun müssen ist, das Trauern wahrzunehmen und es zu unterstützen.«

Megan Devine, Psychotherapeutin

Trauer hat für Megane Devine demnach kein Ablaufdatum und benötigt eine eigene Zeit. Die Psychotherapeutin sagt: »*Der Krater, der sich in einem Leben auftut, wird nie verschwinden. Er wird auch nicht kleiner werden. Aber es wird sich ein anderes Leben rund um den Krater ansiedeln, wenn getrauert werden darf. Doch eines ist klar, der Verlust eines geliebten Menschen bleibt bestehen.*«

Bereits seit mehreren Jahren taucht der Fachbegriff »Continuing Bonds« (Fortgeführte Beziehungen) von Robert Neimeyer in der wissenschaftlichen Literatur auf, doch erst langsam beginnt er sich auch durchzusetzen. Neimeyer, Professor für Klinische Psychotherapie an der Universität von Memphis USA, widerspricht dem gängigen Phasenmodell, das vorgibt, den verloren gegangenen Menschen loszulassen und mit dem Verlust abzuschließen. Er setzt sich für das Gegenteil ein. Trauernde Menschen sollten weiterhin einen Platz für die Toten in ihrem Leben finden.

»Früher trauerten die Menschen anders. Es gab Platz für die Erinnerungen an die Toten mitten im Leben. Aber im Winter 1914/15 starben im brutalen Stellungskrieg in Frankreich jeden Tag 6000 Soldaten auf beiden Seiten. Das sind doppelt so viele Menschen, wie in den USA am 11. September gestorben sind, und das geschah monatelang. Daraus ergab sich anstelle von Trauer die Reaktion eines posttraumatischen Zustands des Vermeidens. Man konnte in solchen Zeiten und unter solchen Umständen einfach keine starken und sentimentalen Bindungen an die Verstorbenen beibehalten. Man nahm also Haltung an und kapselte Emotionen ein. Man konnte die Toten auch nicht nach Hause bringen. Das wäre Eisenbahn-Waggon nach Eisenbahn-Waggon gewesen, 6000 Menschen jeden Tag, auf beiden Seiten.«

Im Jahr 1917 verfasste Sigmund Freud seinen heute klassischen Text über Trauer und Melancholie. Trauernde sollten ihre psychische Energie vom Toten zurückziehen und sie in jemanden anderen neu investieren, also den Verstorbenen loslassen. Für die nächsten 100 Jahre wurde dies mehr oder weniger zum vorherrschenden Modell des Trauerns.

Trauer ist etwas sehr Individuelles, das sich durch kein Modell vorschreiben lässt. Für trauernde Menschen ist nichts mehr wie es einmal war. Viele Trauernde erscheinen nach Wochen oder Monaten äußerlich wie vorher, doch innerlich bleibt die Trauer bestehen. Sie zeigen sie nicht mehr, weil die Außenwelt die Trauer nicht sehen möchte und nicht gelernt hat, mit ihr umzugehen. Viele Trauernde erleben, dass der Schmerz manchmal Jahre nach einem Verlust wieder hochkommt.*

Ich will immer noch
den Namen meines Kindes aussprechen können.

Ich will immer noch
die Geschichten von meiner Mutter, meinem Vater oder meinem verstorbenen Partner, meines besten Freundes oder meiner Schwester erzählen dürfen.

Sie sind nicht einfach verschwunden.
Sie haben einen Platz. Und der Platz ist in meinem Herzen und in meinem sozialen Umfeld, in meiner Familie.
Ihre Fotos hängen immer noch an der Wand. Und das aus gutem Grund.

Robert Neimeyer
University of Memphis

---

* In dankbarer Anlehnung an den interessanten ARD1 alpha – Bericht »Trauern ist ein Zeichen von Liebe« von Yvonne Meyer, 20.09.2023

kapitel sieben

die **nachtod**-phasen

phase eins

Unmittelbar nach dem Tod

Wer sich gesund fühlt, möchte nicht über den Tod sprechen. Häufig wollen das nicht einmal Schwerkranke. Vor allem dann nicht, wenn sie sich ihr ganzes Leben lang nie mit dem Thema Sterben und Tod auseinandergesetzt haben. Die Angst vor dem Tod basiert auf der Ungewissheit und bleibt deshalb für viele ein Mysterium.

Der Glaube an die Endgültigkeit des Todes in unserer Kultur beruht auf der Unvorstellbarkeit, irgendwann die eigene Persönlichkeit zu verlieren. Erstaunlich, dass gerade viele Menschen mit traditionellen religiösen Überzeugungen oft die größte Angst vor dem Tod zeigen. Viele hoffen jedoch, oder sind sich sogar sicher, dass der Mensch weit mehr ist als ein materieller Körper. Sie glauben an etwas *Unsterbliches,* das über das menschliche Dasein hinausreicht. Eine Art *geheimnisvolle Energie,* in der unsere Erinnerungen, Sehnsüchte, Wahrnehmungen und Gedanken gespeichert werden. Sie glauben an eine *Seele,* die uns auf diesem Planeten erst zu einem Menschen macht.

Ich stelle mir die Seele als eine äußerst intelligente Form aus Lichtenergie vor. Hinsichtlich ihrer Entstehung, Zusammensetzung und schwingungsmäßigen Verteilung ist sie einzigartig und mit einem persönlichen Fingerabdruck zu vergleichen. Aufgrund der mir bei der Kontaktaufnahme mit Verstorbenen oder in einem Traum übermittelten Bilder scheinen die Seelen in der Geistigen Welt bestimmte Energiefarben aufzuweisen. Ein reines Weiß um einen verstorbenen Menschen deutet meist auf eine noch jüngere Seele hin. Je mehr sich die Energie durch die seelische Weiterentwicklung verdichtet, geht ihre Farbe in ein Orange, dann in ein Gelb, Grün und schließlich in ein Blau über. Bereits sehr weit fortgeschrittene Seelen werden mit einem kräftigen Violett wahrgenommen. Ihr Entwicklungsstand könnte mit diesen Farbschattierungen und ihrer unterschiedlichen Lichtintensität zusammenhängen. Je leuchtender und heller die Strahlung, desto weiterentwickelt scheint die Seele zu sein. Das sind natürlich nur Beobachtungen und Wahrnehmungen aus der rein menschlichen Perspektive. Ich denke, dass es uns nie gelingen wird, die Erhabenheit der Seele auch nur annähernd mit Worten zu beschreiben.

Die Seele braucht Zeit, um sich vom Körper zu trennen, weil sie sich über viele Jahre hinweg an ihn gewöhnt hat. Diese Zeit sollte ihr gegeben werden, indem sie noch einen Moment in der ihr vertrauten Umgebung verbleiben kann und nicht sofort alleine gelassen wird. Viele Kulturen kennen den Brauch der Totenwache. Obwohl er über Jahrhunderte praktiziert wurde, scheint es, als ob sich bei uns mittlerweile nur noch wenige an ihn erinnern können. In Italien, Spanien, Griechenland und Irland gibt es ihn aber immer noch. Im ländlichen Irland treffen sich die Menschen in kleineren Dörfern heute noch zur Totenwache. Sie hat einen gemeinschaftlichen und zugleich tief spirituellen Aspekt. Nach dem Tod wird der Leichnam zu Hause aufgebahrt. Die ganze Gemeinschaft, bestehend aus Verwandten, Freunden und Nachbarn kommt zusammen, um gemeinsam mit der Familie zu trauern.

Im Gegensatz zu einer schnellen Abholung in eine sterile, kalte und unpersönliche Leichenhalle, in denen sich Körper und Seele schwertun, sich voneinander zu verabschieden, ist die Totenwache ein wunderschönes Ritual, um die Seele noch ein Stück auf ihrem Weg zu begleiten.

Nach dem Tod unserer Mama blieben meine Schwester Margot und ich die Nacht über bei ihr und hielten Totenwache. Am nächsten Morgen kam dann die ganze Familie noch einmal zu ihr nach Hause, um sich von ihr zu verabschieden. Im Laufe des Tages wurde sie in die Friedhofskapelle überführt, in der man sie in den darauffolgenden Tagen weiterhin besuchen konnte, bis man sie dann für die Kremation und ihre Beerdigung wieder von dort abgeholt hat. So hatte ihre Seele Zeit, sich langsam von ihrer Familie, ihren Freunden und Bekannten, aber auch von ihrem Körper zu verabschieden.

Auch wenn ein Körper bereits beerdigt oder verbrannt wurde, ist es wichtig, für die verstorbenen Wesen Gebete zu sprechen und mit ihnen Gespräche zu führen. So können die Erinnerungen an die verstorbene Seele zumindest noch für ein paar Wochen oder Monate aufrechterhalten werden, und die Seele wird sich auf ihrer Reise ins Unbekannte nicht alleine fühlen. Eine echte Anteilnahme kann ihre Weiterentwicklung unterstützen und beschleunigen.

Die verstorbenen Menschen sind immer ganz nahe bei uns. Sie umgeben uns wie die Luft, die wir atmen. Sie befinden sich hinter einer Art Schleier, hinter dem wir sie nicht bewusst wahrnehmen können. Im Tod geben wir unseren Körper auf, aber unsere ewige Lebensenergie vereint sich mit der Kraft eines göttlichen, höheren Bewusstseins. Der Tod bedeutet nicht Dunkelheit, sondern Licht. Die Seele wird auch nach ihrem Tod nie von den zurückgelassenen Menschen getrennt sein. Sobald sie sich an die Geistige Welt angepasst hat, kann sie sich überall hinbegeben. Sie besitzt die Fähigkeit, sich wann immer sie es möchte, in der Nähe derjenigen Menschen aufzuhalten, die sie zurücklassen musste.

Die Abläufe und ersten Stationen in der unmittelbaren Phase direkt nach dem Tod verlaufen für alle Seelen ähnlich. Ich habe diese bereits im vorangegangenen Kapitel *Begleitung auf dem Weg zurück ins Licht* ausführlicher beschrieben. Nach einem Überschreiten einer bestimmten Grenze, die eine Rückkehr in den Körper unmöglich macht, durchläuft die Seele zusammen mit ihrem Seelenführer und möglicherweise weiteren Lichtwesen bestimmte *Orientierungsphasen.* Diese sind von Seele zu Seele verschieden und unterscheiden sich je nach gelebtem Leben der einzelnen Seele.

Beim Austritt aus dem Körper spüren einzelne Seelen für einen kurzen Moment so etwas wie eine leichte Bewölkung um sich herum. Diese könnte mit der Anpassung an die Geistige Welt in Zusammenhang stehen. In den meisten Fällen fühlt sich die Seele unmittelbar danach von der Erde weggezogen. Je weiter sich die Seele von der Erde entfernt, desto deutlicher kann sie ein zunehmend heller werdendes, strahlendes Licht um sich herum wahrnehmen, von dem sie sich stark angezogen fühlt und dem sie sich mit einer hohen Geschwindigkeit nähert. Viele hören eine Art Musik. Diese harmonischen und heilenden Klänge während des Übergangs ins Jenseits können mit einer gewissen feinstofflichen Energie verglichen werden, welche die Seele erneuert. Der Übergang ist an die Entwicklung der jeweiligen Seele gekoppelt. Wenn eine Seele bereits stärker entwickelt ist oder sich nicht gegen das Sterben wehrt, wird sie etwas schneller und leichter aus dem Körper austreten und in ihre vorbestimmte Dimension hinübergehen können.

Nachdem die Seele sich – in den meisten Fällen – durch einen Tunnel, ein Portal, über eine Brücke oder etwas Ähnlichem bewegt hat, wird sie von einem intensiven Gefühl des Friedens und der Geborgenheit durchflutet. Es kann auch sein, dass sich die Seele wie in einer Art Spirale hochgezogen fühlt. Vor diesem *Durchgang in die Geistige Welt* oder unmittelbar danach nimmt sie eine oder mehrere Energieformen wahr, die dort auf sie warten oder sich aus dem Licht zu lösen beginnen, auf sie zukommen und sie begrüßen. Dies können verstorbene Wesen aus dem letzten, aber auch aus vergangenen Leben sein. Meist erkennt die Seele zuerst jemanden, zu dem sie in ihrer letzten Inkarnation eine besonders tiefe Beziehung hatte. Das kann die verstorbene Ehefrau, der Großvater, die Mutter oder der beste Freund sein. Sie alle versuchen, der Seele im Übergangsprozess zu helfen und ihr diesen zu erleichtern. Durch ihre Zuneigung vermitteln sie ihr, dass alles in Ordnung ist. Manchmal fühlt die Seele ihre Gegenwart bereits schon im Moment des Todes. Dann werden von der sterbenden Person im Sterberaum Wesen wahrgenommen, die alle schon tot sind. Es scheint, als ob die anfängliche Anpassung unserer Seele in der Geistigen Welt sehr vom Einfluss dieser freundlichen Wesenheiten abhängt.

Aber wie ist es uns möglich, diese Seelen zu erkennen, wenn sie aus reiner Energie bestehen? Aus Berichten über Nachtod-Kontakte wissen wir inzwischen, dass die Seele zwar als Energiemasse erscheint, es ihr aber offensichtlich möglich ist, die menschlichen Züge anzunehmen, an denen wir sie am ehesten wiedererkennen können. Die Projektion einer menschlichen Lebensform ist nur eine von vielen Möglichkeiten, die Seelen aus ihrer Energiesubstanz annehmen können. Viele erzählen auch, dass die erste Person, der sie am Durchgang zur Geistigen Welt begegnen, ihr persönlicher Geistführer ist. Die Kommunikation zwischen den Lichtwesen und der Seele läuft telepathisch ab.

Unser *Empfangskomitee* wird bereits im Voraus geplant. Offenbar besteht die Begrüßungsgruppe nach jedem Leben immer aus einer unterschiedlichen Zahl von Wesenheiten, je nach Bedürfnis der ankommenden Seele. Diejenigen, die über ein Nachtod-Erlebnis berichten, weisen auch darauf hin, dass es dabei nichts Zufälliges gibt. Unsere geistig Verbündeten wissen genau, wann wir in der Geistigen Welt ankommen.

Bei dieser Begrüßung, kurz nach unserem Tod, empfängt uns also ein für uns wichtiges Wesen, dem andere in abnehmender Bedeutung folgen, oder wir werden direkt von unserem Geistführer in Empfang genommen, der als Personifikation der Liebe, des Wissens und des absoluten Verstehens beschrieben wird. Diese Begegnung ist für die Seele äußerst bedeutsam, weil die Beziehung zwischen ihr und ihrem Geistführer sehr eng ist. Viele erkennen in ihm ihren Schutzengel, der schon bei ihrer Geburt mit dabei war und der sie bereits in vielen unterschiedlichen Inkarnationen begleitet hat.

Ich finde es wichtig, bei dieser Gelegenheit noch einmal darauf hinzuweisen, dass der Schutzengel oder der geistige Führer für die Seele eine männliche *oder* weibliche Identität darstellen kann – obwohl die Seele an und für sich androgyn ist. Bei Emily war das erste Wesen, das sie begrüßte, ihre Mutter, mit der sie sich in ihrem Leben immer stark verbunden gefühlt hatte. Dann kamen weitere verstorbene Bekannte, Verwandte und Freunde auf sie zu. Erst nach diesen Begegnungen reichte sie ihrem Geistführer die Hand und entfernte sich mit ihm.

Nach der Begegnung mit dem Lichtwesen oder geistigen Führer beschreiben viele eine Art ersten *Lebensrückblick* außerhalb der uns bekannten Zeitdimension. In großer

Geschwindigkeit ziehen die in der letzten Inkarnation erlebten wichtigen Ereignisse an ihrem inneren Auge vorbei, und sie können aus dem seelischen Dasein den Sinn und Zweck dieser Erlebnisse spüren. Das Betrachten dieser Lebensrückschau geht sehr tief und kann die Seele emotional stark berühren.

Es gibt auch Seelen, die von keinem Durchgang berichten. Sie befinden sich nach ihrem Tod direkt auf einer Wiese oder werden in einen lichtdurchfluteten Raum gebracht, wo sie von den ihnen vertrauten Lichtwesen empfangen und begrüßt werden. Wenn die Seele noch keine Zeit hatte, sich von ihrem Körper zu verabschieden, wird sie aufgefordert, dies nachzuholen. Aus der neu gewonnenen Leichtigkeit ist es für sie einfach, sich noch einmal in die Nähe ihres Körpers zu begeben und sich bei ihm für all seine Dienste zu bedanken. Aus weltlicher Sicht können inzwischen nur wenige Minuten vergangen sein. Wieder an ihrem Sterbeort zurück, realisiert die Seele, dass das Leben in diesem vor ihr liegenden Körper unwiederbringlich vorbei ist. Viele erzählen von einer Traurigkeit, die sie bei dem Gedanken überfällt, dass sie nie mehr einen Menschen, der noch in einem Körper steckt und den sie lieben, umarmen, nie mehr an etwas riechen und nie mehr etwas Feines auf der Zunge zergehen lassen können. Sie wissen inzwischen, dass die Trennung der Seele von ihrem Körper zwar schnell geschieht, dass es aber auf der psychischen Ebene eine gewisse Zeit braucht, um sich vollständig vom Körper lösen zu können. Nach der Verabschiedung der Seele von ihrem leblosen Körper wird sie wieder zu ihrem geistigen Führer zurückgebracht.

Das emotionale Wiedersehen mit uns bekannten Seelen, an einem ganz bestimmten Punkt des Übergangs, ist nur eine Vorstufe zu unserer weiteren definitiven Zuteilung zu einer Gruppe von Wesen, die sich auf demselben Entwicklungsstand befinden wie wir selbst. Unsere Seele wird auch im Jenseits dieselben persönlichen Eigenschaften und Stärken aufweisen, die sie während ihres weltlichen Lebens gehabt hat und sie wird sich in einem ähnlichen Umfeld wiederfinden, das ihren eigenen Gedanken und Gefühlen entspricht, die sie durch ihre letzte Inkarnation geschaffen hat.

Bestimmte Leben verlaufen so komplex, oder die letzte Lebensphase gestaltet sich dermaßen intensiv, dass die Seele bei ihrer Rückkehr sehr erschöpft sein kann. Dies ist bei sehr alt gewordenen Menschen häufig der Fall. Obwohl sich die Energie des Geistführers an der Schwelle zur Geistigen Welt mit der Seele verbindet, ist es möglich, dass die Energie der ankommenden Seele noch sehr geschwächt ist und sie Ruhe braucht, um sich zu regenerieren. Die Lichterfahrung in den anderen Dimensionen wird sich viel schneller einstellen, wenn es der Seele gelingt, ihre Ängste loszulassen. Das Jenseits ist eine Welt, die vorwiegend aus Gedanken besteht. Sobald die Seele dort angekommen ist, verwirklichen sich die eigenen Vorstellungen und Gedanken sofort.

Einige Seelen entschließen sich, nach dem physischen Tod noch für eine gewisse Zeit auf der Erde zu bleiben. Hier handelt es sich um *geschädigte* Seelen, die verwirrt und verzweifelt sind und keinen Kontakt zu ihrem Seelenführer wollen. Es sind diejenigen Seelen, die die Tatsache nicht akzeptieren, dass ihr physischer Körper tot ist. Hier ist die Verirrung die Folge einer persönlichen Entscheidung der Seele.

Seelen, die mit vielen schlechten Taten belastet zurückkehren, werden beim Wiedereintritt in die Geistige Welt von ihren Seelenführern abgesondert und für eine bestimmte Zeit von weiteren Kontakten mit anderen Seelen ferngehalten. Ein destruktives Verhalten auf der Erde kann viele Formen aufweisen. Deshalb ist die Art der Isolation, die Dauer der Trennung und die geistige Unterweisung für jede Seele anders. Es gibt auch Seelen, die nach einer Periode der Trennung direkt wieder auf der Erde inkarnieren, um ihre Taten auszugleichen.

In diesem Zusammenhang stellt sich die Frage, ob für eine Seele auch nach einer schlechten Auswertung ihres vergangenen Lebens noch die Möglichkeit besteht, in ihr wirkliches Zuhause zurückkehren zu können. Im Totenbuch der Tibeter, das bereits Tausende von Jahren vor der Bibel bestand, wird das Leben zwischen Tod und Wiedergeburt als *Bardo* bezeichnet. Eine Zeit, in der wir infolge unserer schlechten Taten in eine spirituelle Trennung gebracht werden. Und dann wäre da noch die christliche Doktrin des Fegefeuers, die ebenfalls mit einer kurzzeitigen Verbannung und Isolation der Seele in Verbindung gebracht wird.

Die Metaphysik, ein Grundbaustein der Philosophie, beschäftigt sich mit Themen, die nicht zu der empirisch erfahrbaren Welt gehören. Themen in der Metaphysik sind beispielsweise die Existenz von Gottheiten und das Leben nach dem Tod. Diese Thematiken werden auch als die *letzten Fragen* bezeichnet. Der Glaube eines metaphysisch orientierten Menschen, dass niemandem der Zugang zum Reich des Lebens nach dem Tod verweigert wird, entspricht für mich der Wahrheit. Egal, wie schlecht die Auswertung des vergangenen Lebens ausgefallen ist.

Laut Berichten von Tausenden von Menschen mit einer Nachtod-Erfahrung und statistischen Auswertungen gezielter Rückführungen in das *Leben zwischen den Leben,* kann mit großer Sicherheit bestätigt werden, dass alle Seelen nach dem Tod in dieselbe Geistige Welt gelangen, wo alle mit Liebe und Geduld behandelt werden. Eine Art Hölle, mit der man die Menschen einzuschüchtern versucht, existiert höchstens auf unserem Planeten. Es scheint keinen anderen Ort zu geben, an dem es schrecklichere Leiden für die Seele gibt als die Erde. Der Preis, den wir für unsere schlimmen Taten bezahlen müssen und die Belohnung, die wir für gutes Benehmen erhalten, hängen mit den Gesetzen des Karmas zusammen. Täter werden in einer nächsten Inkarnation, je nach Ausmaß ihrer destruktiven Handlungen auf der Erde zum Teil für mehrere Male in die Opferrolle schlüpfen müssen, um zu lernen, wie es sich anfühlt, wenn einem von anderen so viel Leid und Schmerz zugefügt wird.

phase zwei

Nachtod-Kontakte

Sobald wir intensiv an jemanden denken, wird eine Verbindung zu dieser Person hergestellt. Wenn wir dafür offen sind, fühlen wir es, wenn gerade jemand an uns denkt. Genauso wie wir es spüren, wenn wir einen Kontakt verloren haben. Dies scheint deshalb zu funktionieren, weil es über unser Unterbewusstsein eine Art telepathische Informationsübertragung zwischen zwei Wesen gibt. Die über die Telepathie erhaltenen Eindrücke zeigen sich meist in Emotionen, aber auch in bildlichen Wahrnehmungen. Es existiert also eine beständige, im Unterbewusstsein stattfindende Kommunikation, die uns im äußeren Wahrnehmungsbereich meist gar nicht bewusst ist. Diese Kommunikation geschieht zwischen räumlich nahen oder weit entfernten Menschen und natürlich auch zwischen Lebenden und Toten.

Verstorbene leben in unserem Herzen weiter. Das bedeutet, dass sie unser Fühlen, Denken und Verhalten auch noch nach ihrem Tod in wesentlichem Maße beeinflussen können. Oft fragen sich Zurückgebliebene, was die verstorbene Person in einer bestimmten Situation gemacht hätte und treffen dann ihre Entscheidungen in ihrem Sinne. Bei Kindern ist außerdem immer wieder feststellbar, dass sie mit den Verstorbenen sprechen.

Die Seele eines verstorbenen Menschen versucht uns nach ihrem Tod wiederkehrend zu erreichen. Sie möchte uns trösten oder uns etwas Wichtiges mitteilen. Doch die wenigsten spüren ihre Gegenwart oder erkennen die Zeichen ihrer Botschaft, weil sie durch den Schmerz über den Verlust eines geliebten Menschen zu betäubt sind oder sie sich nach dessen Tod schnell wieder durch ganz alltägliche Dinge ablenken lassen.

In unserem materialistischen Weltbild scheint wenig Platz für den Glauben an die Existenz einer Geistigen Welt vorhanden zu sein. Eine Welt, die aber absolut real ist. Zumindest zeigt sich dieses Bild in der breiten Öffentlichkeit dadurch, dass viele Menschen sich (noch immer) nicht trauen, über ihre Erlebnisse und Erfahrungen mit verstorbenen Seelen zu sprechen, meist aus Angst, belächelt zu werden. Es ist bedauernswert, dass unsere Gesellschaft Jenseits-Kontakten eher skeptisch oder ablehnend gegenübersteht. Infolgedessen wird der Versuch einer Kontaktaufnahme durch Verstorbene ignoriert. Die Chance einer übersinnlichen Wahrnehmung wird verpasst.

Wer jedoch seine Sensitivität zulässt und auf die Zeichen achtet, kann die spezifische Ausstrahlung eines Verstorbenen spüren. Man fühlt sich vielleicht von Wärme und Geborgenheit umgeben und weiß dadurch intuitiv, dass die verstorbene Person sich im gleichen Raum aufhält. Es kann sich auch so anfühlen, als ob man leicht berührt oder gestreichelt wird. Eine körperliche Zuwendung dieser Art erhält man meist von Seelen, zu denen man eine intensive gefühlsmäßige Beziehung hatte. Oft wird die verstorbene Person von einem Licht umhüllt wahrgenommen und strahlt eine große Ruhe und Zufriedenheit aus.

Ein Zeichen dafür, dass es ihr gut geht. Anhand einer Studie aus dem westlichen Kulturkreis wurde ersichtlich, dass gut 50% der befragten verwitweten Personen zu Protokoll gaben, seit dem Tod ihres Ehepartners schon einmal den Eindruck gehabt zu haben, seine Präsenz über die Sinne *Spüren, Hören oder Riechen* gefühlt zu haben. In anderen Kulturen, wie zum Beispiel in Japan, gelten solche Erfahrungen als normal.

Begegnungen mit Verstorbenen ereignen sich tagtäglich mitten unter uns und sind an jedem Ort und zu jeder Zeit möglich. Vor allem nach dem Tod eines Familienmitglieds, eines nahen Verwandten oder guten Freundes hat man oft das Gefühl, sich innerlich weiterhin mit ihm stark verbunden zu fühlen. In solchen Fällen spricht man von einer nachtodlichen Kommunikation oder einem *Nachtod-Kontakt*. In einem Nachtod-Kontakt spürt man die Präsenz des verstorbenen Menschen oder man fühlt sich durch ihn berührt oder kann ihn sogar sehen. Ein Nachtod-Kontakt schenkt uns immer die Bestätigung, dass alles in Ordnung ist und es dem Verstorbenen gut geht. Es ist somit immer eine Botschaft der Liebe, welche die Zurückgelassenen tröstet und dadurch den Trauerprozess erleichtert.

In der bisher umfangreichsten mehrsprachigen Umfrage über spontane Nachtod-Kontakte weltweit wurde unter der Leitung von *Evelyn Elsaesser** die Phänomenologie und die Auswirkungen von direkten und spontanen

---

* Evelyn Elsaesser: Nachtod-Kontakte, Amerang 2019.

Nachtod-Kontakten untersucht. Innerhalb einer *Mixed-Methods-Analyse* wurden die Daten von über 1000 Teilnehmerinnen und Teilnehmern sowohl einer quantitativen als auch einer qualitativen Analyse unterzogen. Die Studie erfüllt einen hohen wissenschaftlichen Standard und verfügt über eine etablierte Methodik. Sie zeigt auf, dass die Kontakte hauptsächlich im Familien- und Paarkontext stattfinden. Ein eindeutig wichtiges Element für das Auftreten eines Nachtod-Kontakts ist eine zu Lebzeiten sehr enge und liebevolle Beziehung zwischen der verstorbenen Person und dem Empfänger.

Nachtod-Kontakte können sich durch das Wahrnehmen oder Fühlen einer Präsenz, das heißt durch Berührungen, Hören oder Sehen des Verstorbenen, bemerkbar machen. Offenbar wird das Potenzial zum Empfangen dieser Botschaften eines geliebten Verstorbenen im Schlaf erhöht. Die meisten Mitteilungen erfolgen demnach in einer Art Traum, der sich jedoch in seiner Realität und Intensivität wesentlich von einem normalen Traum unterscheidet. Den Auswertungen der Studie zufolge haben bereits 40 bis 50% der Bevölkerung einen solchen Nachtod-Kontakt erlebt. Öffentlich wird aber kaum darüber gesprochen. Nur weil ein Großteil unserer Gesellschaft solche Aussagen ignoriert oder belächelt und sich weigert, daran zu glauben, halten viele Menschen es für angebracht, ihre Erfahrungen im Zusammenhang mit der Geistigen Welt für sich zu behalten.

Es wird höchste Zeit, dass die Resultate der wissenschaftlichen Forschung über diese Thematik in der Gesellschaft bewusster wahrgenommen und akzeptiert werden. Es braucht Mut, durchgeführte Studien aus diesem Forschungsgebiet einer breiten Öffentlichkeit zu präsentieren. Aber nur dadurch können die bereits vorhandenen und neu gewonnenen Erkenntnisse irgendwann nicht mehr ignoriert werden.

Häufig treten solche Nachtod-Kontakte über Jahre hinweg auf. Sie sind kein isoliertes Phänomen, sondern vergleichbar mit den durch ein Medium hergestellten Jenseitskontakten oder bewusst geführten Rückführungen in vergangene Leben. Aufgrund unzähliger Erfahrungsberichte und inzwischen auch vorhandenen wissenschaftlichen Forschungen auf den Gebieten der Sterbebettvisionen, den Nahtod- und den Nachtod-Erfahrungen, glauben die meisten Menschen, die eine außerkörperliche Erfahrung hatten, dass der Tod lediglich das Ende des Körpers bedeutet. Die Seele wechselt jedoch nur von einem Bewusstseinszustand in einen anderen. Durch diese bedeutsame Erkenntnis könnte die Angst vor dem Tod weniger werden oder vielleicht sogar irgendwann wegfallen.

Wenn wir an eine verstorbene Person denken, kann sie das sofort wahrnehmen und bei uns sein. Wenn wir selbst jedoch die Verstorbenen weder hören noch sehen oder spüren können, wählen sie für eine Kontaktaufnahme möglicherweise besondere Zeichen, um uns mit ihren Botschaften erreichen zu können.

An dieser Stelle möchte ich darauf hinweisen, dass nicht alle Seelen über dieselben Fähigkeiten verfügen, mit uns

Kontakt aufzunehmen. Botschaften abzuschicken, die uns Menschen auch erreichen, ist etwas, das nicht allen Verstorbenen gleich leichtfällt. Zudem gibt es bis heute noch keine Antwort darauf, warum Millionen von Menschen einen Nachtod-Kontakt erleben und andere nicht. Eine mir gezeigte Erklärung dafür besteht darin, dass viele Menschen Angst davor haben oder den Kontakt nicht wahrnehmen, weil sie nicht sensitiv genug sind oder nicht daran glauben.

Ein Nachtod-Kontakt geschieht unerwartet, ohne Absicht der kontaktierten Person. Die Initiative für einen direkten Kontakt geht somit von der verstorbenen Person aus und kommt für den *Empfänger* oft überraschend. Der Kontakt wird ihm förmlich aufgedrängt. Die Wahrnehmung ist zeitlich klar begrenzt. Das bedeutet, sie dauert nur ein paar Sekunden oder höchstens zwei, drei Minuten. Jede übermittelte Botschaft ist einzigartig, weil sie nur an die dafür bestimmte Person gerichtet ist und mit ihr in Zusammenhang steht.

Die kurzen Botschaften aus Nachtod-Kontakten scheinen dafür bestimmt zu sein, die Trauernden zu trösten, indem ihnen vermittelt wird, dass die verstorbene Person noch bei ihnen ist, dass man sich keine Sorgen zu machen braucht und dass man sich irgendwann wiedersehen wird. Es müssen dazu keine Informationen über die neue Existenzform oder den Aufenthaltsort der Seele übermittelt werden.

phase drei

Zeichen und Botschaften aus der Geistigen Welt

Bekanntlich neigen wir dazu, nur das zu sehen, was wir erwarten und worauf wir unsere Aufmerksamkeit richten.

ryan ellis

Der schwarze Punkt

Während meines Studiums der Psychologie wurde ich zum ersten Mal mit der Geschichte des schwarzen Punkts konfrontiert. Mittlerweile hat sie überall auf der Welt ihre Runde gemacht.

Ein Professor überraschte seine Klasse zu Beginn des neuen Semesters mit einem Test. Die Studenten erhielten die Aufgabe, in den folgenden 20 Minuten genau zu beschreiben, was sie auf dem ausgeteilten Blatt sehen. Als die Studenten das Blatt umdrehten, sahen sie nur einen schwarzen Punkt in der Mitte des weißen Papiers. Sie begannen unverzüglich damit, den Auftrag des Professors möglichst genau zu lösen. Nach Ablauf der Zeit sammelte der Professor die Arbeiten ein. Ausnahmslos alle Studenten hatten eine perfekte Schilderung über den schwarzen Punkt abgegeben. Über seine Größe, seine Farbe, seinen Durchmesser. Über seine Position in der Mitte des Blattes, seine Lage im Raum, sein Größenverhältnis zum Papier und so weiter.

Der Professor las alle Ergebnisse vor. Als er mit der Bekanntgabe der letzten Beschreibung fertig war, schaute er die Studenten lange an, bevor er sagte:

»Keiner von euch hat über den weißen Raum auf dem Papier geschrieben. Jeder konzentrierte sich nur auf den schwarzen Punkt. Vergleichbar mit dem Leben bedeutet das, dass wir zu Beginn unseres Daseins eine große weiße Fläche erhalten, um sie zu gestalten und zu genießen. Aber sobald ein dunkler Fleck darauf erscheint, konzentrieren wir uns nur noch auf ihn. Auch wenn mit der Zeit in unserem Leben noch mehrere von diesen dunklen Flecken entstehen, sind sie im Vergleich zu der noch übrig gebliebenen weißen Fläche gar nicht so groß. Und doch sind wir nur noch auf diese schwarzen Punkte fixiert und richten unser ganzes Leben nach ihnen aus.«

Wir können die schwarzen Punkte, die sich im Verlauf unseres Lebens ansammeln, natürlich nicht einfach ignorieren. Aber wir sollten unsere Aufmerksamkeit immer wieder auch auf die glücklichen Momente und Chancen in unserem Leben richten.

Eine Parallele zu dieser Geschichte spiegelt sich im ähnlichen Verhalten vieler Menschen in Bezug auf ihre Vorstellungen über ein Leben danach wider. Sie nehmen ihr Dasein als den schwarzen Punkt wahr und akzeptieren diesen als die für sie einzig existierende Wirklichkeit. Wenn ihr Leben vorbei ist, gibt es sie nicht mehr. Der schwarze Punkt ist gelöscht. Für Menschen mit einer solchen Denkweise und Glaubenseinstellung ist es schwierig bis unmöglich sich vorzustellen, dass außerhalb des schwarzen Punktes noch weitere Realitäten und Dimensionen bestehen, die unser wahres Dasein beinhalten.

Im letzten Kapitel habe ich über die neuesten Forschungen im Bereich der Nachtod-Kontakte geschrieben. Diese stellen kein isoliertes Phänomen dar, sondern treten in einem grösseren Kontext im Zusammenhang mit Sterbebettvisionen, Nahtod-Erfahrungen oder Rückführungen in ein Leben zwischen den Leben auf. Ich möchte dieses Kapitel nachfolgend mit persönlichen Erlebnisse ergänzen, um Ihnen dadurch die unterschiedlichen Möglichkeiten einer Kontaktaufnahme von Verstorbenen zu den noch Lebenden aufzuzeigen.

Zeichen und Botschaften sind dazu da, unsere Aufmerksamkeit auf etwas Bestimmtes zu lenken. Obwohl die übermittelte Nachricht eindeutig im Zentrum steht, spielt auch der Zeitpunkt eine nicht unerhebliche Rolle. Manchmal ist er sogar die Botschaft an sich. Um die Zeichen Verstorbener wahrnehmen zu können, benötigt man eine gewisse Offenheit und vor allem die Bereitschaft, sich darauf einzulassen. Oft werden dazu Symbole benutzt, um uns durch einfache Bilder komplexe Botschaften zu übermitteln. Je stärker und liebevoller unsere Verbindung zu der verstorbenen Person war, desto besser werden wir ihre übermittelten Symbole deuten und ihre Botschaften erkennen können. Aber auch wenn wir nicht immer alle Zeichen sofort verstehen, wird dadurch kommuniziert, wie wichtig es für die Verstorbenen ist, dass wir ihre Präsenz in unserem Leben weiterhin spüren.

Manchmal scheint nur ein Familienmitglied die Zeichen einer verstorbenen Person wahrnehmen zu können. Dasselbe lässt sich bei Traumbotschaften feststellen. Bestimmte Angehörige träumen oft von Verstorbenen, andere gar nicht. Dies hat mit einer bestimmten Art von Empfänglichkeit und Sensitivität zu tun. Die meisten Menschen verpassen Botschaften aus der Geistigen Welt, weil sie nicht in ihr Denkmuster passen. Wenn etwas nicht in unserer Vorstellungswelt vorhanden ist, neigen wir dazu, es zu übergehen. Dann werden die Zeichen einfach übersehen. Die Person bemerkt sie überhaupt nicht. Wir nehmen nur das wahr, was wir erwarten. Nur weil Menschen die Zeichen verstorbener Personen nicht erkennen können, bedeutet das nicht, dass sie nicht vorhanden sind.

Viele Menschen erhalten die Zeichen an ihnen vertrauten Orten – oft zu Hause. Am empfänglichsten dafür scheinen wir unmittelbar vor dem Einschlafen oder nachts in unseren Träumen zu sein. Sobald sich unser Körper im Ruhemodus befindet, bemerken wir viel mehr, als wenn wir mit unseren Alltagsangelegenheiten beschäftigt sind. Sehr wichtige Botschaften erhalte ich immer in meinen realitätsnahen Träumen, die sich durch ihre Symbolhaftigkeit und ihren Inhalt deutlich von normalen Träumen unterscheiden. Zeichen und Botschaften stehen stets in einem engen Zusammenhang mit unserer persönlichen Verbindung zu der verstorbenen Person. Die Kraft einer großen Liebe und tiefen Zuneigung kann jegliche Kommunikationsgrenzen überwinden.

Der bewegende Bericht des preisgekrönten Umweltschützers Lawrence Anthony, auch bekannt als der *Elefanten-Flüsterer*, hat mich tief beeindruckt. In seinem Naturschutzreservat hatten seit fast hundert Jahren keine Elefanten mehr gelebt. Eines Tages erfuhr er von einer heimatlosen und bedrohten Herde, die er bei sich aufnahm. Er kümmerte sich fortan sein Leben lang um das Wohlergehen und die Resozialisation der Tiere. Er betonte immer wieder, dass er über keine besonderen Fähigkeiten verfügen würde, um mit den Elefanten zu kommunizieren und erhob zu keiner Zeit Anspruch auf den Titel *Elefanten-Flüsterer.* Gemäß seinen Aussagen waren es vielmehr die Elefanten, die zu *ihm* flüsterten und ihn das Zuhören lehrten. Als er im Jahre 2012 starb, zogen zwei Herden Elefanten zu seinem Haus. Sie brauchten dafür mehr als zwölf Stunden. Sie blieben zwei Tage vor Ort und hielten eine Art *Totenwache*, bis sie sich wieder zerstreuten. Es gibt keine wissenschaftliche Erklärung dafür, wie Elefanten aus vielen Meilen Entfernung spüren konnten, dass das Herz ihres früheren Betreuers aufgehört hatte zu schlagen. Dieser Fall zeigt, wie stark der Einfluss der intensiven Verbindung zwischen den Elefanten und Lawrence Anthony sich auf die nachtodliche Kommunikation ausgewirkt hat.

Innerhalb eines Nachtod-Kontakts stehen der Seele mehrere Möglichkeiten zur Verfügung, uns mit ihrer Botschaft zu erreichen. Die meisten der nachfolgenden Beispiele stehen in direktem Zusammenhang mit meiner erst kürzlich verstorbenen Mama. Sie stand schon zu Lebzeiten regelmäßig in Kontakt mit Verstorbenen. Obwohl ich mit ihr zu jeder Zeit durch meine Gedanken und mein automatisches Schreiben Verbindung aufnehmen kann, benutzt sie nach ihrem Tod bestimmte Techniken, um sich meist völlig unerwartet in Form eines Nachtod-Kontakts bei mir zu melden.

Physikalische Phänomene

Physikalische Phänomene wie elektrische Störungen scheinen allgemein ein gerne verwendetes Hilfsmittel von Verstorbenen zu sein, um mit den zurückgelassenen Menschen Kontakt aufzunehmen.

Kürzlich hatte ich einen Traum, in dem ich meine verstorbene Mama und einen kleinen Jungen sah, der ihr verschiedene elektronische Teile überreichte, aus denen sie eine Art Sender zusammenbauen musste. Sie gab mir zu verstehen, dass sie lernt, wie sie sich mittels Elektrizität bemerkbar machen kann.

Eine Woche später saß ich abends in meinem Wohnzimmer und sah mir eine TV-Aufzeichnung an. Plötzlich fing eine der im Raum verteilten vier Leuchten an, sich ohne mein Zutun ein- und auszuschalten. Die Intervalle zwischen On und Off wurden immer kürzer. Die Lampe spielte völlig verrückt. Dies dauerte ungefähr ein bis zwei Minuten und wiederholte sich in den darauffolgenden Tagen noch dreimal. Meine Mama hatte es geschafft, mittels Beeinflussung der elektromagnetischen Schwingung das Leuchten der Glühbirne zu beeinflussen und sich bei mir durch dieses Zeichen bemerkbar zu machen. Wieso ich wusste, dass es genau sie war? Die Wahl der Lampe war kein Zufall. Sie befand sich direkt neben einem Beistelltisch, der immer im

Eingangsbereich des Schlafzimmers von Emily gestanden hat und auf dem sie den *Erzengel Michael* in Form einer wunderschönen Skulptur platziert hatte.

Nachfolgend ein weiteres, eindrucksvolles Beispiel, in dem Emily es geschafft hat, uns mittels eines physikalischen Phänomens ein Zeichen des Trostes zu übermitteln. Im Sommer saßen meine Schwester Margot und ich im Garten eines Stadtcafés, welches wir auch ab und zu zusammen mit unserer verstorbenen Mama besucht hatten. Auf der anderen Straßenseite befindet sich ein Uhren- und Schmuckgeschäft. Über dessen Eingangstüre ist eine Uhr mit einem darüber hängenden, sehr schönen alten Glockenspiel angebracht, das jeweils zu bestimmten vollen Stunden die immer gleichen Melodien spielt.

Als wir uns gerade darüber unterhielten, wie sehr es unserer Mama gefallen hätte, jetzt noch einmal hier mit uns zusammenzusitzen und sich mit uns zu unterhalten, spielte das Glockenspiel plötzlich ein ganz spezielles Lieblingslied von ihr. Wir verstummten beide, weil uns das gesamte Repertoire dieses Glockenspiels hinlänglich bekannt war, und wir wussten, dass dieses Lied nicht dazugehörte. Nach einem Blick auf meine Armbanduhr konnte ich außerdem feststellen, dass es für das Abspielen der Musik noch ein paar Minuten zu früh war. Nach einer Weile verstummte die Melodie. Als zwei Minuten später die volle Stunde schlug, ertönte wie üblich eines der Lieder, die jeweils im Verlaufe des Tages in einer bestimmten Reihenfolge abgespielt werden. Wir waren beide sehr berührt, weil wir wussten, dass unsere Mama uns durch dieses sehr persönliche Zeichen mitteilen wollte, dass sie bei uns war.

Einige Tage danach wurde unsere Vermutung bestätigt. Eine mir bekannte Verkäuferin aus diesem Geschäft hatte für uns sämtliche Lieder des Glockenspiels und deren Abfolge überprüft. Das seltene, mit Emotionen behaftete Lieblingslied von Emily war nicht dabei. Eigentlich hätten wir diese Bestätigung gar nicht gebraucht. Wir wussten bereits beim Hören der Melodie, dass dies ein Zeichen von ihr war.

Wahrnehmung durch die Sinne

Seelen ist es auch möglich, verschiedene Teile unseres Körpers durch Gedankenübertragung zu *berühren*. Eine sehr entscheidende Rolle in Nachtod-Kontakten spielen vor allem die Sinne *Hören, Riechen und Sehen*, durch die ein Wiedererkennen der verstorbenen Person ermöglicht wird.

Hören

Seelen können ihre Energie dazu benutzen, sich durch spezifische Geräusche bemerkbar zu machen. Unsere Mama hat uns oft erzählt, dass sie früher immer bereits vorher wusste, wenn jemand aus ihrem Freundes- oder näheren Bekanntenkreis starb. Sie wurde in der Nacht durch Schritte geweckt, die sie jeweils über die Treppe bis vor ihre Schlafzimmertüre hören konnte. Dann klopfte es, und eine Frauenstimme rief ihren Namen. Wenn sie die Türe öffnete und nachschaute, war niemand da. Sie sagte dann zu unserem Papa, der in der Zwischenzeit ebenfalls wach geworden war, aber selbst nichts wahrgenommen hatte, dass wieder jemand aus ihrem Bekanntenkreis sterben würde. Am nächsten Tag erhielt sie dann einen Anruf, in dem ihr der Tod einer Cousine, eines Onkels oder einer guten Freundin mitgeteilt wurde. Emily konnte mit diesen Ankündigungen umgehen, aber sie waren trotzdem unangenehm und ich denke, auch belastend für sie.

Sehen

Manchmal können Verstorbene in einem Nachtod-Kontakt auch visuell wahrgenommen werden. Meistens sieht man dabei nur Kopf und Oberkörper, während der Rest unsichtbar bleibt. Emily ist ab und zu nachts aufgewacht und sah dann in ihrem Schlafzimmer eine bereits verstorbene Person. Unter ihnen befand sich auch ihre Mutter. Meistens stand sie am Fußende des Bettes oder unmittelbar in der Nähe der Türe. Sie konnte sie als Brustbild wahrnehmen, das von einem strahlenden Licht umgeben war. Durch ihre lichtvolle Erscheinung und ihren lächelnden Gesichtsausdruck vermittelte sie unserer Mama, dass sie sehr glücklich ist und es ihr gut geht. Die Erscheinung dauerte jeweils nur etwa eine Minute, dann war sie wieder verschwunden.

Riechen

Noch Wochen nach dem Tod von Emily konnte ich an den unterschiedlichsten Orten immer wieder ihr Parfum wahrnehmen. Sei das in einem Park, in einer Kapelle oder sonst an irgendeinem beliebigen Ort. Es ist der unverkennbare Duft, den sie bis zu ihrem Tod immer gern benutzte und dafür von verschiedenen Seiten viele Komplimente erhalten hat. Ich kann diesen frischen Duft nach

Mandarinen, Irisblüten und Patchouli auch beim Schreiben dieser Zeilen wieder riechen. Das bestätigt mir, dass sie in diesem Moment hier bei mir ist.

Vertraute persönliche Gegenstände

Manchmal fokussieren sich Verstorbene auf einen vertrauten Gegenstand, der für sie in ihrem Leben wichtig war. Dies kann ein Ring, ein kleines Kreuz, eine Armbanduhr oder irgendein Talisman sein. Sie versuchen, diesen Gegenstand in das Bewusstsein der noch lebenden Person zu bringen, die sich dann vielleicht nach Wochen oder sogar Jahren wieder daran erinnert und den Gegenstand sucht oder ihn plötzlich wie durch einen Zufall wieder in der Hand hält. Persönliche Sachen von Verstorbenen können helfen, eine Verbindung zwischen uns und der Seele eines geliebten Menschen herzustellen. Nehmen Sie ein Schmuckstück oder sonst ein für die verstorbene Person wichtig gewesenes Objekt in die Hand und meditieren Sie damit. Achten Sie dabei auf die Gefühle und Gedanken, die in Ihnen hochkommen und vor allem darauf, was in der nächsten Zeit passiert.

Ganz bestimmte Zeichen

Oft ereignen sich Nachtod-Kontakte auch durch subtile Erfahrungen im Alltag, die von den Empfängern als Zeichen des Verstorbenen gedeutet werden und nur durch ihre Interpretation die richtige Bedeutung erhalten. Sie beruhen auf etwas, das man gemeinsam mit der verstorbenen Person erlebt hat oder was sie gerne mochte. Häufig auftretende Zeichen sind beispielsweise ein Regenbogen oder ein Schmetterling.

Ein Kind aus der Familie als Bote

Wenn Seelen Schwierigkeiten haben, einen Menschen mit einer ihnen bedeutenden Botschaft zu erreichen, bedienen sie sich manchmal eines Kindes als Bote für ihre Nachricht. Kinder sind Geistwesen gegenüber viel aufgeschlossener, weil sie in Bezug auf übernatürliche Phänomene noch nicht beeinflusst worden sind und sie deshalb nicht anzweifeln. Häufig ist dieser junge Bote, der die Nachricht übermitteln soll, ein Familienmitglied der verstorbenen Person.

Ich kann mich gut daran erinnern, bereits mit sechs Jahren in meinen Träumen immer wieder Botschaften von meiner verstorbenen Großmutter väterlicherseits erhalten zu haben. Dabei spielten ganz bestimmte Symbole, die ich damals natürlich weder verstehen noch deuten konnte, eine wesentliche Rolle. Aber wenn ich den Traum meiner Mama erzählte, wusste sie immer genau, was zu tun war.

Telepathische Nachrichten in real erscheinenden Träumen

Träume spielen eine bedeutsame Rolle, wenn es darum geht, uns Botschaften aus dem Jenseits zu übermitteln. Träume, in denen Verstorbene eine telepathische Nachricht senden, haben eine völlig andere Qualität als gewöhnliche Träume. Sie sind meist sehr realitätsnah, und bei mir laufen sie wie eine Art Film ab. Am folgenden Tag kann ich diesen Film noch sehr genau schildern, mit all den kleinen Details, die für die Entschlüsselung und für das Verständnis wichtig sind. Diese Träume kann ich auch über einen längeren Zeitraum hinweg nicht vergessen, und sie beschäftigen mich oft noch sehr lange. Bereits vor Jahren wurde mir von meiner Großmutter mütterlicherseits im Traum verschlüsselt mitgeteilt, wenn jemand aus der Familie meiner Mama starb.

Etwa vier Wochen vor dem Tod von Emily habe ich meine Großmutter wieder im Traum getroffen. Sie kam auf mich zu und zeigte mir einen überdimensional großen alten Schlüssel, den sie in ihrer Hand hielt. Dann gingen wir zusammen zum Haus, in dem meine Großeltern gelebt hatten und unsere Mama zusammen mit ihren Geschwistern aufgewachsen war. Meine Großmutter öffnete mit diesem großen Schlüssel die Haustüre und sagte, dass alles für meine Mama vorbereitet wäre und sie jetzt wieder nach Hause zurückkehren könne, wo sie auf sie warten würde. Der Traum war so real für mich, dass mir bewusst wurde, dass für Emily jetzt die Zeit gekommen war, sich langsam von uns zu verabschieden.

Carey – ein Nachtod-Kontakt mithilfe eines Mediums

Wenn jemand eine längere Zeit nicht über den Tod eines geliebten Menschen hinwegkommt oder sich sogar die Schuld daran gibt, empfiehlt es sich zu versuchen, mithilfe eines ausgebildeten Mediums mit der verstorbenen Person in Kontakt zu treten. Ist der Schmerz über den Tod dieses Menschen derart groß, kann man sich wie gelähmt fühlen. Dann ist es für die Verstorbenen unmöglich, mit der zurückgelassenen Person in Kontakt zu treten, um ihr Trost zu spenden.

Dies zeigt sich eindrücklich an nachfolgendem Beispiel aus der N-DOK »Life after death« in der sich Carey aus Montecito, Kalifornien, an das berühmte Medium Tyler Henry wandte.

Carey erzählt mit ihren eigenen Worten:
»Ich hatte als alleinerziehende Mutter drei wunderbare Töchter. Morgan, 25, und die 12-jährigen Zwillinge Summer und Sawyer. Als Morgan erwachsen war, unternahm sie viel mit den Zwillingen und wurde durch ihre hilfreiche Unterstützung in meinem Alltag wie eine gute Freundin für mich.

Am 9. Januar 2018 verlor ich Sawyer und Morgan.
Wir waren zu viert in unserem Haus in Montecito, das immer voller Freude und Energie war. Jetzt ist es still. Es sind nur noch ein junges Mädchen und seine Mutter übrig, die versuchen, so gut es geht, durch den Tag zu kommen. An diesem Tag verloren wir alles. Es geschah durch die Erdrutsche von Montecito. 23 Menschen starben, darunter auch meine beiden Kinder.

In der Nacht vor dem Erdrutsch kam ein starker Sturm auf. Die Hälfte von Montecito wurde evakuiert, wir jedoch nicht. Wir mussten uns entscheiden: Bleiben oder gehen. Ich habe die Zwillinge ins Bett gebracht und gesagt: ›Habt keine Angst, wenn ihr den Regen hört.‹ Das war das letzte Mal, dass ich Sawyer sah.

Dann kam es zu sintflutartigen Regenfällen. Sie rissen unser Haus fort und uns mit ihm. Morgan und ich klammer-

ten uns im Schlamm aneinander. Die Lawine hatte eine Geschwindigkeit von 130 Kilometer pro Stunde. Dann wurden wir alle voneinander getrennt. Ich habe nur knapp überlebt, weil ich im Schlamm begraben war. Mein Kopf ragte gerade so weit heraus, dass ich um Hilfe rufen konnte. Jeder Knochen von meiner Hüfte an aufwärts war gebrochen. An die Tage danach kann ich mich kaum erinnern.

Meine Tochter Summer lag drei Meter tief im Schlamm begraben. Teile von Autos und Häusern waren über ihr aufgetürmt. Zum Glück wurde sie gefunden, aber sie lag wochenlang im Koma. Es war nicht sicher, ob sie überleben würde. Am nächsten Morgen wurde Sawyer gefunden. Sie war tot. Die Leiche von Morgan fanden sie erst nach fünf Tagen. Ich hatte versucht, meine älteste Tochter zu retten, aber ich konnte es nicht.«

Carey fühlte sich gleich auf zweifache Art für den Tod ihrer beiden Töchter schuldig. Sie war die Hauptverantwortliche für diese Familie und hatte entschieden, im Haus zu bleiben. Nachträglich gesehen war es die falsche Entscheidung. Die Familie hätte sich der Evakuierung anschließen müssen. Als dann das Haus von den Schlammfluten weggespült wurde, hatte sie noch mit aller Kraft versucht, ihre älteste Tochter Morgan nicht loszulassen, doch es fehlte ihr die Energie, um es durchzuhalten. Sie fühlte sich schuldig, überlebt zu haben und glaubte tief in ihrem Innern, für den Tod ihrer beiden Töchter verantwortlich zu sein.

Sie wartete fast drei Jahre auf ein Zeichen der beiden Mädchen, auf irgendeine Botschaft aus dem Jenseits. Aber sie war derart in ihrem tiefen Schmerz über den Verlust gefangen, dass sie die Zeichen um sich herum nicht wahrnehmen konnte. Erst durch die Vermittlung des Mediums konnten die beiden Töchter ihre Mutter erreichen. Sie hinterließen die Botschaft, dass sich niemand dafür schuldig fühlen soll, dass sie sich an jenem Abend dazu entschieden haben, in ihrem Haus zu bleiben. Sie sagten ihrer Mutter, dass sie sich nicht festhalten soll am »Was wäre, wenn ...«. Was wäre passiert, wenn ich anders entschieden hätte? Sie wollten ihr sagen, dass es ok ist, wie es ist. Für beide Mädchen war die Zeit gekommen, wieder in ihr wirkliches Zuhause zurückzukehren. Darauf hätte auch eine andere Entscheidung ihrer Mutter keinen Einfluss gehabt. Sie sagten, dass es ihnen dort, wo sie jetzt sind, gut gehe und sie sich beide wünschen, dass ihre Mutter und ihre Schwester in Montecito wieder Glück und Freude empfinden können.

Diese tröstenden Worte hatten der Mutter eine Türe geöffnet, die vorher nicht da war oder die sie zumindest nicht gesehen hatte. Ihr war bewusst, dass sie zusammen mit ihrer noch lebenden Tochter Summer versuchen musste, nach dieser Tragödie wieder die Liebe zum Leben und den Weg zurück zu Glück und Freude zu finden. Der Nachtod-Kontakt über das Medium hatte ihr eine schwere Last von der Schulter genommen und sie war bereit, wieder ins Leben zurückzukehren.

Der Glaube an ein Leben nach dem Tod
kann unsere psychische Gesundheit
positiv beeinflussen.

Darüber hinaus
kann uns dieser Glaube dabei unterstützen,
unser Leben bewusster zu leben
und ihm mehr Tiefe zu verleihen.

ryan ellis

phase vier
Anpassung, Rückblick und Verarbeitung

Die Anpassungszeit einer Seele dauert unterschiedlich lange und hängt von den Todesumständen, von der Bindung an die Erinnerungen des soeben beendeten Lebens sowie vom Entwicklungsstand der Seele ab. Einige Seelen müssen die Last eines schwierigen Lebens länger mit sich tragen, obwohl sie sich bereits unter dem beruhigenden Einfluss und dem Schutz der Geistigen Welt befinden. Seelen, die sich nie mit dem Leben nach dem Tod befasst oder nicht daran geglaubt haben, sind oft verwirrt und fühlen sich zuerst allein und etwas verloren. Ihnen wird bewusst, dass sie die geliebten Menschen für immer verlassen mussten, und sind gleichzeitig erstaunt darüber, dass das Leben weitergeht. Die Seelen, die sich mit noch unvollendeten Angelegenheiten konfrontiert sehen, brauchen ebenfalls eine längere Anpassungszeit, in der das Gleichgewicht wiederhergestellt werden muss.

Wenn die Wesen, denen die Seele bei ihrer Heimkehr begegnet ist, sich wieder entfernt haben, ist sie bereit für ihre Lebensrückschau, die mit einem Revitalisierungsprozess einhergeht. Dies geschieht zusammen mit dem geistigen Führer an einem Ort, dessen Ausstattung, je nach der individuellen Veranlagung der Seele und ihrem Zustand nach dem soeben beendeten Leben, also nach jeder Rückkehr wieder anders sein kann. Der Raum wird als unbeschreiblich schön und mit Licht durchdrungen beschrieben und den meisten kommt er sehr vertraut vor. Natürlich gibt es im Jenseits keinen statischen Ort oder eine räumliche Begrenzung, aber es ist einfacher, für eine Veranschaulichung diese uns bekannten Begrifflichkeiten zu verwenden.

Anhand des persönlichen *Lebensfilms* werden alle Stationen unserer soeben abgeschlossenen Inkarnation noch einmal betrachtet und eingehend mit uns besprochen. Während dieser Phase hat unsere Seele die Gelegenheit, sich weiterhin der Geistigen Welt anzupassen.

Unser Geistführer kennt all unsere Stärken und Schwächen und vor allem unsere Ängste, weil er uns schon viele Leben lang begleitet und ihm dadurch unsere vorgenommenen Ziele für das vergangene Leben bis ins kleinste Detail vertraut waren. Jeder von uns muss Rechenschaft über sein Leben ablegen. Für bestimmte Seelen kann diese *Orientierungssitzung* sehr aufwühlend und unangenehm sein. Ein Grund dafür ist auch, dass wir uns plötzlich wieder im vollen Besitz sämtlichen Wissens unserer Vergangenheit befinden. Ohne die Last eines menschlichen Körpers erlebt die Seele einen Zustrom von Wahrnehmungen. Wir verstehen sofort, was wir richtig und was wir falsch gemacht und vor allem, welche Chancen wir für unsere seelische Weiterentwicklung verpasst haben. Je nachdem wie wir gelebt haben, können die gezeigten Bildsequenzen deshalb auch unangenehm sein. Vieles, was wir in unserem vergangenen Leben getan haben, trifft uns hart. Wir empfinden bei der Rückschau denselben Schmerz, den wir anderen zufügten, indem wir sie gekränkt, missachtet und vorschnell verurteilt haben. Wir erleben aber auch noch einmal alle Liebesdienste, die wir anderen Menschen zugutekommen ließen. Bei dieser Lebensrückschau erkennt unsere Seele die Auswirkungen unserer Gedanken, Worte und Handlungen, und es wird ihr bewusst, dass nur eine Sache in unserem Leben wirklich wichtig gewesen ist – die LIEBE.

Das Feedback und die Analyse, die wir von unserem Geistführer und weiteren Lichtwesen über unser letztes Leben erhalten, beruhen auf unseren Taten und der ursprünglichen Absicht unserer Entscheidungen. Die intensive Rückschau und die Auseinandersetzung mit unserer vergangenen Inkarnation erlauben uns, den langen Prozess der Evaluation zwischen dem vergangenen und dem zukünftigen Leben zu beginnen. Wir sind wieder im Besitz der Erkenntnis, dass das einzig Entscheidende im materiellen Leben die Art und Weise ist, *wie* wir leben und wie wir mit anderen Menschen umgehen. Unsere Lebensumstände sind im Vergleich zu unserem Mitgefühl und der Fähigkeit zu versuchen, andere so zu akzeptieren wie sie sind, bedeutungslos.

Am Ende eines jeden Lebens sind wir selbst unsere strengsten Kritiker. Mithilfe unserer spirituellen Berater entscheiden wir uns über eine angemessene Form von Wiedergutmachung für unser Verhalten.

Nach der intensiven Besprechung mit ihrem geistigen Führer verlässt die Seele den Ort der Orientierung und gelangt in einen koordinierten Fluss von Aktivitäten, zu dem auch der Übergang zusammen mit anderen Seelen durch eine Art Empfangsstation in das wirkliche Zuhause gehört.

Die Verstorbenen sind jedoch immer in unserer Nähe. Sie können sich das so vorstellen, als ob sie mit Ihnen zusammen wären, aber Sie sie einfach nicht sehen können, weil sie sich hinter einer Art Schleier befinden. Sie werden nie jemanden, den Sie über alles geliebt haben, für immer verlieren. Auch nach dem Tod sind die Verstorbenen tief mit uns verbunden.

Zum Sein der Seele gehört nach ihrem Tod die Erkenntnis, den geliebten zurückgelassenen Menschen die freie Wahl zu lassen, ihr Leben so zu Ende zu leben, wie sie das möchten. Auch wenn sie sieht, dass unsere Entscheidungen falsch sind und wir unser Leben nicht so führen, wie wir es uns vor unserer Inkarnation vorgenommen haben. Wenn wir uns jedoch wünschen, dass eine Seele uns hilft oder in einem bestimmten Moment bei uns ist, wird sie das in der Regel tun. Doch sie wird dabei niemals unsere individuelle Privatsphäre oder die universellen Gesetze verletzen.

Es ist wichtig, die verstorbene Seele unmittelbar nach ihrem Tod nicht durch unsere Hilflosigkeit, unseren Mangel an Mut und Ausdauer oder unsere Angst vor Entscheidungen in Problemsituationen zu stark an uns zu binden. Wir sollten uns bewusst sein, dass ein gezieltes Loslassen ihr die Chance gibt, sich selbst mit ihrer Weiterentwicklung und der Vorbereitung ihrer neuen Inkarnation zu beschäftigen. Was auf keinen Fall bedeuten soll, sie einfach zu vergessen! Wir können unsere Sorgen gerne mit einer verstorbenen Person teilen und werden immer ein offenes Ohr finden und Antworten auf unsere Fragen erhalten. Die verstorbene Seele wird uns in allem, was wir tun, unterstützen und uns gerne beratend zur Seite stehen.

Sobald die Seele innerhalb der neuen Dimensionen einen gewissen Seinszustand erreicht hat, darf sie sich der Aufgabe stellen, für bestimmte Menschen auf der Erde da zu sein und diese in sämtlichen Lebensbereichen zu unterstützen. Dabei kann sie vielleicht sogar selbst zu einem persönlichen Schutzengel für uns werden. Wir sollten aber nicht erwarten, dass sie für uns alle Probleme aus der Welt schafft. Viele davon sind Bestandteile unserer persönlichen Lebensaufgabe und Lebensziele, und sind wichtig für unsere Weiterentwicklung. Weil wir Menschen in unseren Entscheidungen immer eine freie Wahl haben, dürfen die Verstorbenen in bestimmten Lebenssituationen nur unterstützend wirken und nicht eingreifen. Sie lassen uns aber dadurch nicht im Stich. Im Gegenteil, sie kennen unseren Lebensplan und wissen, dass wir uns bestimmte Herausforderungen und Prüfungen für dieses Leben selbst auferlegt haben, um Karma auszugleichen.

Wenn sie eingreifen würden, wäre das nicht mehr möglich.

phase fünf
Geistige Schulen und Aufgaben

In meinem Buch »*sternenflüstern*« habe ich die *Silberschnur* erwähnt, durch die unsere Seele während unserer Inkarnation mit der Geistigen Welt verbunden bleibt. Die Silberschnur ist unsere Verbindung mit der göttlichen Quelle. Die Seele ist daher auch hier auf der Erde nie von Gott getrennt.

Unsere Erdenzeit ist beschränkt, und das ist allen Menschen bewusst. Die Seele weiß viel mehr, als der menschliche Geist sich vorstellen kann. Da sie in direktem Kontakt mit dem Göttlichen steht, weiß sie auch, wann die Zeit für sie gekommen ist, ihre Inkarnation abzuschließen. In unserem Lebensplan ist unser Tod auf die Minute genau festgelegt und vor unserer Inkarnation mit den Lichtwesen abgesprochen worden. Wenn unsere irdische Verkörperung zu Ende ist, werden wir an diesem silbernen Band aus Licht in eine Parallelwelt hinübergezogen. Solange Seele und Körper noch mit der Silberschnur verbunden sind, ist der Tod noch nicht eingetreten. Sobald aber die Silberschnur zerreißt, erfolgt die nicht mehr rückgängig machbare Trennung von Körper und Seele. Dann gibt es kein Zurück mehr. Unser Leben im jetzigen Körper ist abgeschlossen und es wird nie wieder einen identischen Menschen wie uns geben.

Nach unserer Zeitrechnung braucht die Seele etwa 36 Stunden, bis sie sich energiemäßig vom Körper abgenabelt hat. Bei einem plötzlichen, unerwarteten Tod verdoppelt sich die Zeit auf fast 72 Stunden, und bei einem Suizid kann es sogar eine ganze Woche dauern, bis die Trennung von Seele (Geist) und Körper abgeschlossen ist.

Sobald die Seele nach Hause zurückgekehrt ist, steht ihr sämtliches Wissen wieder zur Verfügung. Sie erkennt sich als das, was sie wirklich ist und immer sein wird. Weil jede Seele ein Teil der göttlichen Urquelle darstellt und mit dieser stets verbunden bleibt, ist in ihr auch der gesamte Schöpfungsplan und sämtliches Wissen aller Zeiten gespeichert. Das absolut Schönste bei der Rückkehr unserer Seele wird das unglaubliche Glücksgefühl und Verständnis für alle Zusammenhänge im Universum sein. Im Gegensatz zu unserem jetzigen Leben werden wir alles verstehen und die Existenz unserer Seele in einem allesumfassenden Kontext wahrnehmen. Wir werden unsere vergangenen und auch Fragmente unserer zukünftigen Leben betrachten können. Vergangenheit, Gegenwart und Zukunft werden dann zu einem einzigen Punkt – dem JETZT – verschmolzen. Mit dem Tod erleben wir eine umfassende und unvorstellbare Bewusstseinserweiterung.

Die Welt nach dem Tod besitzt eine eigene göttliche Ordnung. Unaufhörlich wird sie von Seelen verlassen, und unaufhörlich kommen Seelen wieder zurück. Die meisten Menschen sind am Ende ihrer Inkarnation wenig bis gar nicht auf diese Welt vorbereitet und fühlen sich am Anfang wie in einem Traum. Sie stellen fest, dass sie Energien neben sich haben, die ihnen beim Übergang helfen und die sie in ihrem Leben bereits gekannt haben. Die Seele erkennt dadurch, dass sie selbst auch ein Energiewesen ist. Was unsere Seele zuerst in den neuen Dimensionen wahrnimmt, hängt wesentlich mit unserer persönlichen Einstellung zusammen und mit dem, woran wir glauben. Uns sollte bewusst sein, dass sich nach unserem Übergang in die geistigen Dimensionen alles, was wir uns vorstellen und was wir denken, in Sekundenschnelle verwirklicht. Deshalb sollten wir nach unserem Tod unsere Gedanken und Wünsche möglichst rasch unter Kontrolle bringen und vor allem unsere Ängste loslassen.

Jede Seele gelangt nach dem Tod ihres Körpers in die Geistige Welt.

Ich erinnere mich noch sehr gut an eine für mich unvergessliche Philosophiestunde in der Kantonsschule (Gymnasium). Ich war damals 18 Jahre alt und mein Wissen über die Geistige Welt war noch sehr rudimentär. Der Kurs wurde durch einen äußerst fortschrittlich eingestellten Pater erteilt, der sehr belesen und ausgesprochen intelligent war. Gerade hatte er uns in seinem Eingangsreferat über das Leben danach provokativ mitgeteilt, dass jeder Mensch die Chance erhält, zu Gott zurückzukehren. Einige meiner Mitstudenten waren mit seiner Aussage absolut nicht einverstanden. Eine Studentin meldete sich aufgebracht und fragte: »Wollen Sie damit andeuten, dass Hitlers Seele, der für den Tod von Millionen von Menschen verantwortlich ist, sich nach seinem Tod an denselben Ort begeben konnte, wie alle anderen zurückkehrenden Seelen?« Der Pater blieb ganz ruhig und antwortete: »Ja, so ist es. Alle Seelen haben zum Ziel, sich irgendwann wieder mit der göttlichen Quelle zu verbinden, und sie alle erhalten auch die Chance dazu.« Nach der Antwort des Paters hat die Fragestellerin zusammen mit weiteren Studenten den Raum verlassen. Nach diesem Vorfall haben mehrere Eltern ihren Sohn/ihre Tochter vom Philosophieunterricht abgemeldet. Der Kurs wurde im Folgesemester nicht mehr angeboten und der Pater wurde versetzt.

Nach meinem heutigen Wissensstand muss ich die Aussage des Paters leicht präzisieren. Es stimmt zwar, dass alle Seelen wieder in die Geistige Welt zurückkehren, aber nicht alle an denselben »Ort«.

Wenn die Seele den Körper verlässt, schwingt ihre Liebesenergie in einer bestimmten Frequenz, die entweder sehr hoch oder sehr tief sein kann. Bei Hitler wird diese Schwingungsfrequenz aufgrund seiner menschenunwürdigen und abscheulichen Handlungen mit Sicherheit äußerst tief gewesen sein. Die Frequenz, die bei unserem Tod vorherrscht, bestimmt den Ort, an dem wir uns in der geistigen Dimension wiederfinden. Wer sich also bemüht hat, seine Liebesenergie während seiner Inkarnation zu verstärken und dadurch das Ziel der Rückkehr aller Seelen zur göttlichen Quelle unterstützt hat, den zieht es in eine andere Dimension als denjenigen, bei dem dies nicht der Fall war. Die Welt des Geistes besteht aus zahlreichen Ebenen und Schichten und jede Ebene ist für ihre Bewohner eine ganz reale Welt.

Bei ihrer Ankunft im Jenseits stellt die Seele erst einmal erstaunt fest, dass sich die Geistige Welt gar nicht so sehr von der irdischen Welt unterscheidet. Alles um sie herum besitzt eine Form, um damit den Übergang für die Seele einfacher zu gestalten. Bei uns auf der Erde leben wir in einer Welt der Materie. In der Astralebene ist es eine durch Gedanken geschaffene Welt, die der Seele jedoch ebenfalls sehr real erscheint.

Sobald Ihre Seele den Körper verlassen hat, sind Sie genau das, was Sie denken. Mit dem, was Sie durch Ihre Gedanken, Worte und Handlungen während Ihres Lebens geschaffen haben, bauen Sie in der Astralwelt die Umstände Ihres Daseins. Irgendeine bestimmte Freundlichkeit oder Hilfeleistung gegenüber einem Mitmenschen kann daher mehr bedeuten, als wenn Sie jede Woche routinemäßig einen Gottesdienst besucht haben. Ihre Ernte wird folglich aus dem bestehen, was Sie in Ihrem Leben gesät haben.

Viele Menschen stellen sich vor, dass die Seelen nach dem Tod in einem einzigen riesengroßen Raum vereinigt sind. Aber dem ist nicht so. Jeder hat in der Geistigen Welt einen ihm zugewiesenen Platz. Jede Seele gehört einer bestimmten Seelengruppe an, die alle in etwa dasselbe Bewusstsein besitzen und durch geteilte Erfahrungen auf der Erde einen ähnlichen Wissensstand aufweisen. Die Gruppe hat spezifische Aufgaben zu erfüllen, um die gemeinsamen Ziele zu erreichen. Die Gruppenmitglieder fühlen eine Sensibilität füreinander, die unsere Vorstellungen hier auf der Erde weit übertreffen. Es ist jeweils nur ein Teil einer Seelenfamilie inkarniert. Der Rest bleibt in der jenseitigen

Welt, um die inkarnierten Seelen in schwierigen Lebensumständen zu begleiten und zu unterstützen.

Sobald die Seele die Auswirkungen ihres Lebens mit ihrem Seelenführer besprochen und verarbeitet hat, kann sie wieder in ihre zugehörige Seelengruppe zurückkehren. Diese Seelengruppe ist unsere wirkliche Familie, unser Zuhause. Sie ist eine untrennbare Gemeinschaft, die das Ziel verfolgt, den geistigen Fortschritt aller Seelen zu beschleunigen. Sämtliche Mitglieder einer Seelenfamilie sind für alle Ewigkeit eng miteinander verbunden.

In unserem Leben zwischen zwei Inkarnationen erhalten wir die Chance, uns weiteres universelles Wissen und Begabungen anzueignen, um damit unsere Fähigkeiten in bestimmten Bereichen zu verbessern. Dies geschieht durch die Unterstützung und Begleitung vieler Lichtwesen und vor allem durch die Hilfe unseres geistigen Lehrers. Alles Erlernte dient dazu, sich auf ein neues Leben auf der Erde vorzubereiten. Je besser und intensiver unsere Vorbereitung in der Geistigen Welt verläuft, desto gezielter werden wir in unserer nächsten Inkarnation unseren Lebensplan und unsere Lebensziele umsetzen können.

Die Verjüngung der seelischen Energie und die persönliche Bewertung der Gefühle, des Willens und Könnens dauern für einige Seelen länger als für andere.

Unser Karma vergangener Taten gegenüber der Menschheit sowie alle unsere Fehler und Erfolge müssen vor unserer nächsten Inkarnation durch unsere persönliche Bewertung abgeschlossen werden, um den besten Verlauf zukünftiger Aufgaben gewährleisten zu können. Viele Seelen übernehmen auch beschützende und unterstützende Aufgaben für die Menschen auf der Erde, indem sie wie eine Art Schutzengel für sie werden, oder sie helfen den ankommenden Seelen, damit sie sich nach ihrem Tod bei ihrer Ankunft in der Geistigen Welt schneller zurechtfinden können.

In der Geistigen Welt gibt es so viele Dinge,
die man nicht mit irdischen Ausdrücken erklären kann.

emily

phase sechs

Planung des neuen Lebens

Die Seele wird nicht zu einer Wiedergeburt gezwungen. Sie kann sich selbst entscheiden, ob sie sich in den geistigen Dimensionen weiterentwickeln oder weitere Erfahrungen in einem neuen Erdenleben machen möchte.

Wenn eine Seele in ihrer vergangenen Inkarnation ihre Ziele am Ende ihres Lebens nicht einmal annähernd erreicht hat, hat sie meist weder große Lust noch das Bedürfnis, die Geistige Welt schon bald wieder zu verlassen. Sind jedoch die Wunden eines beendeten Lebens verheilt, und steht die Seele mit sich selbst wieder in Einklang, kann sich die Sehnsucht nach einer weiteren Identität in einem menschlichen Körper verstärken. Die Seele wird eine Welt der vollkommenen Weisheit wieder verlassen, in der sie von Mitgefühl und einer bedingungslosen Liebe umgeben ist, um auf einen Planeten zurückzukehren, der von aggressiven und sich bekämpfenden Menschen bewohnt wird und auf dem sie Ungewissheit und Angst erwartet. Was motiviert die Seele also, wieder erneut zu inkarnieren?

Die Seele vermisst die angenehmen Aspekte, die mit den Sinnesorganen des menschlichen Körpers zusammenhängen. Sie sehnt sich danach, wieder die Sonne auf ihrer Haut zu spüren, ein feines Essen zu genießen oder jemanden körperlich zu berühren. Der Hauptgrund für einen erneuten Inkarnationswunsch besteht aber in der Herausforderung, sich weiterzuentwickeln und bestimmtes, angesammeltes Karma abzutragen. Durch die geistigen Berater und ihre Seelengruppe wird die Seele sorgfältig auf ihre nächste Inkarnation vorbereitet, indem mit ihr zusammen ein optimaler Verlauf in Form eines persönlichen Lebensplans mit den entsprechenden Lebenszielen erstellt wird.

Wenn man Menschen in Trance in frühere Inkarnationen zurückversetzt, lässt sich ihren Aussagen zufolge ableiten, dass die Seele in der Vergangenheit oft sehr lange darauf gewartet hat, wieder neu zu inkarnieren. Es vergingen meist viele Hundert Jahre, bis sie sich wieder zu einer neuen Inkarnation entschlossen hat. Mit der Zeit wurden die Abstände zwischen zwei Leben auf der Erde kürzer. So lässt sich aufgrund von Rückführungen erkennen, dass zwischen 1000 und 1500 die Seele ungefähr alle 200 Jahre und ab 1700 einmal in einem Jahrhundert inkarniert ist. Im 20.

Jahrhundert hat sich die Zeit zwischen zwei Inkarnationen weiterhin verkürzt. Ein möglicher Grund könnte der permanente Anstieg der Bevölkerung sein – zumindest von unserer menschlichen Perspektive aus betrachtet. Wenn die Seele jedoch die Freiheit besitzt, sich zu entscheiden, wann und wo sie wieder inkarnieren möchte, muss man davon ausgehen, dass bestimmte Seelen immer weniger lange in der Geistigen Welt bleiben möchten, um dadurch ihre Entwicklung zu beschleunigen. Die Entscheidung für eine Wiedergeburt hängt aber auch vom Einfluss des geistigen Führers ab, der mit der Seele zusammen genau abwägt, ob eine neue Inkarnation nicht zu früh angestrebt wird. Wie bereits erwähnt, wird die Seele nicht zu einer neuen Inkarnation gezwungen. Es bleibt ihre eigene Entscheidung. Aber nach der Lebensrückschau und der Aufarbeitung sämtlicher Erlebnisse der letzten Inkarnation erkennt sie, dass noch weitere wichtige Erfahrungen auf sie warten, mit denen sie ihre persönliche Weiterentwicklung und das Vorankommen ihrer Seelengruppe beschleunigen kann. Und sie weiß, dass diese speziell für sie zusammengestellten Erfahrungen nur in einem menschlichen Körper gemacht werden können. Es geht darum, an schwierigen Herausforderungen zu wachsen und negative Energien aus früheren Leben zu heilen und zu überwinden.

Ich habe mir in den vergangenen Jahren oft die Frage gestellt, ob die Seele von meinem Papa, den ich leider sehr früh verloren habe, bereits wieder inkarniert sein könnte. Vor einigen Jahren habe ich häufig ausdrucksstarke Bilder von ihm erhalten, die ihn als behinderten Jungen zeigten. Er teilte mir mit ihnen mit, dass er die

Chance hätte, wieder zu inkarnieren, ihm aber in seinem nächsten Leben sein rechtes Bein fehlen würde. Er hat diese Chance, mit einer Behinderung auf die Welt zu kommen und damit viel von seinem Karma abzutragen, nicht angenommen. So musste er erneut warten, bis sich ihm eine weitere Möglichkeit für seine nächste Inkarnation eröffnete.

Vor ein paar Wochen hat mir mein Papa in einem prospektiven, vorausschauenden Wahrtraum eine Nachricht übermittelt. Er hat sich an einem für mich symbolhaften Ort von mir verabschiedet und mir unter anderem mitgeteilt, dass er als Junge – ohne Behinderung – wieder ein neues Leben auf der Erde beginnen wird. Er versprach, mir den Namen des Ortes durch ein Zeichen zukommen zu lassen. Verstorbenen ist es wichtig, dass wir sie innerhalb einer Kontaktaufnahme sofort erkennen. Deshalb erscheinen sie uns in der uns bekannten menschlichen Form und zeigen sich uns in Kleidungstücken oder mit anderen Symbolen, die nur ihnen zugeordnet werden können. Von meinem Papa und mir existiert ein einziges Foto, auf dem ich ungefähr acht Jahre alt bin. Mein Papa trägt darauf einen Hut und eine braune Wildlederjacke, die ich nach seinem Tod behalten und als Student noch sehr viele Male getragen habe. In diesem Traum trug er genau diesen Hut und diese Jacke. Am nächsten Morgen wurde mir auf eine sehr spezielle Art und Weise mitgeteilt, *wo* er inkarnieren wird. Es ist ein kleineres Dorf auf einem tropischen Korallenatoll, von dessen Existenz ich bis zu diesem Zeitpunkt noch nie etwas gehört hatte.

Was bedeutet eine erneute Inkarnation eines Verstorbenen für die Angehörigen, die sich noch auf der Erde befinden? Ist eine Kontaktaufnahme weiterhin möglich?

Die Antwort ist ein klares JA. Da die Seele immer mit der Ursprungsseele, der göttlichen Quelle verbunden ist, bleibt ein Teil von ihr bei einer erneuten Inkarnation in der jenseitigen Welt zurück. Infolgedessen ist es möglich, weiterhin mit der Seele einer verstorbenen Person zu kommunizieren, auch wenn diese mit neuen Seelenaspekten bereits wieder einen menschlichen Körper bewohnt. Wir brauchen also keine Angst davor zu haben, eine geliebte Seele bei unserer Ankunft im Jenseits oder bei einer Kontaktaufnahme respektive einer Rückführung durch ein Medium nicht mehr anzutreffen.

Es gibt Millionen von Menschen auf unserem Erdenplaneten, die in irgendeiner Form Kontakt mit verstorbenen Seelen haben. Dieser Kontakt vollzieht sich in vielen völlig unterschiedlichen Ritualen und Bewusstseinsformen. Der Wunsch, diesen Kontakt aufrechtzuerhalten und dadurch die verstorbenen Seelen nicht zu vergessen, knüpft ein wunderbares Band der Liebe zwischen dem Diesseits und dem Jenseits. Im Universum ist alles mit allem verbunden. Wir sind also niemals wirklich von etwas oder jemandem getrennt. Dies ist nur eine Illusion.

Während einer Inkarnation vermag die Seele jeweils nur einen winzig kleinen Teil der Ursprungsseele widerzuspiegeln. Durch jede neue menschliche Erfahrung, jede neu dazugewonnene Erkenntnis und vor allem durch ihre geistige Weiterentwicklung *in den Leben zwischen den Leben*, verfügt sie über ein zunehmend größeres Wissen über ihren Ursprung und über ihre wahre Existenz in der Geistigen Welt.

Als ein menschliches Wesen haben viele von uns das Wissen über die universellen Zusammenhänge verloren oder es ist zumindest verschüttet. Aus diesem Grund fühlen sich manche auf der Erde einsam und unglücklich, so als wären sie von etwas Wichtigem getrennt. Erst nach dem Tod wird uns wieder vollständig bewusst, dass eine Trennung nie stattgefunden hat. Wir sind als Mensch nur für eine bestimmte Zeit in eine für uns ausgesuchte Rolle geschlüpft, um nach unseren gemachten Erfahrungen wieder in die geistigen Dimensionen zurückzukehren –, die wir ja eigentlich nie wirklich verlassen haben. Hier kommt noch einmal die Silberschnur ins Spiel. Durch sie bleibt unsere Seele während unseres Erdenlebens mit der Gesamtseele verbunden. Sie bietet uns absolute Sicherheit, wieder in die geistigen Dimensionen zurückkehren zu können. Jede Rückkehr der Seele in die Geistige Welt bedeutet, dass es diesen einzigartigen, durch seine individuellen Seelenaspekte geprägten Menschen in der genau gleichen Kombination nie mehr geben wird. Sobald die Seele beim Sterben den Körper verlässt, reißt die Silberschnur. Die Seele benötigt sie bis zu ihrer nächsten Inkarnation nicht mehr. Als ein Teil der Gesamtseele inkarnieren wir als Einzelseele also stets wieder mit neuen, speziell für uns zusammengestellten Seelenaspekten, welche wir für unsere Vervollkommnung und den Karma-Ausgleich in einem weiteren Erdenleben benötigen.

Ihre neue Inkarnation und Ihre damit verbundenen neuen Lebensaufgaben werden zusammen mit Ihrem Geistführer und weiteren beteiligten Lichtwesen sorgfältig geplant und in einem persönlichen Lebensplan festgehalten. Dieser beruht auf dem Entwicklungsstand Ihrer Seele und baut auf den Ereignissen und Erfahrungen Ihrer bisherigen Inkarnationen auf. Da die karmischen Wiedergutmachungen aus vergangenen Inkarnationen nicht zeitlich aufeinanderfolgend verlaufen, kann es sein, dass Sie in Ihrem derzeitigen Leben etwas lernen müssen, das mit einer bereits lange zurückliegenden Inkarnation zusammenhängt.

Dies zeigt sich eindrücklich im folgenden Beispiel einer Fallstudie von Dr. Michael Newton (1931–2016), Gründer des *Institute for Life Between Lives Hypnotherapie*, der Klienten in tiefer Trance in den Seelenbereich des Seins zwischen den Leben führte.

Karmische Fallstudien. Fallstudie 27 Steve

Steve, ein Geschäftsmann aus Texas, erklärt im einleitenden Gespräch vor der spirituellen Rückführung, dass seine Mutter ihn eine Woche nach seiner Geburt auf einer Kirchentreppe in Texas aussetzte und dann verschwand. Nach einigen einsamen und unglücklichen Jahren in einem Waisenhaus wurde er von einem älteren Ehepaar adoptiert, das nach einer strengen Disziplin lebte und alles, was er machte, missbilligte. Steve riss von zu Hause aus, kam dann häufig mit dem Gesetz in Konflikt und unternahm einen Suizidversuch. Seine Wut hatte ihre Wurzeln in Gefühlen der Isolation und des Verlassenseins. Er betonte, er hätte das Gefühl, die Kontrolle über sein Leben zu verlieren, und er sei bereit, alles zu versuchen, um sein wahres Ich zu finden. Steve wurde von Dr. Newton unter Hypnose in seine erste Lebenswoche zurückversetzt, als er seine Mutter zum letzten Mal sah. Er beschrieb diese Situation folgendermaßen:

»Ich bin in einem Korb. Um meinem Körper ist ein verwaschenes, blaues Tuch gewickelt. Es ist kalt. Meine Mutter stellt mich auf die Treppenstufen einer Kirche. Ich kann sie nun deutlich erkennen. Sie ist jung und ich erfahre den Grund, warum sie mich hier aussetzt. Mein Vater ist bereits verheiratet. Ich sehe ihr fließendes schwarzes Haar und fühle, wie ihre Tränen auf mein Gesicht fallen. Ich greife nach ihr und berühre ihren Mund. Sie küsst mich, weich und sanft, und ich fühle, dass es schrecklich für sie ist, mich hier zu lassen. Sie sagt, dass sie mich verlassen muss, weil sie kein Geld hat, um für mich zu sorgen, aber dass sie mich immer lieben und in ihrem Herzen tragen wird. Dann ergreift sie einen schweren Türklopfer und schlägt ihn gegen die Tür. Ich höre Schritte, die sich nähern, und dann ist meine Mutter nicht mehr bei mir.«

Steve war von dieser Erinnerung überwältigt. Er wusste nun, welche Gefühle seine Mutter wirklich für ihn hegte und dass diese Energie immer noch bei ihm war.

Dr. Newton führte Steve in die Zeit zurück, in der er in einem anderen Leben schon einmal mit der Seele seiner Mutter zusammen gewesen war. Er erlebte dadurch den entscheidendsten Punkt ihrer damaligen Beziehung noch einmal.

»Ich stehe in hellem Tageslicht, spüre die heiße Sonne auf meinem Gesicht und den Sand unter meinen Füßen. Ich trage eine lange weiße Robe und Sandalen. Als Symbol meiner Autorität habe ich einen Stab mit goldenen Schlangen in der Hand. Ich bin ein Hohepriester. Mein Name ist Haroum. Ich stehe vor meinem Tempel, vor einer großen Menschenmenge. Meine Wachen stehen hinter mir.*
Ich bin hier, um eine Frau zu verurteilen. Diese Frau ist meine Mutter. Ich erkenne sie als dieselbe Seele, die mich in meinem jetzigen Leben auf der Kirchentreppe ausgesetzt hat. Es ist dieselbe Person, nur in einem anderen Körper. Aber sie war auch damals meine Mutter. Sie kniet vor mir. In ihren Augen liegt ein Ausdruck des Mitleids und der Angst, als sie zu mir aufschaut. Mitleid, weil die Macht mich verdorben hat, durch die große Kontrolle, die ich über das tägliche Leben meines Volkes ausübe, und Angst vor dem, was ich tun werde. Dies verunsichert mich, aber ich darf das nicht zeigen. Meine Mutter ist in das Vorratshaus eingebrochen und hat Lebensmittel gestohlen, um es dem Volk zu geben. Viele sind zu dieser Jahreszeit hungrig, aber nur ich allein kann eine Verteilung anordnen. Das Essen muss sorgfältig abgemessen werden. Indem mir meine Mutter nicht gehorchte, unterminierte sie meine Autorität. Ich benutze die Lebensmittelverteilung als Mittel zur Kontrolle über mein Volk. Ich will, dass sie mir alle treu ergeben sind. Meine Mutter hat das Gesetz gebrochen. Ich könnte sie retten, aber sie muss bestraft werden, um ein Exempel zu

---

* Anmerkung Dr. Newton: Weitere Nachforschungen ergaben, dass ein Stammesführer namens Haroum tatsächlich existierte. Er lebte um 2000 v. Chr. auf der arabischen Halbinsel, in der Nähe des Roten Meeres. In vorklassischer Zeit war diese Gegend als das Königreich von Saba bekannt.

statuieren. Ich entscheide mich, dass sie sterben muss. Ich kann nicht mehr frei regieren, solange sie hier ist. Sie ist ein Dorn in meinem Fleisch und durch ihre Stellung bewirkt sie Unruhe in meinem Volk. Ich befehle ihren Tod, indem ich meinen Stab auf die Tempelstufen schlage.«

In beiden der zwei emotional schmerzlichen Ereignisse ging es um eine willentliche Trennung von Mutter und Sohn. Die karmische Wiedergutmachung ist hier klar zu erkennen. Den Schmerz, den Steve seiner Mutter durch seine Entscheidung, sie zu töten, zugefügt hatte, musste er im jetzigen Leben selbst erleiden. Er durfte gerade mal ein paar Tage die Liebe seiner Mutter empfangen und erlebte und fühlte danach jahrelang den Schmerz des *Nicht-geliebt-Werdens.*

Die Fallstudie von Steve zeigt zudem, wie schwierige Aufgaben, die wir uns in der Geistigen Welt selbst stellen, oft schon sehr früh in der Kindheit ihren Anfang nehmen. Das ist der Grund, weshalb vor einer erneuten Inkarnation der Auswahl der Familie so großes Gewicht beigemessen wird. Es ist für einige Menschen schwer zu akzeptieren, dass sich ihre Seele freiwillig dazu bereit erklärt hat, das Kind eines bestimmten Ehepaares zu werden. Viele erleben in ihrem Leben nicht den Schutz und die Liebe von denjenigen, die ihnen nahestehen. Sie leiden unter den Handlungen ihrer Eltern oder weiterer Familienmitglieder. Hauptsächlich steht ein karmischer Zweck dahinter, ob wir von einem Nahestehenden Schmerz oder Freude erhalten.

Zum Zeitpunkt der neuen Lebensplanung wissen Sie alles Wichtige über Ihre Seele. Sie kennen Ihre Vergangenheit, und es werden Ihnen Ausschnitte aus Ihrer Zukunft gezeigt, die sich aufgrund Ihrer Wahlmöglichkeiten während Ihrer Lebenszeit immer wieder verändern können. Ihr Schicksal ist nicht gänzlich vorbestimmt. Zwar sind die wichtigsten Lebenszyklen und die unausweichlichen Ereignisse aufgrund Ihres karmischen Schicksals in Ihrem Lebensplan festgelegt. Das heißt, Sie können bestimmten, für Sie geplanten Ereignissen nicht ausweichen. Doch es gibt viele Alternativen, die jetzt noch unklar sind, weil Ihr wahres Schicksal sich erst durch Ihre Handlungen und Entscheidungen in Ihrem menschlichen Körper vollständig zeigen wird. Sie können nun klar erkennen, was es noch aufzuarbeiten gibt und was Sie neu dazulernen müssen. Ihnen ist in dieser Phase bewusst, dass es Ihre Entscheidungen sein werden, die Sie voranbringen oder Ihnen Rückschläge verursachen werden. Durch Ihren freien Willen können Sie sich in jeder Inkarnation immer für oder gegen das Licht entscheiden.

Bevor Sie wieder inkarnieren können, müssen außer den für Sie passenden Eltern noch weitere Dinge ausgesucht und geklärt werden. Dazu gehört das passende geografische, kulturelle und zeitliche Umfeld, in das Sie hineingeboren werden. Welche neuen Erfahrungen soll Ihre Seele in der neuen Inkarnation machen? Was wird die Hauptaufgabe Ihrer neuen Inkarnation sein? Was müssen Sie als Seele in Ihrem neuen Erdenleben für Ihre Seelenfamilie erfüllen?

Damit Sie die von Ihnen ausgesuchten Aufgaben in einem menschlichen Körper lösen können, werden in Ihrem Lebensplan auch Ihre Charaktereigenschaften, Ihre Hautfarbe, Ihre sexuelle Orientierung, Ihr Aussehen und Ihr Intellekt festgelegt. Es kann sein, dass Sie ein bestimmtes Handicap oder eine bestimmte Veranlagung in Kauf nehmen, um Ihre Ziele zu erreichen. Für eine neue Inkarnation werden unter Umständen auch spezifische Probleme und Herausforderungen eingebaut, die großen Schmerz in Ihrem Leben auslösen können. Sie können sich wahrscheinlich in Ihrem neuen Erdenleben als menschliches Wesen nicht annähernd vorstellen, Derartigem zugestimmt zu haben, doch so ist es. Ohne gewisse Problemsituationen und ohne Schmerz wird kein Reifeprozess möglich sein, weder für Sie selbst noch für weitere Seelen, die mit Ihnen in Ihrer nächsten Inkarnation zu tun haben. Neben Ihrem individuellen Lernprozess existiert auch ein gemeinsames Lernen mit anderen Seelen, mit denen Sie in Ihrer neuen Inkarnation zusammenkommen werden.

Sie dürfen Ihren Lebensplan für eine Reinkarnation, die Sie mit Ihrem geistigen Führer und vielen weiteren beteiligten Lichtwesen planen, nicht als etwas Isoliertes, als ein nur für Sie geschaffenes Produkt verstehen. In Ihren neuen Lebensplan sind unzählige weitere Seelen miteingebunden, mit denen zusammen Sie am Ende der Planung gewisse Alternativszenarien besprechen müssen. Wie auch immer Ihr neuer Lebensplan ausschauen mag, er wird ein Plan bleiben. Dies deshalb, weil Sie als menschliches Wesen bestimmte Dinge mit Ihrem freien Willen durch Ihre Gedanken, Worte und Handlungen verändern und somit in gewissen Bereichen, in den für Sie vorgesehenen, göttlichen Plan eingreifen können.

Unser gewählter Körper ist ein wichtiger Teil der Prüfungen, die wir für unser neues Leben auswählen. Die freie Wahl beruht mehr auf psychologischen Elementen als auf den ungefähr 100.000 Genen, die wir von unseren Eltern erben werden. Es gibt aber auch Seelen, die sich bewusst für bestimmte physische Körper entscheiden. Die Körperwahl hat einen entscheidenden Einfluss auf die Verwirklichung der Seele. Wenn die Seele ein Extrem wählt, wird dem in einem späteren Leben ein Gegengewicht gesetzt, um die Entwicklung wieder auszugleichen. Hier spielen auch die Gesetze der karmischen Kompensation eine bedeutsame Rolle.

Unabhängig vom Niveau unserer Seelen heißt Mensch zu sein, dass wir alle Fehler machen und während unserer Leben immer wieder Kurskorrekturen vornehmen müssen. Dies gilt für jeden Körper, den wir auswählen. Schwere Prüfungen auf der Erde zu überleben, bringt uns mit jedem neuen Leben in einen höheren Bewusstseinszustand und fördert die Identität unserer Seele.

Unsere Seele beginnt ihr neues Leben in einem menschlichen Körper nicht alleine. Unser geistiger Führer oder unser Schutzengel – eine Bezeichnung, die mir persönlich besser gefällt – wird uns unser ganzes Leben hindurch begleiten. Mit uns zusammen inkarnieren auch weitere, gezielt ausgesuchte Seelen. Diese Seelengefährten werden uns irgendwann begegnen, und es ist wichtig, dass wir sie dann auch erkennen.

Seelengefährten sind vorbestimmte Lebensbegleiter, die uns und auch sich selbst helfen, durch gegenseitige Unterstützung in verschiedensten Situationen bestimmte Ziele zu erreichen. Dieser Beistand kann sich in einer tiefen Liebesbeziehung, aber auch in rein freundschaftlichen Kontakten, die auf tiefem, gegenseitigem Respekt beruhen, verwirklichen. Oft treten unsere Seelengefährten auch nur für eine bestimmte Zeit in Form unverbindlicher Bekanntschaften in unser Leben und unterstützen uns in zweckmäßigen Verbindungen. Ein Seelengefährte kann also in unterschiedlichen Formen in unser Leben treten und bleiben oder es irgendwann wieder verlassen. Wir erleben nicht alle Begegnungen mit Seelengefährten als harmonisch. Viele davon können äußerst frustrierend sein. Das sind diejenigen, von denen wir bestimmte Lektionen über zwischenmenschliche Beziehungen lernen müssen, damit wir verstehen, dass wir andere Menschen als das annehmen müssen, was sie sind. Ohne von ihnen zu erwarten, dass sie unser Leben bereichern oder dass unser Glück von ihnen abhängt. Beziehungen zwischen Menschen sind der wichtigste Teil unseres Lebens und in den meisten Fällen mit karmischen Lektionen verbunden. Es gibt viele Seelengefährten, die bewusst in unser Leben treten müssen, damit wir etwas über uns lernen und uns dadurch weiterentwickeln. Auf der anderen Seite sind die Seelengefährten, die in unserem Leben erscheinen und bleiben, ein großes wunderbares Geschenk.

Bevor wir erneut inkarnieren, wissen wir genau, welchen Seelengefährten wir in welchem Lebensabschnitt und an welchem Ort begegnen werden. Doch weil wir uns nach unserer Geburt nicht mehr bewusst an das Wissen aus der Geistigen Welt erinnern können, ist es nicht immer einfach, sie im gegenwärtigen Leben zu erkennen. Manchmal geschieht das Wiedererkennen durch eine Déjà-vu-Situation oder eine bewusst wahrgenommene Synchronizität. In vielen Fällen, vor allem in Herzensangelegenheiten, kann dies auch durch eine große Vertrautheit erfahren werden. Ebenso können bestimmte Zeichen darauf hindeuten, dass wir einen Seelengefährten getroffen haben oder ihm begegnen werden. Zeichen, die oft erst zu einem späteren Zeitpunkt von uns richtig gedeutet werden können.

Emily

Meine Mama konnte sich gut daran erinnern, dass sie als kleines, etwa sieben Jahre altes Mädchen oft die kleine Friedhofskapelle ihres Wohnorts besuchte. Immer wenn zu Hause jemand krank war oder es sonst ein Problem gab, schickte meine Großmutter sie zusammen mit ihrem jüngeren Bruder dorthin, um für das jeweilige Anliegen zu beten. Auf dem Weg über den Friedhof wurde sie stets magisch von einem Kindergrab angezogen. Da war ein ihr unbekanntes Mädchen begraben, das gerade einmal einen einzigen Tag lang leben durfte. Meiner Mama tat dieses kleine Wesen so leid, dass sie an ihrem Grab immer auch noch für sie gebetet hat. Sie konnte damals noch nicht wissen, dass sie etwa zwanzig Jahre später den Bruder dieses Mädchens, meinen Papa, heiraten würde. Meine Mama hatte die Verbindung zu dieser Familie schon damals gespürt. Das Zeichen konnte sie aber erst nach ihrer Heirat richtig deuten.

Es gibt einen roten Faden in unserem Leben, den wir so gewählt haben und der zu Beginn unseres Lebens feststeht. Aber es gibt immer auch Alternativen – und wir lernen auch aus ihnen. Bitte intellektualisieren Sie bedeutende Begegnungen und zukünftige Ereignisse nicht zu sehr. Hören Sie auf Ihre Gefühle, auf Ihre innere Stimme. Unsere besten Entscheidungen kommen mithilfe unserer Intuition zustande. Wenn ein besonderer Moment in Ihrem Leben geschehen soll, dann wird dieser Moment auch irgendwann eintreffen.

Hat sich die Seele entschieden, wieder zu inkarnieren, läuft ihr neues Leben nach einem geordneten Plan ab. Sobald sich die Seele im Mutterleib befindet, beginnt sie, sich mit ihrem neuen Körper zu verbinden. Da sie sich zu diesem Zeitpunkt noch in einem allwissenden Zustand befindet, kann sie sich schneller als am Ende des Lebens den neuen Begebenheiten anpassen. Trotzdem ist sie auf den Schock der Geburt nicht vollständig vorbereitet. Mir wird immer wieder übermittelt, dass der physische Schock bei der Geburt im Vergleich zum Moment des Todes wesentlich größer ist.

Sobald Ihre Seele wieder in einem menschlichen Körper geboren wird, haben Sie alle bisherigen Inkarnationen und die Erinnerungen an Ihr Seelenbewusstsein verloren. Das Kleinkind bleibt zwar in seinen ersten Lebensjahren noch intensiv mit der jenseitigen Welt verbunden, entfernt sich aber mit zunehmendem Alter mit seinem Bewusstsein immer mehr von diesen Dimensionen. Würden Sie sich bewusst an Ihre vergangenen Inkarnationen und an Ihre Aufenthalte in der spirituellen Welt erinnern, wäre es Ihnen nicht mehr möglich, sich auf Ihre aktuelle Inkarnation zu konzentrieren. Sie könnten Ihren Mitmenschen nicht mehr so locker und vorurteilslos begegnen, weil Sie die allermeisten von ihnen bereits schon in früheren Inkarnationen getroffen haben. Mit den einen waren es wundervolle, mit den anderen sehr leidvolle und äußerst schmerzhafte Begegnungen.

Durch Leid, Hass und Krisen aller Art haben viele auch in ihrer derzeitigen Inkarnation wieder vergessen, dass sie eine unsterbliche Seele sind. In unserem Leben geht es vor allem darum, sich wieder daran zu erinnern. Wieder Zugriff auf das Wissen zu erhalten, von dem wir nie wirklich getrennt waren. Reiferen Seelen gelingt es schneller, diese bedeutsamen Erinnerungen wieder in sich wachzurufen. Die meisten Menschen werden sich aber erst nach ihrem Tod wieder bewusst, wer sie sind. Egal welche kulturelle Prägung Sie aufweisen, welcher Religion Sie angehören oder aus welcher sozialen Schicht Sie stammen: Sie alle werden sich in der Geistigen Welt als göttliche Seele erleben, die ein Teil des lichtvollen, kosmischen Ganzen ist.

Unser Verstand kann das Grenzenlose, das wir sind, niemals erfassen.

Auch wenn das Ziel einer Seele darin besteht, wieder in die Ungetrenntheit, in die göttliche Quelle oder das kosmische Ganze einzugehen, sollte sie während ihres Aufenthaltes in einem menschlichen Körper jeden Tag von Mitgefühl und Freude erfüllt sein. Es geht nicht darum, zu einer Seele zu *werden*, sondern sich wieder daran zu erinnern, dass man eine Seele *ist*.

Der Motivationsfaktor für Seelen,
wieder auf die Welt zu kommen,
ist Weiterentwicklung.

Unabhängig vom Niveau unserer Seelen
heißt Mensch zu sein,
dass wir alle Fehler machen werden
und während unserer Leben
Kurskorrekturen vornehmen müssen.

Dr. Michael Newton
Los Angeles

kapitel acht

wenn ich noch **einmal** einen tag **zurückkehren** könnte

Das Bewusstsein um die Macht unserer Gedanken und Worte

Wenn ich noch einmal einen Tag zurückkehren könnte
... würde ich euch sagen,
dass ihr eure Gedanken und Worte besser kontrollieren solltet.
Sie erschaffen eure Realität und haben einen
entscheidenden Einfluss auf sämtliche Erfahrungen,
die ihr in eurem Leben machen werdet.

emily

Meist wird uns erst nach dem Tod wieder vollständig bewusst, welches unsere wirklichen Lebensziele waren. Die meisten Seelen nehmen sich vor, bestimmte Eigenschaften zu verbessern, Fehler aus vergangenen Leben wiedergutzumachen, Karma abzutragen und vor allem zu versuchen, sich selbst und andere mehr zu lieben. All diese Vorhaben können am einfachsten in einem menschlichen Körper umgesetzt werden. Die Seele weiß, dass der schnellste Weg, ihre geplanten Aufgaben zu lösen, über die Erde führt. Um ihre Lebensziele zu erreichen, muss sie sich eine Inkarnation aussuchen, die ihr durch bestimmte Herausforderungen die bestmögliche Chance bietet, sich weiterzuentwickeln.

Viele Seelen sehen sich bei der Besprechung ihrer Seelenrückschau damit konfrontiert, sich und andere im Leben zu wenig geliebt zu haben. Sich nicht erlaubt zu haben, mit dem, was ihnen zur Verfügung stand, glücklich zu sein. Viele Menschen leben ständig in der Vorstellung, dass ihnen etwas fehlt, um das vollkommene Glück empfinden zu können. Dies ist ein Trugschluss. Wir haben alles, was wir brauchen, in uns und müssen es deshalb nicht im Außen suchen.

Wann haben Sie sich das letzte Mal so richtig glücklich und zufrieden gefühlt? Einen *azurblauen Moment* erlebt, den Sie für immer in sich tragen können und den Ihnen niemand mehr wegnehmen kann? Vielleicht bei einem wunderschönen Sonnenuntergang, bei einem Zusammensein mit Menschen, die Ihnen viel bedeuten oder in dem Moment, als Ihnen durch eine Botschaft übermittelt wurde, dass ein für Sie schwerwiegendes Problem gelöst werden konnte? Es braucht nicht besonders viel, um sich diesen azurblauen Momenten anzunähern. Oft werden wir allerdings durch negativ eingestellte Menschen davon abgehalten, oder wir stehen uns durch unsere eigenen Vorstellungen und Auffassungen darüber, was uns glücklich macht, selbst im Weg. Es ist unentbehrlich, im Leben auch Spaß zu haben, sich Dinge zu trauen und seine persönlichen Qualitäten für sich und andere einzusetzen.

Durch unsere pausenlos fließenden Gedanken und Gefühle erschaffen wir ein Energiefeld um uns herum, welches auf unsere Mitmenschen wie ein Magnet wirkt. Wir ziehen unablässig das an, was wir aussenden. Deshalb sollten wir nicht an Dinge denken, die uns Angst machen und die wir nicht in unserem Leben haben möchten, sondern uns mit dem befassen, was wir uns wünschen und was uns glücklich macht. Wir sollten uns unsere Wünsche so stark verinnerlichen, bis wir die Freude, die durch unsere positive Visualisierung entsteht, fühlen können, um dadurch alles, was uns erfüllt, in unser Leben zu ziehen.

Glücklich und zufrieden fühlen wir uns erst, wenn sich unser körperliches und seelisches Wohlbefinden in einer ausgewogenen Balance befinden. Da sich die meisten Menschen jedoch nur auf ihren Körper und seine Bedürfnisse konzentrieren und die Anwesenheit der Seele nicht miteinbeziehen, treten bei einem Ungleichgewicht schnell Mangelzustände wie Unzufriedenheit und Frustration auf. Tausende von Menschen fühlen sich deswegen körperlich krank, und der Gedanke, sich über etwas zu freuen, liegt für sie unerreichbar weit entfernt.

Unsere Gedanken haben einen viel weitreichenderen Einfluss auf unseren Körper und damit auf unser Wohlbefinden und unsere Gesundheit, als wir uns das vorstellen. Wir sollten uns der Macht der Gedanken und Worte stärker bewusst sein, wenn wir über uns selbst oder über andere Menschen sprechen. Im Hinblick auf unsere Gesundheit besitzt neben unseren eigenen Gedanken auch *die Sprache* in unserem Umfeld eine große Macht. Ganz besonders scheint das zu gelten, wenn sich das Gegenüber in einer aus unserer Sicht machtvollen Position befindet. Im Krankheitsfall trifft das vor allem auf Ärzte zu. In den meisten Fällen glauben wir, was sie uns sagen. Und das hat Folgen. Dies zeigt der eindrückliche Bericht »Die Macht der Gedanken« aus der WDR-Sendereihe *Planet Wissen*.

Prof. Joachim Bauer, Psychologe und Selbstheilungsexperte:

»Als Mensch verfügen wir über neuronale Netzwerke, die im vordersten Bereich des Gehirns angesiedelt sind. Diese Netzwerke nehmen Informationen von anderen Menschen auf. Sind diese positiv, können sie unser Immun- und Motivationssystem mit seinen Glücksbotenstoffen aktivieren, das Stresssystem dämpfen und dadurch bestimmte Heilungsprozesse beschleunigen. Im präfrontalen Kortex, wie dieser Bereich unseres Gehirns auch bezeichnet wird, werden Einflüsse auf unser Seelenleben in physiologische Kettenreaktionen verwandelt. Das was besonders stark auf unsere Psyche wirkt, sind die Menschen um uns herum. Der stärkste Einfluss auf unsere körperliche und seelische Gesundheit hat ein anderer Mensch durch die Macht seiner Sprache. Wir glauben meist, was uns bestimmte Menschen sagen. Worte von Menschen in Machtpositionen können demzufolge eine Heil-, aber auch eine Zerstörungskraft besitzen.

Wussten Sie, dass wenn ein Arzt einem Patienten vorgängig sagt, dass er ihm ein Schmerzmittel verabreicht, er das

Mittel ein Drittel geringer dosieren kann, als wenn er dem Patienten nichts über den Nutzen des Medikamentes sagt? Wenn der Mensch vor einer Herzoperation seine Perspektiven positiv bewertet, verläuft sein Heilungsprozess wesentlich schneller und besser. Ähnliches wird bei Krebserkrankungen beobachtet. Unser Gehirn kann die Heilung durch unsere Gedanken steuern und unser soziales Umfeld ist wesentlich daran beteiligt. Tiefe Gefühle wie Ekel, Hass oder Liebe finden in der Insula statt, wo alle unsere inneren Organe sozusagen noch einmal im Gehirn kartiert sind und die Stimmungszustände, in denen sich die Organe befinden, im Gehirn fühlbar machen. Dem Gehirn positive Impulse und Sinnhaftigkeit zu vermitteln, ist im Sinne der modernen Forschung bereits Teil der Therapie. Doch nicht nur Ärzte haben Verantwortung für die Stärkung eigener Selbstheilungskräfte. Auch wir selbst sollten uns die Frage stellen, wie weit wir unser biologisches Schicksal durch die Art wie wir leben selbst beeinflussen können. Auf der einen Seite leben wir in einem realen Korridor, den wir nicht verlassen können. Der ist gegeben durch unsere Gene, durch unsere biologische Grundausstattung. Aber innerhalb des realen Korridors, der durch die biologischen und sozialen Vorbedingungen gegeben ist, gibt es Spielräume, mit denen wir unseren inneren Arzt selbst stärken können, indem wir nicht nur auf defekte Teile unseres Körpers fixiert sind, sondern auf die stimmige Balance von Körper und Geist (Seele) achten. Wir sollten unser Potenzial zur Selbstheilung ernst nehmen.

Unsere moderne Schulmedizin vermag heutzutage sehr viel zu leisten. Aber der Glaube an das kraftvolle Wechselspiel zwischen ICH und DU, zwischen Gedanken und Organen, hat sie oft nicht im Blick. Die Ärzte sollten die unglaublich starken Heileffekte mit dazunehmen, die sich daraus ergeben können, wenn Ärztinnen und Ärzte in eine gute Ärzte-Patientenbeziehung treten können.«

Emily

Etwa vier Jahre vor ihrem Tod stellte meine Mama Veränderungen an ihren Brüsten fest. Nach einer gründlichen ärztlichen Untersuchung wurde bei ihr Brustkrebs diagnostiziert. Niemand, und am allerwenigsten sie selbst, hatte aufgrund ihres fortgeschrittenen Alters mit einer solchen Diagnose gerechnet.

Da beide Brüste betroffen waren und die Ärztin nicht voraussagen konnte, wie schnell sich der Krebs ausbreiten würde, empfahl sie ihr eine Operation, bei der beide Brüste entfernt worden wären. Meine Mama schlug diese Option jedoch aus. Sie war nicht bereit, sich diesem Eingriff zu unterziehen und sich danach den daraus resultierenden Herausforderungen zu stellen. In ihrem Alter hätte sie bei einer so schwerwiegenden Operation mit schlimmen Konsequenzen rechnen müssen. Vielleicht hätte sie sie auch nicht überstanden. Sie nahm die Krankheit an und begann mit einer antihormonellen Therapie, von der sie sich erhoffte, dass sie bei ihr anschlagen würde.

Emily war unglaublich gut darin, ihre Selbstheilungskräfte zu aktivieren. Indem sie jeden Tag bestimmte positive Affirmationen mehrmals wiederholte, sich diese verinnerlichte und sich dabei intensiv vorstellte, dass ihre Brüste wieder vollkommen gesund waren, legte sie den Grundstein für den Beginn ihrer Heilung. Jedes Mal, wenn sie eine Hormontablette einnehmen musste, segnete sie sie und stellte sich vor, wie die betroffenen Tumore immer kleiner wurden. Vergleichbar mit einer Brausetablette, die man in ein Glas Wasser wirft und die sich dann mit der Zeit darin vollkommen auflöst. Auf die Verpackung ihrer Krebsmedikamente schrieb sie mit dicken Buchstaben »Gesundheitstabletten«, und sie versuchte, möglichst wenig mit anderen über ihre Krankheit zu sprechen oder das Wort Brustkrebs überhaupt zu verwenden.

Bereits nach einem Jahr konnte ihre Ärztin einen leichten Rückgang der Tumore feststellen. Ein halbes Jahr vor ihrem Tod fand ihre letzte Untersuchung statt. In beiden Brüsten war nichts mehr erkennbar. Die Tumore hatten sich »aufgelöst«. Genauso, wie sie es sich täglich mit dem Symbol der Brausetablette immer wieder vorgestellt hatte. Die Ärztin konnte es kaum glauben und sprach von einem Wunder.

Das Wechselspiel zwischen Schulmedizin und Aktivierung der eigenen Selbstheilungskräfte, in Verbindung mit einem unerschütterlichen Glauben daran, den Krebs zu besiegen, hatten dieses Resultat ermöglicht. Meine Mama war unendlich dankbar, dass ihr eine zusätzliche, schwierige Brustoperation und die damit verbundenen seelischen und körperlichen Schmerzen im letzten Abschnitt ihres Lebens erspart geblieben sind. Zu dieser positiven Heilung beigetragen haben mit Sicherheit auch die Gedanken und die Sprache der Menschen aus ihrem persönlichen Umfeld, durch die sie immer wieder darin bestätigt wurde, dass sie den Kampf gegen den Brustkrebs gewinnen wird.

Unsere Gedanken und Gefühle sind überaus entscheidend für unser Erleben und unsere Erfahrungen auf diesem Planeten. Wissenschaftliche Studien belegen, dass wir im Schnitt 60.000 bis 80.000 Gedanken pro Tag haben. Davon laufen 99,9% unbewusst und nur 0,1% bewusst ab. Etwa 70% sind flüchtige und unbedeutende Gedanken und ganze 27% davon sind negativ. So bleiben gerade mal 3% aufbauende, positive und kreative Gedanken übrig.

Unsere Gedanken spiegeln unser Inneres wider. Sie zeigen unserer Umwelt, wie wir uns gerade fühlen. Achten wir also mehr auf sie. Bereits dadurch, dass wir uns nicht den ganzen Tag durch Medien aller Art von der Negativität in dieser Welt berieseln lassen, können wir verhindern, dass in unserem Unterbewusstsein haufenweise Müll abgelagert wird. Grundsätzlich können wir unseren negativen Gedanken die Energie entziehen, indem wir einfach aufhören, sie zu denken und uns mit anderen, positiveren Dingen beschäftigen. Wir sind den ganzen Tag damit beschäftigt zu bewerten. Doch wir müssen nicht immer auf alles und jedes reagieren und können die anderen Menschen einfach tun lassen. Jeder Mensch ist für seine Entscheidungen selbst verantwortlich.

Es ist verständlich, dass wir uns in der Nähe von Menschen, die den ganzen Tag schlecht drauf sind und uns durch ihre Negativität runterziehen, nicht wohlfühlen.

Deshalb ist es besser, sich von solchen Menschen zu trennen. Wir können selbst entscheiden, mit wem wir gerne Zeit verbringen und welchen Menschen wir lieber aus dem Weg gehen möchten. Unterschätzen Sie nie den Einfluss anderer Menschen auf Ihr körperliches und seelisches Wohlbefinden. Sei es durch ihre Worte oder ihre Handlungen. Unser Gehirn verwandelt Informationen innerhalb von Millisekunden in Emotionen. Ihre eigenen Emotionen sind eine psychische und körperliche Reaktion auf ein Ereignis, das Sie dadurch automatisch bewerten. Ihre Bewertung läuft meist unbewusst ab und orientiert sich an ihren Erfahrungen und Erinnerungen. Emotionen können viel in uns auslösen. Sie bewirken, wie wir uns auf die Worte und Handlungen anderer verhalten und was davon in unserem Hirn gespeichert wird.

Der amerikanische Psychologe Paul Ekman ging bereits vor rund dreißig Jahren von sieben Basisemotionen aus. Darunter gehören Freude, Wut, Ekel, Furcht, Verachtung, Traurigkeit und Überraschung. Erstaunlicherweise sind diese Emotionen in allen Kulturen bekannt und werden beinahe überall in einer ähnlichen Art ausgedrückt.

In unserem Alltag werden wir in den unterschiedlichsten Lebenssituationen immer wieder mit diesen Emotionen konfrontiert. Eine sehr gute Zusammenstellung habe ich im Helsana Ratgeber *Emotionen* gefunden, bei deren Ausgabe Prof. Dr. Andrea Samson und Astrid Gabriel als Expertinnen mitgewirkt haben. Helsana wurde für diese Ausgabe beim BCM Award 2023 Gold in der Kategorie »Best of Print« ausgezeichnet.

Die Wut

eine heftige Emotion, die aus Verärgerung, Empörung und Frustration in Sekundenschnelle ausbrechen und auf sich selbst oder andere gerichtet sein kann. Anzeichen: Gerötete Haut, zittrige Stimme, beschleunigte Atmung, zusammengepresste Lippen.

Die Angst

die in unterschiedlichen Bereichen immer mehr Platz in unserer Gesellschaft einnimmt. Angst vor Krieg, Umweltkatastrophen, Arbeitsverlust, Krankheit und so weiter. Angst kann eine Warnfunktion beinhalten und uns dadurch vor Risiken schützen, sie kann aber auch mobilisierend wirken. Anzeichen: Beschleunigter Puls, erweiterte Pupillen.

Die Erleichterung

die wir spüren, wenn wir von einem großen inneren Druck befreit werden. Wenn uns eine riesige Last von der Schulter genommen wird. Anzeichen: Entspanntes Ausatmen.

Die Zufriedenheit

wenn wir uns, wenigstens für eine kurze Zeit, innerlich ausgeglichen fühlen. Wenn wir für einen bestimmten Moment lang kein Verlangen nach mehr oder anderem haben. Die Zufriedenheit hängt stark mit emotionalen Prozessen wie der Motivation zusammen und ist ein wichtiger Teil des Wohlbefindens.

Das Mitleid

durch das wir Anteilnahme am Leid anderer bekunden und damit unsere emotionale Verbundenheit zeigen. Mitgefühl kann aber auch eine egoistische Seite beinhalten. Und zwar dann, wenn man glücklich darüber ist, sich nicht selbst in dieser Situation zu befinden.

Die Scham

wenn wir über unsere gemachten Fehler reflektieren oder wenn wir bewusst durch andere in peinliche Verlegenheit gebracht werden. Die Scham ist eine Selbstbewertungsemotion und ist für Außenstehende wahrnehmbar. Anzeichen: Erhöhter Puls, Schweißausbrüche, Schwindel, Herzklopfen, Erröten.

Der Stolz

den wir durch gesellschaftliche oder durch unsere eigene, persönliche Anerkennung erhalten. Sie bewirkt eine große Zufriedenheit mit uns selbst oder mit anderen. Anzeichen: Aufrechte Haltung, zurückgelegter Kopf, Arme vom Körper gestreckt. Kann in Überheblichkeit oder Narzissmus übergehen.

Der Hass

der sich schleichend entwickelt, über eine lange Zeit aufstaut und zu einer leidenschaftlichen Ablehnung wird. Der Hass entsteht oft aus schwer bestimmbaren Motiven wie Neid, Eifersucht, verletzten Werten und Bedürfnissen.

Die Liebe
die als stärkste positive Emotion bezeichnet werden kann. Sie ist dauerhafter als Verliebtheit und stärker als Gernhaben. Liebe ist eine starke Zuneigung zu einem uns nahestehenden Menschen. Anzeichen: Warmes, angenehmes Gefühl im ganzen Körper.

Natürlich treten gewisse Emotionen nicht nur einzeln, sondern meistens in Verbindung mit anderen auf. So kann beispielsweise die Wut von Hass und Verzweiflung begleitet sein. Man spricht in diesem Fall von Emotionsgruppen oder einer Emotionsfamilie.

Die Forschung ist sich uneins, wie viele Emotionen es wirklich gibt. Eine Forschungsgruppe der Universität Berkeley definierte vor einigen Jahren siebenundzwanzig verschiedene Emotionen, die alle stark zusammenhängen.

Emotional kompetent zu sein, bedeutet, dass wir uns ganz viele Fähigkeiten und Kompetenzen zuerst aneignen müssen. Dazu gehört Mitgefühl genauso wie die Fähigkeit, klar zu kommunizieren. Es geht uns erst gut, wenn wir gelernt haben, mit den auf uns tagtäglich einströmenden Emotionen umzugehen. Emotional kompetente Menschen können tiefgehende Beziehungen pflegen, lösen die meisten Konflikte konstruktiv und fühlen sich deshalb im Leben ausgeglichener und glücklicher.

◊◊◊

Gedanken und Emotionen sind also maßgeblich miteinander verknüpft. Wenn wir denken, erzeugt unser Hirn Botenstoffe, und diese wiederum beeinflussen unsere Stimmungen und Gefühle. Positive Bewertungen fördern deshalb unser Wohlbefinden, negative führen zur Ausschüttung von Stresshormonen, die uns unglücklich oder depressiv werden lassen.

Wir sollten negative Emotionen jedoch nicht einfach ignorieren oder sie verdrängen. Viele negative Emotionen sind sinnvoll und wichtig. Sie weisen uns darauf hin, dass etwas nicht in Ordnung ist und sind häufig Signale für das nötige Einleiten von Veränderung. Gedanken und Emotionen sind auch untrennbar mit unseren Erinnerungen verbunden. Negative Erinnerungen, die an bestimmte Situationen in der Vergangenheit gekoppelt sind, rauben uns jedes Mal erneut viel Energie, wenn wir an sie denken. Wir sind bestimmten Situationen im Leben allerdings nicht einfach hilflos ausgeliefert. Verändertes Denken kann unsere Emotionen wandeln, wodurch sich uns neue Handlungsperspektiven eröffnen. Was geschehen ist, können wir nicht mehr rückgängig machen. Um unserer Seele und unserem Körper nicht selbst zu schaden, sollten wir uns deshalb mittels positiver Gedanken von schmerzhaften Emotionen aus der Vergangenheit zu befreien versuchen, und uns bewusst auf die gegenwärtigen Erfahrungen konzentrieren.

Gemäß der *Broaden-and-build-Theorie* von Barbara Fredrickson, Professorin für Psychologie an der University of North Carolina, erweitern positive Emotionen wie Freude, Interesse, Dankbarkeit, Liebe und so weiter unseren Horizont und lassen uns Neues ausprobieren – in Gedanken und Taten. Längerfristig baut dieses erweiterte Spektrum unsere inneren Ressourcen wie Kreativität, Handlungsfähigkeit, Energielevel und Lebensfreude auf und macht uns für die Zukunft belastbarer.

Hör auf,
dir ständig um alles Sorgen zu machen,
dir alle möglichen Schreckensszenarien vorzustellen,
die sich ereignen könnten.

90 Prozent von all dem, wovor du
Angst hast, wird niemals eintreffen.

Der Sturm wird sich wieder legen
und die Sonne wird jeden Tag neu aufgehen.

Nikki Haskell

Ohne Negativität gibt es keine Lernerfahrungen

Wenn ich noch einmal einen Tag zurückkehren könnte
... würde ich euch sagen,
dass Licht und Schatten zusammengehören. Gäbe es im Leben keine Negativität, könntet ihr keine der für euch so wichtigen Lernerfahrungen machen und euch während eurer Zeit auf der Erde nicht weiterentwickeln.

emily

Das Leben beschert jedem Menschen ein gewisses Maß an Negativität. Sei dies im individuellen Leben oder im Rahmen einer Gemeinschaft. Das bedeutet, dass wir unsere Entscheidung, worauf wir unsere Aufmerksamkeit richten, bewusst treffen und folglich die eigene Verantwortung für unsere aktuelle Inkarnation übernehmen müssen. Unser Ziel besteht darin, dem Negativen um uns herum ganz bewusst positiv gegenüberzutreten, um dadurch die natürliche Balance wiederherzustellen.

Negativität entwickelt sich von allein. Positivität setzt viel Arbeit voraus. Mit Sicherheit haben Sie schon mal versucht, Ihre Ernährung anzupassen, nicht mehr so viel Alkohol zu trinken oder weniger zu rauchen. Dann wissen Sie aus erster Hand, wie schwierig es ist, eine solche Entscheidung umzusetzen.

Ein häufig in Erscheinung tretendes Beispiel für Negativität ist die beinahe schon anerkannte Kultur des Lästerns in unserem Alltag, bei der man sich über alles und jeden beklagt und auslässt. Dadurch wollen wir von unseren eigenen, negativen Verhaltensmustern ablenken und erhoffen uns, dass unser Gegenüber unsere Einstellung teilt, damit wir uns besser fühlen können. Auch hier braucht es viel Energie und Durchsetzungsvermögen, um sich diesem Verhalten nicht einfach vorbehaltlos anzuschließen.

Wir Menschen haben Angst, nicht verstanden und vor allem nicht geliebt zu werden. Negative Gefühle entspringen immer der Angst, etwas nicht zu bekommen oder etwas Wichtiges zu verlieren. Aus dieser Überforderung und der damit verbundenen Verletzlichkeit werden in uns negative Gedanken und Gefühle ausgelöst, die zu negativen Verhaltensweisen führen. Um sich vor der möglichen Bedrohung zu schützen, entwickeln wir bestimmte, uns zumeist unbewusste Abwehrmechanismen. Einige werden dabei zum Opfer und legen ein Anspruchsdenken an den Tag, andere werden zu Angreifern, deren Negativität sich auf die Menschen in ihrem Umfeld abfärbt.

Die Herstellung einer gesunden Balance zwischen Positivität und Negativität besteht darin, das Gute um uns herum und in anderen Menschen zu erkennen und es zu fördern. Dies verläuft erfolgsversprechend, wenn Sie vor allem das Positive an einer Situation oder einem Menschen hervorheben. Im Grunde genommen ist eine negative Einstellung zu allen Dingen und Menschen ein klarer Hilfeschrei. Verletzte Menschen verletzen andere Menschen. Selbst wenn Sie denken, dass Ihr Gegenüber nur negative Charaktereigenschaften aufweist, die er Ihnen mehr als genug zeigt, suchen Sie nach der vielleicht *einen* guten und konzentrieren Sie sich auf diese. Loben Sie den betroffenen Menschen für diese Eigenschaft. Sie werden sehen, dass sich etwas verändert.

Es passiert immer wieder, dass wir über andere Menschen schlecht reden. Die Gründe dafür sind vielfältig. Beispielsweise gibt oder verhält sich eine Person nicht so, wie man es von ihr erwartet. Wie oft wird über Mitarbeitende in einem Betrieb hinter ihrem Rücken getuschelt, und wie häufig sind gerade auch Vorgesetzte diesen Lästereien ausgesetzt. Meistens geht die Initiative von einer Person oder einer kleineren Gruppe aus, der sich dann schnell weitere Gleichgesinnte anschließen. Lassen Sie sich am besten nicht in so etwas hineinziehen. Wenn Sie den Mut haben, das Lästern zu unterlassen, wirkt sich das positiv aus. Für eine Klärung von anstehenden Problemen oder bloßen Vermutungen sind positive Gespräche und gegenseitiges Vertrauen unerlässlich. Sie sollten anderen Menschen zuerst eine Chance geben und ihnen gegenüber loyal sein. Leider verfügen die Anführerinnen und Anführer solcher Negativitätsszenarien meistens über viel Macht, weil sie durch ihr Auftreten beliebt sind und sich überall gut in Szene setzen können. Sie betonen immer wieder, dass sie für alle wirklich *nur das Beste* möchten. In Wahrheit sind sie selbst verunsichert und frustriert und sollten sich zuerst einmal um ihre eigenen Baustellen kümmern. Weil sie anstelle einer direkten Konfrontation die betroffene Person lieber schlecht dastehen lassen, staut sich durch ihr unkorrektes Verhalten über einen längeren Zeitraum viel Negativität an. Diese dauert so lange, bis die Situation eskaliert. Wenn die Betroffenen davon erfahren, löst das bei ihnen nicht nur Unverständnis und Wut, sondern auch Enttäuschung und seelischen Schmerz aus. Dies zieht Karma nach sich, für das die Urheber die volle Verantwortung übernehmen müssen.

Wenn Sie in Ihrem Umfeld mit negativen Menschen konfrontiert sind, ist es meist die beste Option, sich von ihnen fernzuhalten. Sie sind nicht dazu verpflichtet, sich diesen negativen Energien weiterhin auszusetzen. Langfristig kann sich jemand nicht gut fühlen, der andere abwertet. Je mehr Energie jemand für das Runtermachen benötigt, desto weniger steht sie ihm für seine persönliche Weiterentwicklung zur Verfügung. Durch eine bewusst angestrebte Positivität erhalten Sie in Ihrem Leben einen viel größeren Gestaltungsspielraum.

Sobald sich der Mensch mit einer unsicheren Umgebung konfrontiert sieht, wird ihm klar, dass er auf das Schlimmste gefasst sein muss. Deshalb steckt der Hang zum Negativen in uns allen. Da wir ihn mit uns herumtragen, fühlt sich eine negative Information viel intensiver als eine positive an. Um das auszugleichen, sollten wir uns für jede negative Nachricht sofort mehrere positive Ereignisse ins Gedächtnis rufen, um dadurch die negative Information abzuschwächen oder zu übertönen.

Wir werden im Verlauf unseres Lebens immer wieder mit der Negativität konfrontiert werden. Sie wird ein fixer Bestandteil eines Menschenlebens auf der Erde bleiben. Indem wir jedoch bewusst und aktiv das negative Erlebnis reflektieren und lernen, damit umzugehen und zu leben, können wir uns mit der Zeit immer besser verstehen. Wir erkennen, weshalb etwas geschah und verstehen den Sinn dahinter. Nicht immer ist das Negative direkt für uns bestimmt. Oft müssen wir negative Dinge erleben, damit andere Menschen aus ihren Fehlern lernen können. Dieses Wissen ist unser Schlüssel zur Erkenntnis, dass alles mit allem zusammenhängt, und dass das Gute in uns oft erst durch die Negativität anderer erkennbar wird.

Um jedoch der Negativität nicht zu viel Platz in unserem Leben einzuräumen und eine Ausgeglichenheit zwischen dem Positiven und Negativen herzustellen, gibt es die *Dankbarkeit.*

Dankbarkeit ist ein effektives Gegenmittel für negative Gefühle wie Ärger, Neid, Feindseligkeit, Wut und Sorgen. Sie ist eine wunderbare Wertschätzung für das Positive in unserem Leben. Dankbarkeit hebt unsere Stimmung, verbessert unsere Beziehungen und reduziert negative Emotionen. Sie erleichtert uns, mit Negativität umzugehen und ist ein Mittel gegen Unzufriedenheit.

Bereits in meinem ersten Buch *sternenflüstern* habe ich ein Kapitel der *Dankbarkeit* gewidmet. In meiner Kindheit wurde bei uns in der Familie großer Wert daraufgelegt, sich immer für alles Mögliche zu bedanken, auch wenn wir damals glaubten, es wäre selbstverständlich. Nach der Veröffentlichung habe ich sehr viele Rückmeldungen von Leserinnen und Lesern erhalten, die sich ein Dankbarkeitsbuch zugelegt hatten. Sie bestätigten mir, dass sich bei ihnen dadurch die positiven Ereignisse von Tag zu Tag vervielfachen würden.

Wer die alltäglichen Dinge und vor allem intensive Beziehungen und Freundschaften nicht wertschätzen kann und sie als selbstverständlich hinnimmt, wird keine Dankbarkeitsgefühle entwickeln können. Dankbarkeit bedeutet immer auch Wertschätzung. Unsere Mama hat sich bis zu ihrem Tod immer bei allen für alles bedankt. Es kam von Herzen. Das Wort *Danke* hat eine große Anziehungskraft und sendet die Botschaft ans Universum, von etwas Bestimmtem noch *mehr* zu erhalten.

Die ewigen Begleiter der Menschheit

Wenn ich noch einmal einen Tag zurückkehren könnte
... würde ich euch sagen,
dass ihr euch mehr der Präsenz eures geistigen Lehrers, eures Geistführers bewusst sein solltet. Ich nenne ihn gerne auch Schutzengel. Das sind Lichtwesen, die euch durch sämtliche Inkarnationen hindurch begleiten und auch in der Geistigen Welt für euch verantwortlich sind. Wenn ihr sie braucht, sind sie immer für euch da. Ihr seid nie alleine!

emily

Weltweit glauben Menschen daran, dass die Seele nach dem Tod irgendwo weiterexistiert, dass jemand oder etwas über uns wacht, uns führt, auf uns aufpasst und uns beschützt.

Jede einzelne Seele erhält einen für sie verantwortlichen *Geistführer*, den viele auch als *Schutzengel* bezeichnen. Die Geistführer sind die ewigen Begleiter der Menschheit. Es spielt keine Rolle, ob Ihr persönlicher Geistführer ein Engel, Erzengel oder ein aufgestiegener Meister ist oder ob Sie an ihn glauben oder nicht. Ihr persönlicher Geistführer ist seit Ihrer ersten Inkarnation stets an Ihrer Seite und wird es auch in sämtlichen weiteren Inkarnationen bleiben. Eine wesentliche Rolle spielt er in den Leben zwischen den Leben. Er ist derjenige, der mit Ihnen nach Ihrem Tod eine Lebensrückschau durchführen und Ihre nächste Inkarnation mit Ihnen zusammen planen wird. Obwohl Ihrem Geistführer Ihr Lebensplan, Ihre Lebensziele und Ihre gesamte seelische Entwicklung bis in jedes Detail bekannt ist, wird er während einer Inkarnation nur dann in Erscheinung treten, wenn Sie ihn darum bitten. Sie können aber nur jemanden um etwas bitten, an dessen Existenz Sie auch glauben.

Es ist unwesentlich, ob Ihr Geistführer ein Engel, Erzengel oder ein aufgestiegener Meister ist. Alle haben die gleiche Aufgabe zu erfüllen. Sie unterstützen Sie bei Ihrer seelischen Weiterentwicklung und vermitteln Ihnen die Sicherheit, niemals alleine zu sein. In bestimmten Lebenssituationen haben Sie natürlich immer die Möglichkeit, neben Ihrem persönlichen Schutzengel auch noch weitere Geistführer an Ihre Seite zu holen, die Sie bei einer Problemlösung unterstützen. Dafür scheint es mir wichtig, dass Sie möglichst gut über sie Bescheid wissen.

Aufgestiegene Meister

Jede weltliche Religion besitzt Wesen, die irgendwann einmal auf der Welt gelebt haben und jetzt als *aufgestiegene Meister* verehrt werden. Diese sind seit jeher in unterschiedlichen spirituellen Traditionen unter einem jeweils anderen Namen bekannt, haben aber stets ähnliche Aufgaben und Botschaften. Diese erleuchteten Wesen sind bekannt für ihre Weisheit und dafür, dass sie ihre Energie für das Wohlbefinden der Welt zur Verfügung stellen. Sie werden als spirituelle, universale Lehrer bezeichnet, die frei sind von den Begrenzungen von Zeit und Raum. Das bedeutet, dass jeder mit ihnen arbeiten und sie um Hilfe bitten kann, weil sie wie die Engel gleichzeitig an mehreren Orten sein können. Zwei bekannte Beispiele dafür sind Jesus und Buddha. Obgleich wir ihre Namen mit zwei großen Weltreligionen in Verbindung bringen, existieren sie außerhalb konfessioneller Grenzen, und Menschen aus verschiedenen Kulturen fühlen sich mit ihnen verbunden.

Aufgestiegene Meister haben diese Erde bereichert. Sie haben uns durch ihre großen Taten etwas hinterlassen, was von unschätzbarem Wert und deshalb unvergänglich ist. Ich denke, zu den Aufgestiegenen Meistern zählen auch *normale* Menschen wie Pater Pio oder Mutter Teresa, die durch herausfordernde Umstände in ihrem Leben für die Menschheit etwas Außerordentliches geleistet haben. Wer auch immer sie sein mögen, es kann sehr hilfreich sein, ein spirituelles Wesen zu haben, das man um Hilfe bitten kann, wenn man ein Anliegen hat und nicht mehr weiterweiß.

Man kann den aufgestiegenen Meister selbst wählen. Vielleicht weil man sich einfach zu ihm hingezogen fühlt oder weil er für etwas steht, das mit uns selbst oder unseren Problemen zusammenhängt. Aufgestiegene Meister sind mächtige Helfer, wenn es darum geht, seine Lebensaufgabe zu erkennen, wichtige Veränderungen zu bewältigen, mediale Fähigkeiten zu entwickeln oder etwas zu manifestieren. Wenn wir uns für eine Botschaft von der anderen Seite öffnen, sind es häufig die Aufgestiegenen Meister, die uns ihre Hilfe anbieten.

Folgen Sie bei der Wahl eines aufgestiegenen Meisters Ihrer Intuition. Vielleicht informieren Sie sich vorher, welcher Ihnen auf Ihrem persönlichen Weg am besten helfen kann, oder Sie wissen einfach sofort, wer der Richtige für Sie ist. Natürlich dürfen Sie auch mehrere gleichzeitig um Hilfe bitten. Die Erfahrung zeigt, dass viele Menschen ihren persönlichen Favoriten haben, mit dem Sie eine telepathische Verbindung aufnehmen möchten. Meine Mama hat sich für die Lösung eines Problems sehr oft an Hilarion und St. Germain gewandt, die ihr zusammen mit den beiden Erzengeln Michael und Raphael immer sehr geholfen haben.

Hilarion

Hilarion, ein charismatischer Mönch, der auch als Heiliger oder Meister bezeichnet wird, war im 4. Jahrhundert im Nahen Osten für seine Heilkunst bekannt. Er wurde sowohl bei den Christen als auch bei den Anhängern der alten Religionen verehrt. Sein Leben und seine Heilkraft wurden durch die Schriften des Heiligen Hieronymus überliefert.

Hilarion war als Meisterheiler in den Tempeln von Atlantis tätig und hatte mehrere Inkarnationen in Ägypten. Er war ein hochsensibler Mensch, der jegliche Energien, Emotionen und Ängste der Mitmenschen in seiner unmittelbaren Umgebung wie ein Schwamm aufsog.

Die Kraft Hilarions bringt uns in Einklang mit der universellen Wahrheit. Wir erhalten dadurch Einsichten in übergeordnete Gesetzmäßigkeiten und erkennen unseren Weg und unsere Aufgabe im kosmischen Plan und im irdischen Leben. Hilarion kann um Hilfe gebeten werden, wenn es um Gesundheit und Heilung geht. Er hilft den Menschen mit seiner Energie auf ihrem spirituellen Weg und erinnert uns daran, wie wichtig die Verbindung von Körper, Geist und Seele ist, um ein erfülltes und glückliches Leben führen zu können. Hilarion steht in enger Verbindung mit dem Erzengel Raphael.

Saint Germain

Saint Germain ist kein Heiliger, sondern ein Graf aus der französischen Gegend von Saint-Germain. Er lebte im frühen 18. Jahrhundert in Europa, war bekannt als Abenteurer, Alchemist und Wundertäter und quer durch alle sozialen Schichten beliebt. Man geht davon aus, dass er ein Mitglied des Ordens der Rosenkreuzer war, was gut dazu passen würde, dass er Geheimnisse für sich bewahren konnte. Viele Menschen weltweit fühlen sich mit ihm verbunden.

Saint Germain hilft uns zu erkennen, dass wir immer die freie Wahl haben und, egal wie wir wählen, für die Folgen verantwortlich sind. Jede Entscheidung, aber auch jede Nicht-Entscheidung, hat karmische Konsequenzen. Er unterstützt uns darin, emotionale Verstrickungen zu erkennen, uns daraus zu befreien und damit ein bestimmtes Karma aufzulösen. Saint Germain soll in früheren Inkarnationen unter anderem als ein atlantischer Hohepriester und als der hebräische Prophet Samuel auf der Erde inkarniert gewesen sein. Er steht in Verbindung mit dem Erzengel Michael.

Die Kraft der Engel und Erzengel

Neben den aufgestiegenen Meistern gibt es die uns allen bekannten Engel und Erzengel, unter denen eine Art Hierarchie besteht und die von uns Menschen bei Sorgen und Problemen um Hilfe angerufen werden. Der Unterschied zwischen ihnen und den aufgestiegenen Meistern besteht darin, dass sie nur in Ausnahmefällen die jenseitigen Dimensionen verlassen.

Die Existenz von Engeln ist, wie vieles andere, was mit der jenseitigen Welt zusammenhängt, eine Glaubenssache. Engel werden als körperlose, spirituelle und vollkommene Wesen bezeichnet, die durch die göttliche Quelle geschaffen wurden und deshalb seit Beginn der universellen Welten existieren. Sie dienen als Boten zwischen den Dimensionen, vor allem auch zwischen der diesseitigen und der jenseitigen Welt.

Engel werden sowohl in den Lehren des Judentums, des Christentums und des Islams erwähnt. Die der göttlichen Quelle am nächsten stehenden Engel bezeichnet man als

Erzengel. Jeder Erzengel hat seine bestimmten Eigenschaften und Aufgaben. Der Bibel zufolge gibt es sieben davon: Uriel, Raphael, Raguel, Michael, Sariel, Gabriel und Remiel. Im Christentum werden vor allem die Erzengel Michael, Raphael und Gabriel als die drei wichtigsten aufgeführt. Die Engel unterscheiden sich voneinander durch ihre Aufgaben und ihre unmittelbare Nähe zur göttlichen Quelle.

Erzengel Michael

Erzengel Michael gilt als der mächtigste Erzengel. Sein Name bedeutet »Wer ist wie Gott«. Er hilft den Menschen aus allen Gefahrensituationen und ist deshalb als der kraftvollste und bedeutsamste Schutzengel bekannt. Auch nach dem Tod spendet Erzengel Michael Schutz und begleitet die Seelen der Verstorbenen ins Jenseits. Er kämpft für und mit uns gegen das Böse und wird deshalb immer mit Schwert und Rüstung dargestellt. Seine Energie ist klar, kraftvoll und gleichzeitig auch schützend und stärkend. Wenn wir den falschen Weg eingeschlagen haben, bringt er uns wieder zurück zur Quelle, denn er ist der Hüter der göttlichen Ordnung. Als Fürst des Lichts verbindet er uns Menschen mit unserem göttlichen Ursprung. Erzengel Michael kann uns bei Themen wie Mut, Klarheit, Motivation und Schutz hilfreich zur Seite stehen.

Erzengel Raphael

Sein Name bedeutet »Gott heilt«. Er ist der Engel des Heilens und der Wissenschaft. Erzengel Raphael unterstützt und begleitet jeden Heilungsprozess und jede Regeneration des Körpers und der Seele, aber auch der Erde und des gesamten Universums. Als *Patron der Apotheker* lässt er uns erkennen, dass wir durch eine Kombination der Schulmedizin, der Naturmedizin und der Kraft unseres Denkens bedeutend größere Heilungschancen haben. Erzengel Raphael hilft uns, wieder Mut und Hoffnung zu erlangen. Seine Energie ist weich, klärend, reinigend, aufbauend und erneuernd.

Ich selbst konnte schon mehrmals wundersame Heilungen an Patienten und Patientinnen beobachten, die Erzengel Raphael um Hilfe gebeten haben. Bei schwerwiegenden Krankheiten und wichtigen Entscheidungssituationen sollten Sie ihn deshalb immer miteinbeziehen.

Erzengel Gabriel

Erzengel Gabriel ist der »Verkünder«, der Überbringer von Botschaften. In der christlichen Religion verkündete er Maria die Geburt Jesus und der scheinbar unfruchtbaren Elisabeth die Geburt ihres Sohnes Johannes des Täufers. Er wird meist mit einer weißen Lilie dargestellt, die für Reinheit und Kreativität steht.

Erzengel Gabriel möchte uns mit seinen Botschaften der Veränderung zeigen, dass wir das Alte loslassen und uns dem Neuen zuwenden sollen, und dass Veränderung auch viel Freude beinhalten kann. Er hilft, einschränkende Ängste und falsche Lebenseinstellungen zu erkennen und sie hinter sich zu lassen. In jeder Hoffnungs- und Orientierungslosigkeit steht er uns hilfreich zur Seite.

Die aufgestiegenen Meister sind als Helfer der Erzengel bekannt. Sie stehen diesen bei und erfüllen mit ihnen zusammen ihren Auftrag, uns auf unserem Lebensweg zu begleiten und zu unterstützen. So kann die gleichzeitige Nutzung der Energie eines aufgestiegenen Meisters und eines Erzengels für uns Menschen sehr förderlich sein. Trotz der gegenseitigen Kooperation werden ihre Schwingungen aber immer voneinander unabhängig bleiben.

Auch verstorbene Seelen können Menschen auf der Erde oder in anderen Dimensionen als Helfer unterstützen. Einige von ihnen übernehmen im Jenseits ganz bestimmte Aufgaben, die ihr seelisches Wachstum beschleunigt und es Ihnen dadurch irgendwann ermöglicht, selbst zu einem Geistführer zu werden.

Persönlicher Schutzengel oder Geistführer

Die Idee eines übernatürlichen Wesens, das jedem Menschen folgt und über ihn wacht, war bereits in der griechischen Philosophie präsent. Ab dem 18. Jahrhundert nahm die Verehrung durch das Volk zu, und Papst Paul V. nahm den 2. Oktober als Tag der Schutzengel in den Kalender auf.

Vor allem Kinder werden von Erwachsenen ermutigt, mit ihrem Schutzengel zu sprechen und Gebete an ihn zu richten. Beim Erwachsenen lässt dieses blinde Vertrauen nach und weicht meist einer unsichtbaren, aber außerordentlich beruhigenden Präsenz, die man um sich spürt. Schutzengel entstehen nicht erst bei unserer Geburt, sie existieren von dem Moment an, als die göttliche Quelle sie erschaffen hat. Unser Schutzengel kann und wird uns zu nichts zwingen. Er darf nicht für uns entscheiden, weil wir eine freie Wahl haben. Als stiller Begleiter bleibt er jedoch immer an unserer Seite und versucht, uns den besten und richtigen Weg vorzuschlagen, um unsere Lebensaufgaben zu erfüllen und unsere Lebensziele zu erreichen. Wir werden nicht nur in diesem Leben, sondern auch in den Leben zwischen den Leben und in sämtlichen weiteren Inkarnationen auf ihn zählen können. Als unser Beschützer und Berater spielt er eine sehr bedeutsame Rolle in unserer seelischen Weiterentwicklung. Die göttliche Quelle kommuniziert über die Schutzengel mit uns und versucht uns dadurch in die richtige Richtung zu lenken. Wir können sie deshalb auch als Boten zwischen der diesseitigen und der jenseitigen Welt bezeichnen.

Die Kommunikation mit Ihrem Schutzengel oder Geistführer ist nicht schwierig. Sprechen Sie einfach mit ihm und bitten Sie ihn um Hilfe, wenn Sie diese benötigen. Eine weitere, äußerst wirksame Form der Kontaktaufnahme ist ein mit Mitgefühl angereichertes und mit Liebe gesprochenes Gebet, durch das Sie die Geistige Welt immer erreichen können.

Es ist die tief aus Ihrem Herzen kommende *Absicht,* die letztlich zählt und worauf das Universum reagiert, wenn Sie durch ein Gebet um etwas bitten. Eine für alle Beteiligten positive Intention wird Ihnen immer dabei helfen, sich unverzüglich mit der spirituellen Energie zu verbinden.

Das Gebet

Das Gebet ist eine Glaubenspraxis in vielen Religionen. Es ist nichts anderes als ein Gespräch mit einer höheren Macht. Ein Gespräch, in dem wir mitteilen, was uns bewegt oder in dem wir um etwas bitten, das wir ohne göttliche Hilfe nicht erreichen können.

Meist hetzen wir durch unsere tägliche Routine, sodass wir uns nicht einmal der Tatsache bewusst werden, wie begrenzt unsere Ansicht der Wirklichkeit tatsächlich ist. In unserer heutigen Gesellschaft hat uns das allgegenwärtige leere Gerede dem Schweigen entfremdet. Die Meditation mithilfe des Gebets bringt das Denken wieder an einen Ort der Stille. Das Gebet verlangsamt den Fluss des Denkens. So wird es uns möglich, alles aus einer neuen inneren Ruhe heraus zu betrachten.

Ein weiterer schöner Aspekt des Gebets ist die Tatsache, dass es den physikalischen Raum verändert. Ein Raum, der voller Distanzen ist. Distanzen, die die Menschen und Dinge voneinander trennen. Die Magie des Gebets schafft einen *spirituellen Raum*, in dem keinerlei Abstand besteht. Das Gebet kann sämtliche Distanzen durchdringen und einen Menschen auf einem anderen Kontinent genauso schnell erreichen wie ein Gebet, das wir für einen Menschen in unserer Nähe sprechen. Dies gilt auch für die Distanz zwischen den verschiedenen Dimensionen des Universums. Wenn wir in Stille an einen verstorbenen Menschen denken, erreichen ihn unsere Gedanken in Lichtgeschwindigkeit.

Es ist wichtig, für die Menschen zu beten, für die wir Verantwortung tragen. Kaum etwas gibt unserem Leben eine so schützende Geborgenheit wie der Kreis von Gebeten, den unsere Freunde hier und in der unsichtbaren Welt um uns schließen. Wir können jederzeit und überall beten. Wir brauchen keine spirituellen Kurse zu besuchen, um zu lernen, wie man ein »Supergebet« spricht. Es gibt viele wunderschöne alte Gebete, dennoch erreicht keines von ihnen die Intimität des eigenen Gebets, das aufrichtig aus unserem Herzen kommt.

Jedes Gebet auf der Welt wird gehört, egal, welcher Glaubensrichtung jemand angehört. Selbst wenn es nur aus einem einzigen Gedanken besteht. Beten bedeutet nichts anderes, als um etwas zu bitten, worauf wir in irgendeiner Form eine Antwort erhalten.

Das Gebet stellt die Verbindung zu etwas Göttlichem her, zu etwas, mit dem wir immer schon verbunden waren und mit dem wir immer verbunden sein werden. Es beinhaltet eine unglaubliche Kraft. Dies zeigt sich darin, dass Menschen in ausweglosen Lagen oder in Todesangst zu beten beginnen. In einer solchen Situation haben wir die Kontrolle verloren und können keinen Einfluss mehr darauf nehmen, bestimmte Dinge zu ändern. So bitten wir, ohne lange darüber nachzudenken, eine höhere Macht um ein Wunder. Irgendwie scheinen wir alle tief in uns zu wissen, dass diese höhere Macht tatsächlich existiert.

Es kann wissenschaftlich nachgewiesen werden, dass durch bewusste und authentische Gebete die Energiefelder, die unseren Körper umgeben, gestärkt werden. Diese Stärkung ist messbar und wirkt kumulativ, das heißt, die Energiefelder werden stärker, je öfter wir beten. Ein derart belebtes Energiefeld bedeutet eine sich bessernde Gesundheit. Die meisten Menschen haben allerdings niemals gelernt, *wie* man betet. Die gewünschten Ergebnisse bleiben meist aus, wenn wir in unseren Gedanken unsere gewünschte Zielerreichung nicht vor Augen sehen. Beten heißt, *mehr* von dem zu erhalten, auf das wir unsere Energie lenken. Deshalb sollten wir Mangelgedanken vermeiden.

Wenn Sie die Intensität ihres Gebets steigern möchten, gehen Sie an einen energetischen Ort. Dies kann ein alter Baum oder eine Kapelle sein. An einen Platz, an dem Sie Ruhe haben und der Ihnen heilig ist. Dieser Ort kann auch ein Platz in Ihrem Zuhause sein, den Sie durch ein Ritual zuvor energetisch gereinigt haben. Je öfter Sie am gleichen Ort Ihre Gebete sprechen, desto mehr reichert er sich mit einer positiven Energie an. Konzentrieren Sie sich während des Betens nicht auf das Problem, sondern auf die Lösung. Beten Sie mit Gefühl, damit Sie die Sie umgebenden Energien möglichst schnell in die richtige Schwingungsfrequenz bringen.

Bei Gebeten für Verstorbene können Sie jeweils den Namen der Person nennen, für die das Gebet gedacht ist. Es reicht aber auch, wenn Sie sich diese Person in Gedanken vorstellen. Jedes Gebet, das für eine verstorbene Person gesprochen wird, sendet einen Lichtstrahl ins Universum, der bei der Seele, für die das Gebet gesprochen wird, ankommt und deren Lichtintensität dadurch erhöht. Bei meinem ersten Nachtod-Kontakt zu meiner Mama stellte ich ihr unter anderem die Frage, was wir *im Moment für sie machen können*. Sie hat folgendes darauf geantwortet:

»Vergesst mich nicht. Liebt mich weiterhin so stark wie bisher und betet für mich. Das Gebet ist ein mächtiges Werkzeug, um mir Energie zu schicken; denn wenn ihr für mich betet, dann sind eure Gedanken bei mir. Du kannst dir das so vorstellen, dass in jenem Moment zwischen uns ein Lichtstrahl besteht, durch den wir nicht nur miteinander kommunizieren können, sondern durch den wir auch miteinander verbunden sind. Das ist auch jetzt so, wenn du gerade mit mir sprichst. Dieser Lichtstrahl ist reine Energie. In ihm ist nicht nur die gesamte Kommunikation zwischen uns enthalten, sondern auch alle Gefühle, die sie beinhaltet. Jeder Lichtstrahl, der durch eure Gebete und euer Denken an mich bei mir ankommt, erhöht meine seelische Lichtintensität. So leuchte ich nach jedem Kontakt heller und intensiver, und dafür danke ich euch von ganzem Herzen.«

Der Tod ist gar nichts (Death is nothing at all)

Der Tod ist gar nichts. Er zählt nicht.
Ich bin nur in den nächsten Raum entschlüpft.
Nichts ist passiert. Alles bleibt genauso, wie es war.
Ich bin ich, und du bist du,
und das alte Leben, das wir so gern zusammen gelebt haben,
ist unberührt, unverändert.

Was immer wir füreinander waren, das sind wir immer noch.
Nenne mich bei meinem alten, vertrauten Namen.
Sprich von mir in der einfachen Art, die du immer benutzt hast.
Mache keinen Unterschied in deinem Tonfall.
Mache keinen gezwungenen Eindruck
von Ernsthaftigkeit oder Traurigkeit.

Lache, so wie wir immer über die kleinen Dinge lachten,
die wir zusammen genossen haben.

Lebe, lächle, denke an mich, bete für mich.
Lass meinen Namen so bekannt sein, wie er es immer war.
Lass ihn ohne Anstrengung ausgesprochen werden,
ohne den Schatten eines Schattens auf ihm.
Das Leben bedeutet alles, was es immer bedeutet hat.
Es ist dasselbe, was es immer war.
Es gibt eine absolute und ungebrochene Kontinuität.

Was ist dieser Tod anderes als ein unbedeutender Unfall?
Warum sollte ich aus dem Gedächtnis verschwunden sein,
nur weil ich nicht in Sicht bin?

Ich warte nur auf dich, auf eine Pause,
irgendwo ganz in der Nähe, gleich um die Ecke.
Alles ist gut. Nichts ist verletzt, nichts ist verloren.
Ein kurzer Augenblick, und alles ist wieder so, wie es vorher war.

Wie werden wir über den Ärger des Abschieds lachen,
wenn wir uns wiedersehen!

Irisches Begräbnisgedicht von Canon Henry Scott, 1910

Alles dreht sich um die Liebe

Wenn ich noch einmal einen Tag zurückkehren könnte
... würde ich euch sagen,
dass die Liebe das einzige ist, das in eurem Leben zählt.
Es geht bei allen Dingen einzig und allein um die Liebe.

emily

Wenn die Zeit des Übergangs kommt und wir den physischen Körper zurücklassen, geht es darum zu erkennen, dass wir unser bestmögliches Leben gelebt haben. Ein Leben, in dem die *Liebe* die Hauptrolle gespielt hat.

Sie sind als Seele Teil einer umfassenden Matrix aus Universen in Universen, die aus Milliarden von Sternen, Planeten und Sonnensystemen besteht. Sie reisen als Seele durch diese riesengroße Unendlichkeit und kehren immer wieder in einen menschlichen Körper zurück, um neue Erfahrungen zu machen. Manchmal vergessen Sie dabei beinahe, dass Sie ein göttliches Lichtwesen sind. Ihr Ziel ist die Vervollkommnung Ihrer spirituellen Identität. Dazu werden Sie immer wieder in unterschiedliche Lebenssituationen geführt, damit Ihre Seele den jeweils besten Weg zur Erreichung Ihrer spirituellen Ziele wählen kann.

Leider können Sie sich bei einer erneuten Reinkarnation nicht mehr an Ihre früheren Leben und an die weisen Ratschläge Ihrer geistigen Führer erinnern, weil Sie das Tal des Vergessens durchschreiten mussten, um ein neues

Leben zu beginnen. Wenn Sie jedoch durch Intuition und Liebe in Ihre Seele hineinhorchen und sich mit dem verlorenen Wissen an Ihre Leben danach verbinden, können Sie sich bestimmte Erfahrungen aus früheren Leben wieder in Ihr Bewusstsein rufen.

Wenn unsere Seele in ein menschliches Dasein eintritt, bringt sie sämtliche Erfahrungen aus ihren früheren Existenzen mit. Diese machen ihre Persönlichkeit aus, die sich während einer Inkarnation ständig verringert oder erweitert, je nach Liebe, die sie bereit ist zu geben oder zu empfangen. Je mehr sich die Seele von der göttlichen Wahrheit entfernt, desto weiter rückt sie ab von ihrem göttlichen Ursprung. Wenn sie sich im Leben nur noch um materielle Dinge kümmert, vergisst sie mit der Zeit immer mehr, dass sie eigentlich ein energetisches Lichtwesen ist.

In jeder Seele steckt eine unendliche Kraft. Sie ist für alle erreichbar, wird aber dennoch von sehr wenigen genutzt. Es ist die *Kraft der Liebe*. Eine Kraft, die nur darauf wartet, angewendet zu werden. Die Liebe schwingt auf der höchstmöglichen Frequenz. Wenn wir uns auf diese Frequenz einstimmen, wird sich alles erfüllen, wonach wir uns sehnen. Platon, ein antiker griechischer Philosoph (428–347 v. Chr.) hat diese Art von Liebe mit *Agape*, eine von Gott inspirierte, uneigennützige Liebe bezeichnet. *Agape* ist die höchste und reinste Form einer bedingungslosen und erwartungsfreien Liebe auf universeller Ebene.

Für die Seele ist es nicht einfach, in all ihren vielfältigen und oft schwierigen Lebenssituationen diese Liebe aufrechtzuerhalten und zum Ausdruck zu bringen. Sie möchte das zwar, weil dies für sie der größte Anreiz war, wieder zu inkarnieren. Aber wenn sie sich dann mit all den Herausforderungen eines Lebens konfrontiert sieht, kann dies für sie oft den schwierigsten Teil einer Inkarnation darstellen. Wenn wir die Macht der Liebe in unserem Leben praktizieren, lernen wir unseren Wert besser kennen und schätzen dadurch auch das Leben unserer Mitmenschen. Wir können uns, anstatt von weltlichen Dingen besessen zu sein, zu einer Seele entwickeln, deren Motivation für alles, was sie macht, die Liebe ist. Wenn Sie die uneigennützige Liebe in Ihr Dasein integrieren, wird sich Ihre Einstellung zum Leben und zum Sinn des Lebens ändern.

Erinnern Sie sich wieder an diese göttliche Macht der Liebe. Je mehr Liebe sich in Ihrem Bewusstsein befindet, desto besser für Sie. Bewerten Sie nicht immer alles um sich herum. Lassen Sie Dinge und Personen, die man nicht ändern kann, einfach so stehen. Auf Ihrem Weg zu einem höheren Bewusstsein und zu mehr Liebe sollten Sie sich möglichst nur mit Menschen umgeben, die sich auf der gleichen Wellenlänge wie Sie befinden. Menschen, die wie Sie authentisch leben und die für alles, was ihnen begegnet, Liebe und Dankbarkeit empfinden. Sobald Ihr Leben von mehr Liebe erfüllt ist, wird sich *alles* für Sie verändern.

Um diese Liebe in Ihr Leben zu holen und anwenden zu können, müssen Sie sich allerdings vorher selbst bedingungslos lieben lernen. Das ist Ihr grundlegendes Ziel auf dieser Welt. Es beginnt damit, fortan nicht mehr das Leben zu leben, das andere von Ihnen erwarten. Sie müssen anderen nicht gefallen, nur um deren Zuneigung und Liebe zu erhalten. Sie würden sich mit der Zeit nur immer wertloser fühlen und das Gefühl entwickeln, dass alle um Sie herum besser sind als Sie selbst. Geben Sie die Kontrolle über sich selbst nicht leichtfertig ab. Lassen Sie sich nicht ausnutzen, indem andere Sie dazu zwingen, etwas für sie zu tun. Dann werden die Menschen, die nur so tun, als ob sie Sie lieben würden, aus Ihrem Leben verschwinden. *Sie sind der einzige Mensch, der Sie so lieben kann, wie Sie es sich wünschen.* Nur Sie kennen sich wirklich mit all Ihren Fehlern und Schwächen. Entwickeln Sie zuerst eine tiefe Liebe für sich selbst. Erst dann werden Sie durch die Macht der Liebe, die Sie anderen entgegenbringen, sicht- und spürbare Veränderungen in Ihrem eigenen Leben auslösen.

Es gibt immer zwei Möglichkeiten, um im Leben auf eine Situation zu reagieren – entweder mit Angst oder mit Liebe. Lassen Sie sich in jeder Situation von Liebe leiten. Alle Entscheidungen, die Sie aus Angst und Unsicherheit treffen, werden in Ihnen negative Energien wie Hass, Wut oder Schuldgefühle freisetzen. Nehmen Sie bewusst mehr durch den Blickwinkel der Liebe wahr. Die Macht der Liebe kann Ihnen helfen, Ihre Ängste zu überwinden. Um Liebe in all Ihre Lebensbereiche einzubringen, müssen Sie Ihre Gedanken ändern und in Ihrem Leben mehr auf Dankbarkeit, Verständnis und Mitgefühl achten. Lernen Sie, bestimmte Umstände zu akzeptieren und sehen Sie sie als wichtige Lernchancen an. Jeder Mensch, der Ihnen im Leben begegnet, tut dies aus einem bestimmten Grund. Wenn Sie ein Gefühl der Selbstliebe entwickeln, werden Sie in jedem Lebewesen sein Licht wahrnehmen. Anstatt vorschnell zu urteilen, sollten Sie versuchen, sich zuerst einmal auf dieses Licht zu konzentrieren. Dadurch, dass Sie einen Menschen respektieren, zeigt er auch Ihnen gegenüber Respekt. Wenn Sie den Lebensfilm eines Mitmenschen sehen könnten, würden Sie das größere Gesamtbild erkennen und begreifen, wie wichtig es ist, allen Menschen mit Liebe und Respekt zu begegnen. Ein mitfühlendes Herz bringt Menschen einander näher, denn durch Mitgefühl und Verständnis senden wir einen Teil unserer Liebe aus.

Wenn Sie sich für ein Leben in Liebe entscheiden, können Sie durch andere lernen, wie man liebt. Hören Sie mehr auf Ihr Herz und Ihre Gefühle, anstatt sich von Ihrem Ego leiten zu lassen. Versuchen Sie, jeden Menschen, der mit Ihnen in Berührung kommt, mit ein wenig Licht aus Liebe zu erhellen und Sie werden dieses Licht tausendfach zurückerhalten. Wir dürfen nie vergessen, dass die Liebe, die wir auf dieser Erde für andere gefühlt und mit Ihnen geteilt haben, auf ewig weiterbesteht.

Liebe ist nicht das
was man erwartet zu bekommen,
sondern das
was man bereit ist zu geben.

Katharine Hepburn

Niemand ist jemals allein

Wenn ich noch einmal einen Tag zurückkehren könnte
… würde ich euch sagen,
dass ihr in jedem Moment eures Daseins immer jemanden
an eurer Seite habt. Wenn ihr verzweifelt seid und euch
einsam fühlt, könnt ihr euch durch eure Gedanken
und Gefühle mit der Geistigen Welt verbinden und
euren geistigen Führer um Hilfe bitten. Dieses Lichtwesen
ist in jeder Inkarnation und während jedem eurer Aufenthalte
in den jenseitigen Dimensionen immer an eurer Seite.
Bereit, euch zu unterstützen und zu helfen,
bis ihr irgendwann wieder in das göttliche Licht
eintauchen und mit ihm verschmelzen werdet.

emily

Jede Seele ist eine reine energetische Schwingung aus Licht. Sie besitzt ihren eigenen Energiekörper, der durch seine individuelle Licht- und Farbintensität ihren seelischen Entwicklungsstand offenbart. Unsere Verbundenheit mit allem und allen entsteht durch die Gefühle, die wir aussenden. Durch unser Fühlen sind wir mit allen Informationen des Universums verbunden. Je stärker unsere Gefühle mit Liebe angereichert sind, desto glücklicher fühlen wir uns und desto mehr sind wir mit der göttlichen Liebe verbunden. Wenn ein Mensch verzweifelt ist und leidet, fühlt er sich von dieser allesumfassenden Liebe ausgeschlossen. Es ist dieses Gefühl von Verlassenheit, des Getrenntseins von allem, das ihn befällt. Sobald sich jemand nur noch auf sein Denken verlässt, entfernt er sich immer weiter von seinen Gefühlen. Aber es sind einzig und allein unsere Gefühle, die uns die Tür zu allem öffnen. Der ursprüngliche Zustand der Seele ist reine Liebe. Wenn wir unser Herzbewusstsein wieder mehr für die Liebe öffnen, sind wir automatisch sofort mit unserem ursprünglichen Zustand verbunden und fühlen uns von einer höheren Macht getragen und beschützt. Es ist unser Mitgefühl für uns selbst und andere, das zählt. Je mehr wir uns selbst lieben, desto mehr werden wir verstehen, dass jeder das Beste tut, wozu er im Moment in der Lage ist.

Wir sind *niemals* alleine. Wir alle tragen in uns die Verbindung zur Geistigen Welt und sind dadurch mit allem Wissen, das wir für unser Leben brauchen, verbunden. Oft wissen wir intuitiv, wie wir uns in bestimmten Situationen verhalten oder reagieren sollen. In einem solchen Moment machen wir die Erfahrung, Teil eines großen Ganzen zu sein. Wir erhalten Hilfe durch unsere Lichtwesen aus der Geistigen Welt. Unser Schutzengel wird uns niemals alleine lassen. Selbst wenn wir glauben, niemanden auf der Welt mehr zu haben, der uns versteht und uns hilft. Er ist immer für uns da und wird uns nicht verlassen. Seien Sie sich dessen immer bewusst. In Gefahren oder wenn Sie aus Ihrem Irrgarten nicht mehr selbst herausfinden, wird er Ihnen helfen, Ihre Stärken wieder neu zu entdecken. Ihr Geistführer kann Ihnen vermitteln, was gut für Sie wäre, aber er wird Sie niemals zu etwas zwingen oder versuchen Sie zu kontrollieren. Er zeigt Ihnen lediglich den Weg. Ob Sie diesen auch gehen möchten, bleibt Ihnen selbst überlassen. Sie haben Ihren eigenen Willen und können sich frei entscheiden.

Ihr Geistführer unterstützt Sie auch bei jeglichen Arten von Verlusten und bietet Ihnen die Hilfe an, sich selbst zu heilen. Bei Ihrem Übergang in die geistige Welt wird er bei Ihnen sein. Er wird Sie an die Hand nehmen und mit Ihnen durch die Türe zur jenseitigen Welt gehen, wo er sich weiter um Sie kümmern und Ihnen beistehen wird.

Auch von uns wird in unserem Leben erwartet, anderen Menschen auf Ihrem Weg zu helfen, wo immer dies möglich ist. Anderen zu helfen bedeutet, uns selbst voranzubringen. Wir sind keine Opfer der äußeren Umstände und dürfen uns nicht so weit herunterziehen lassen, dass diese zu unserem täglichen Lebensgefühl werden. Wir müssen uns auf uns und unsere Aufgaben konzentrieren, um dadurch in uns die Göttlichkeit immer wieder neu zu entdecken. Es hat einen Grund, weshalb wir hier sind. Menschen, die sich alleine fühlen, sind einfach noch nicht bei sich selbst angekommen. Unsere Selbstentdeckung hängt also auch maßgeblich mit Selbstbeherrschung zusammen. Das Faszinierendste an der Entdeckung unserer Seele und ihrer Qualitäten ist das Berühren des Bewusstseins mit dem Unbewussten. Sobald wir diese innere Stimme unserer Seele wieder wahrnehmen, wächst unser Wunsch, so viel Wissen wie nur irgendwie möglich über unsere wahre ewige Existenz in Erfahrung zu bringen.

Für mich gibt es keine Zufälle im Leben. Jede Seele hat einen kosmischen Plan, dem sie folgen muss. Ihr Lebensplan wurde vor ihrer Inkarnation in einen menschlichen Körper mithilfe einer göttlichen Weisheit erstellt. Im Universum herrscht eine göttliche Ordnung und alles in unserem Leben läuft mit einer mathematischen Präzision ab. Da viele Menschen aber an die Zufälligkeit der Ereignisse glauben, ist es nicht weiter verwunderlich, dass sie auch denken, keine Kontrolle über ihr Leben zu besitzen. Dies hat negative Auswirkungen auf die Art, wie sie auf bestimmte Situationen reagieren. Viele entschuldigen ihr momentanes Unglück mit Worten wie »da kann man nichts machen« oder »das ist mein Karma«. Dies steigert ihr Gefühl der Teilnahmslosigkeit und Sinnlosigkeit.

Ich glaube fest daran, dass alles, was in unserem Leben Bedeutung hat, nicht auf einmal auf uns zukommt. Alles geschieht zum richtigen Zeitpunkt, und es passiert immer nur gerade so viel, wie wir gerade noch verkraften können. Das Leben wird uns nie vor Probleme stellen, die wir nicht zu lösen imstande sind. Jede herausfordernde Situation ist lediglich ein weiterer Schritt in unserer eigenen kosmischen Geschichte. Zu unserem Leben gehört auch der Schmerz. Er ist ein Teil einer Entscheidung, die unsere Seele einst getroffen hat. Gerade durch Erfahrungen, die für uns sehr unangenehm sind, lernen wir am meisten. Spirituelle Erkenntnis hilft uns, alles was uns im Leben zustößt, zu verarbeiten. Sie erschließt sich uns in Augenblicken der Ruhe und einer Introspektion, bei der wir unsere Aufmerksamkeit nach innen richten und sich über uns selbst Gedanken machen.

Das Leben besteht aus einem stetigen Wandel. Wir müssen lernen, uns ständig neuen Situationen und Perspektiven anzupassen. Morgen kann bereits schon alles wieder völlig anders sein. Leben bedeutet ständige Veränderung.

Nichts bleibt so wie es ist. Alle Zustände sind nur vorübergehend. Um unsere körperliche und seelische Gesundheit zu erhalten, müssen wir uns immer wieder aus unserer Niedergeschlagenheit lösen, nachsichtig mit uns selbst sein und uns den neuen Perspektiven anzupassen versuchen. Unser Leben ist voller Konflikte, erfüllt mit Schmerz und Glück. Wäre dies nicht so, wären wir nicht hier. Jeder Tag ist ein neuer Anfang.

Auf die Erde zu kommen, bedeutet, eine Reise in ein fernes Land anzutreten. Genauso ist es, wenn wir sterben. Wir müssen uns von unseren Lieben verabschieden und etwas Vertrautes verlassen. Bei unserer Geburt wechseln wir von einer Welt der absoluten Vollkommenheit in eine Welt, in der wir uns nach der Suche nach Liebe mit viel Intoleranz, Hass, Traurigkeit und Negativität herumschlagen müssen. Es ist jedoch hilfreich zu wissen, dass uns ein Leben in dieser unvollkommenen Welt nach unserer Rückkehr helfen wird, die Bedeutung der Vollkommenheit zu würdigen.

Epilog

Seit sich die Menschheit Fragen nach dem Sinn ihrer Existenz und nach dem Geheimnis eines gelingenden Lebens stellt, sind wir den kosmischen Gesetzen auf der Spur. In jedem Schmerz des Lebens liegt immer auch eine Handvoll Glück. So bot sich mir aus einem traurigen Anlass heraus unerwartet die Möglichkeit, das Geheimnis eines gelingenden Lebens neu zu entdecken.

Durch den Wechsel meiner Mama in die Geistige Welt standen ihr sämtliche Erinnerungen des bei der Geburt zurücklassenden Wissens wieder zur Verfügung. Sie hat versucht, die kosmischen Gesetze der für uns unsichtbaren Dimensionen in einer für uns Menschen verständlichen und nachvollziehbaren Art und Weise offenzulegen. Durch ihre lichterfüllten Botschaften dieses kostbaren Wissens und der bewussten Anwendung der in früheren Kulturen streng gehüteten Geheimnisse ermöglicht sie uns, uns wieder in Einklang mit dem Universum zu bringen. Ihre Nachrichten aus den jenseitigen Dimensionen erwecken in uns die Erinnerung an diese unwandelbaren

Prinzipien, die unsere Beziehungen verbessern und uns helfen, ein glücklicheres und erfüllteres Leben zu führen. Durch viele wertvolle Hinweise auf bestimmte Herausforderungen in unserem Leben zeigen sie uns, wie wir durch dieses spirituelle Wissen unsere weltlichen Erfahrungen grundlegend verändern können.

Machen Sie dieses Buch zu Ihrem täglichen Begleiter, falls das darin übermittelte azurblaue Wissen in irgendeiner Form Auswirkungen auf Ihr Leben hat oder es sogar nachhaltig verändern wird. Auf der Suche nach Antworten schlagen Sie eine beliebige Seite auf. Die Textstelle wird mit hoher Wahrscheinlichkeit zu Ihrer Thematik passen oder sogar völlig mit ihr übereinstimmen. Das universelle Wissen aus *azurblaue momente* kann Sie so täglich in schwierigen Lebenssituationen unterstützen, in denen Sie oder Ihnen nahestehende Personen die Verbindung zu einem göttlichen Prinzip aus den Augen verloren haben oder mutlos und verzweifelt sind.

Wenn Sie diese azurblauen Botschaften an jemanden verschenken und dadurch die Welt positiv verändern möchten, wäre dies eine wunderbare Sache und ganz im Sinne der Geistigen Welt. Vergessen Sie dabei aber nicht, dass alle Seelen aufgrund ihrer bisherigen Erfahrungen einen unterschiedlichen Entwicklungsstand aufweisen. Vielen bereitet es immer noch große Mühe, sich mit den kosmischen Gesetzen anzufreunden, und sie akzeptieren aus Prinzip nur Dinge, die sich beweisen lassen. Aber das ist völlig in Ordnung. Wir sollten Menschen, die durch ihre Erziehung noch in bestimmten Konventionen gefangen sind oder verlernt haben, in sich hineinzuhören, nichts aufdrängen. Alles braucht seine Zeit, ganz besonders die Rückfindung zu sich selbst.

Die Geistige Welt hat mir diese wichtigen Botschaften für *alle Seelen auf diesem Planeten* übermittelt. Es macht dabei keinen Unterschied, welcher Nationalität, Religion oder Hautfarbe Sie angehören, wie alt Sie sind oder welchen Beruf Sie ausüben. Wir sind alle gleich und werden irgendwann alle in dasselbe Licht zurückkehren. Je mehr wir über die universellen Gesetze Bescheid wissen, desto schneller können sich unsere Seelen weiterentwickeln.

Seit mehr als 100 Jahren gibt es wissenschaftliche Untersuchungen zu Jenseits-Kontakten auf der ganzen Welt. Das Feld der Nahtod-Studien umfasst mehrere Forschungsgruppen, die die Phänomenologie der Nachtod-Erfahrungen untersuchen und untereinander vernetzt sind. Leider ist der aktuelle Stand der bisherigen Ergebnisse immer noch sehr bescheiden, obwohl in 95% der Weltkulturen Nachtod-Erfahrungen vorliegen und Studien zufolge bereits 4% der Weltbevölkerung (320 Millionen Menschen!) ein Nachtod-Erlebnis bestätigen. Aufgrund einer hohen Dunkelziffer wird der Prozentsatz noch in einem deutlich höheren Bereich vermutet. Trotzdem scheint sich langsam eine Veränderung des Denkens in unserer Gesellschaft abzuzeichnen. Täglich sind immer mehr Menschen bereit, sich für die spirituellen Wahrheiten zu öffnen, die weder mit Religion noch irgendwelchen anderen Ideologien zu tun haben. Einen wichtigen Beitrag dazu leisten die Veröffentlichungen seriös durchgeführter, glaubwürdiger Studien renommierter Wissenschaftler im Zusammenhang mit der Unsterblichkeit der Seele. Auch das Aufkommen neuer Hypnosetechniken, in denen man Menschen in die Leben nach ihren Leben zurückversetzen kann, sind in diesem Zusammenhang wertvoll und aufschlussreich. Ich hoffe, dass irgendwann die Zeit anbricht, in der die Wissenschaft nichts mehr beweisen muss. Die Jenseits-Forschung ist für die Menschheit von enormer Bedeutung. Sie birgt nicht nur das Potenzial der persönlichen, sondern auch einer globalen Heilung.

Alle Menschen, die zum jetzigen Zeitpunkt hier auf der Erde inkarniert sind, waren sich vor ihrer Ankunft auf diesem Planeten bewusst, dass sie in eine äußerst schwierige und anspruchsvolle, aber auch bahnbrechende Zeit hineingeboren werden. Ein großer Teil der Menschheit ist dabei, sich in der Materie zu verlieren und entfernt sich dabei zusehends von der göttlichen Quelle. Wir leben in einer Welt, die von Gewalt und Zerstörung dominiert wird. Umweltverschmutzung und Überbevölkerung stellen uns vor unlösbare Probleme, die die Menschheit in dauernde Angst versetzen. Die Menschen sehen keinen Grund mehr, warum sie sich auf ihre seelische Identität fokussieren und sich um die Weiterentwicklung ihrer Seele kümmern sollen. Deshalb will uns die Geistige Welt schon vor unserer Rückkehr wieder mit dem Wissen aus den Leben danach in Verbindung bringen. Die Geistführer wollen durch die Vermittlung des Wissens unserer Unsterblichkeit möglichst schnell ein Umdenken der Menschen erreichen, indem sie uns aufzeigen, dass unser falsches Denken und Handeln sich kontraproduktiv auf die Entwicklung *aller Seelen* auswirkt.

Unser Leben ist zu kurz, um sich von der unmittelbaren Realität so stark beeinflussen zu lassen, dass wir weder Zeit noch Energie für unsere spirituelle Entwicklung mehr aufbringen können. Meine Mama hat ein Erdenleben im Vergleich zur Dauer unserer seelischen Erfahrungen mit dem Moment eines Wimpernschlags verglichen. Wir müssen uns beeilen und uns anstrengen, um wieder zu unserer wahren Identität zurückfinden zu können. Sie haben mit meinem Buch *azurblaue momente* den Schlüssel dazu in Ihren Händen. Überdenken Sie mit dem verlorenen Wissen aus den Leben danach Ihr eigenes Leben, und gestalten Sie Ihre Zukunft dementsprechend.
Je stärker unser Bewusstsein für alle Zusammenhänge wächst, umso schneller werden wir unsere wahre seelische Identität wieder erlangen. Durch jede einzelne positive Veränderung, die durch das Wissen aus diesem Buch zustande kommt, kann unser Planet erhellt werden.

Machen wir uns zusammen auf den Weg – zurück zur Liebe.

ryan ellis

Ein paar Worte des **Dankes**

Ohne mein Lichtwesen Simon und meine Mama Emily würden Sie dieses Buch nicht in Ihren Händen halten. Ich kann mich bei beiden von ihnen nicht genug für ihre bedeutsamen Botschaften und ihre tägliche Begleitung bedanken. Sie haben mir Mut gemacht, jenes, was ich zu Beginn oft nur verschwommen wahrgenommen habe, immer klarer zu sehen und an die Menschen weiterzugeben. Es wird höchste Zeit, dass diese wichtigen Erkenntnisse allen zugänglich gemacht werden und nicht weiter als verborgenes, geheimes Wissen nur in auserlesenen Kreisen zirkulieren.

Ganz besonders liegt mir am Herzen, mich bei meiner inzwischen immer größer werdenden Leserschaft zu bedanken, von der ich so viele verbindende und wertschätzende Rückmeldungen erhalte. Die durch das Lesen meiner Bücher entstandenen Geschichten über die eigenen Erfahrungen und Veränderungen in den Leben vieler Menschen haben mich immer wieder tief berührt.

Und nicht zuletzt gehört ein ganz besonderer Dank den zwei Menschen, die bereits seit vielen Jahren in meinem Privatleben an meiner Seite sind und mich auch auf meiner *azurblauen Reise* wieder verständnisvoll begleitet haben. Ich danke ihnen für ihre Geduld, die sie an manchen Tagen mit mir aufbringen mussten, in denen ich mich wieder einmal stundenlang zurückgezogen hatte, um mit der Geistigen Welt zu kommunizieren.

Mit anderen Menschen etwas zu teilen, ist nie bedeutungslos. Es ist immer etwas ganz Besonderes.

Achten Sie im Leben auf die Zeichen

Obwohl uns die jenseitige Welt wieder und wieder deutliche Zeichen sendet, werden sie von den meisten Menschen übersehen oder ignoriert. Hinter diesen Zeichen verbergen sich wichtige Botschaften von Lichtwesen, die mit uns Kontakt aufnehmen und uns etwas Bedeutsames mitteilen möchten. Ich begegne diesen Zeichen in meinem Alltag immer wieder und bin der Geistigen Welt über diese Art der Kommunikation sehr dankbar. Ein dazu passendes Erlebnis möchte ich abschließend gerne noch mit Ihnen teilen.

Emily und die Schmetterlinge

Wir erhielten das Zeichen aus der anderen Dimension an einem wunderschönen, heißen Spätsommernachmittag, den man eigentlich in der Kühle schattenspendender Bäume hätte verbringen müssen. Es sollte uns darauf hinweisen, dass das Abschiednehmen von unserer Mama bevorstand.

Meine Schwester Margot und ich befanden uns mit Emily auf einem Spaziergang. Wie üblich wählten wir dafür die uns inzwischen bereits vertrauten Quartiergassen und Feldwege. Ich kann mich noch sehr lebendig an alle Details dieses kleinen Ausflugs erinnern. Emily saß im Rollstuhl. Sie besaß nicht mehr genügend Kraft, um alleine gehen zu können. An diesem Tag trug sie ein blaues Sommerkleid mit kleinen, weiß-gelben Margeritenblüten und hatte ihre große, dunkle Sonnenbrille auf. Im Rollstuhl wirkte sie noch zierlicher und verletzlicher, besaß aber immer noch diese warmherzige, positive Ausstrahlung, der sich niemand entziehen konnte. Wir haben uns während des Spaziergangs mit ihr wie immer über alle möglichen Themen unterhalten. Emily hat den Aufenthalt draußen in der Natur stets in vollen Zügen genossen und dabei alles, was um sie herum geschah, förmlich in sich aufgesogen.

Es sollte einer der üblichen Nachmittagsspaziergänge werden. Kurz nach dem Verlassen des Hauses bemerkten wir, dass sich mehrere verschiedenfarbige Schmetterlinge um den Rollstuhl gruppiert hatten und neben uns herflogen. Es schien so, als ob sie mit ihrer wunderschönen Anmut und Leichtigkeit um Emily herumtanzten. Unterwegs kamen immer mehr dazu. Sie wichen während des ganzen Spaziergangs nicht mehr von ihrer Seite, als ob sie sie beschützen und ihr dabei gleichzeitig etwas Wichtiges mitteilen wollten. Die Schmetterlinge begleiteten uns aber nicht nur an jenem Tag. Sie waren von nun an bis zu unserem letzten Spaziergang immer mit dabei.

Der Schmetterling ist eines der symbolhaftesten Tiere in Bezug auf die Kraft der Transformation. Er zeigt Veränderungen im Leben an und weist auf einen Übergang hin. In der traditionellen chinesischen Kultur ist der Schmetterling das Symbol der Unsterblichkeit, in der Mythologie verkörpert er auch das Sinnbild der Wiedergeburt. Im antiken Griechenland nannte man die Schmetterlinge *Imagines*, die Seelen der Toten. Uns allen war diese Symbolik bekannt und auch dass die vielen Schmetterlinge ein Zeichen dafür waren, uns darauf vorzubereiten, uns schon bald voneinander zu trennen. Doch obwohl oder vielleicht gerade, *weil* wir es wussten, haben wir nicht darüber gesprochen. Es hätte uns alle nur traurig gemacht. So haben wir uns einfach über die Schmetterlinge gefreut. Erst im Nachhinein wurde uns bewusst, welch wunderbare Wertschätzung sie durch ihre Anwesenheit unserer Mama, respektive ihrer Seele entgegengebracht haben.

Kurz nach dem Abschied von Emily begegneten wir in unserem Alltag über einen längeren Zeitraum hinweg an den seltsamsten Orten immer wieder dem Symbol des Schmetterlings. Er zeigte sich uns in allen erdenklichen Arten und Variationen. Wir wussten, dass unsere Mama uns damit mitteilen wollte, dass es keinen Tod gibt und dass sie weiterlebt.

Die wohl größte Herausforderung unserer Zeit ist es, uns wieder zu erinnern, dass wir Teil einer tieferen Harmonie sind, einer tieferen Bewegung, einer Evolution. Indem wir zulassen, dass unsere Intuitionen mit dem Wissen aus den Leben danach wieder hervortreten und unser Bewusstsein informieren, können wir den bereits vorhandenen Kanal in die jenseitigen Dimensionen wieder öffnen. Dr. Michael Newton, Gründer des Institute for Life Between Lifes, trifft es auf den Punkt. Seiner Ansicht nach sind wir göttliche, aber nicht vollkommene Wesen, die in zwei Welten leben: einer materiellen und einer geistigen. Unser Schicksal ist es, zwischen diesen Universen durch Raum und Zeit hin- und herzureisen, während wir durch unsere Erfahrungen unsere Lektionen lernen und alles notwendige Wissen erwerben. Wir müssen diesem Prozess voller Geduld und Entschlossenheit vertrauen.

Eines Tages werden wir diese lange Reise beenden und den höchsten Zustand der Erleuchtung erreichen, in dem einfach *alles* möglich ist.

Es ist das Ende der Welt,
sagte die Raupe.

Es ist erst der Anfang,
sagte der Schmetterling.

the day of death

»Philosophisch notierte sie die Tage, wie sie im Laufe des Jahres vorübergingen. Ihr eigener Geburtstag und jeder andere Tag. Ausgezeichnet durch die Ereignisse, an denen sie beteiligt war.

Eines Nachmittags dachte sie an den Tag, der wahrscheinlich von größter Bedeutung sein würde.

Ihr eigener Tod.

Ihr wurde bewusst, dass jeder Mensch einen Geburtstag und einen Todestag hat, der Tag, an dem er stirbt.

Ein Tag, der heimlich und verborgen unter all den Tagen des Jahres lauerte. Seine Existenz war nicht zu leugnen.

Doch wann würde er sein?«

David Nicholls

ryan ellis: sternenflüstern

In einer der kältesten Gegenden Russlands leben ein Vater und sein Sohn. Wenn sie nachts vor die Tür ihrer Hütte gehen und miteinander sprechen, klingt es aufgrund der klirrenden Kälte fast wie ein fernes Rauschen. Die Menschen dieser Gegend nennen es „Sternenflüstern"!

Der Vater muss auf tragische Weise sein Leben für seinen Sohn opfern – und so schaffen sie eine schicksalhafte Bindung, die über die Jahrhunderte fortbesteht. Der Vater lebt heute in der Schweiz und verfügt über so einzigartige mediale Fähigkeiten, wie sie einst Edgar Cayce besaß. Der Sohn ist inzwischen freigeworden vom „Rad der Wiedergeburt" und aufgestiegen in eine lichte Sphäre.

Die einzigartige mystische Verbindung, die zwischen diesen beiden Wesen fortbesteht, öffnete ein Tor in himmlische Welten, durch das wunderbare geistige Botschaften strömen. Botschaften, die Inspiration und Trost bringen, die Mut schenken und die Hoffnung auf den Anbruch einer neuen Zeit vermitteln.

Ein wundervolles spirituelles Juwel! Ein Buch, das Licht in die Dunkelheit strahlt und alle Sorgen und Beschwernisse vertreibt. Eine Botschaft aus einer besseren Zukunft, die auf uns alle wartet!

ISBN: 978-3-89427-932-5

ryan ellis: anamon

Ryan Ellis wählt mit „anamon" ein heiliges Wort aus der keltischen Mystik. Es ist der keltische Ausdruck für „Seele", der zugleich auch so viel wie „Lebenskraft" oder „Lebenshauch" bezeichnet. Jene geheimnisvolle Kraft, welche die gesamte Schöpfung durchdringt.

Dieses Buch beschäftigt sich mit allen möglichen Formen von seelischen Verbindungen – in dieser Welt und auch in jenseitigen Sphären. Auf ihrer nicht endenden Reise durch das Universum geht jede Seele unzählige Verbindungen ein – positive wie negative, fördernde wie schädigende.

Es ist unsagbar erhellend zu verstehen, warum bestimmte Begegnungen stattfinden, warum bestimmte Menschen in das Leben treten und andere, manchmal schmerzhaft, es wieder verlassen. Alle Seelenverbindungen sind schicksalhaft. Alle Seelenverbindungen sind von einer unendlich weisen Ordnung gefügt.

Ryan Ellis geht natürlich auch der Frage nach, ob es so etwas wie „Dualseelen" oder „Zwillingsseelen" gibt und was eine wahrhafte „Seelenpartnerschaft" auszeichnet.

Ein echtes geistiges Juwel, das ein wunderbares Licht auf eines der wichtigsten Felder des menschlichen Lebens wirft – die zwischenmenschlichen Beziehungen!

ISBN: 978-3-89427-946-2